난처한 경제학개론

난처한 경제학개론

2022년 10월 5일 초판 1쇄 인쇄
2022년 10월 18일 초판 1쇄 발행

글 정종우
그림 오종권
구성 고찬희·임현규
감수 이지순
편집 임현규
디자인 김진운
마케팅 최민규

펴낸이 고하영·권현준
펴낸곳 (주)사회평론아카데미
등록번호 2013-000247(2013년 8월 23일)
전화 02-326-1545
팩스 02-326-1626
주소 03978 서울특별시 마포구 월드컵북로6길 56(4층)
이메일 academy@sapyoung.com
홈페이지 www.sapyoung.com

난생 처음
한번
공부하는

난처한
경제학개론

정종우 글 | **오종권** 그림

고찬희·임현규 구성 | **이지순** 감수

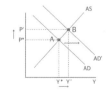

사회평론아카데미

저자 서문

만화로 시작하는 진짜 경제학

우연히 이 책의 제작에 참여할 기회를 얻었습니다. 어느 전공이든 교과서는 해당 분야의 대가가 집필하는 법인데, 이제 겨우 연구자로서 발걸음을 뗀 제가 감히 교과서를 쓰는 것은 있을 수 없는 일이라고 생각했습니다. 그러나 기존 교과서보다 조금 더 쉽게, 조금 더 친절하게 '개론서에 대한 개론서'를 만들자는 사회평론아카데미 대표님의 기획 의도를 듣고 나니 참여해보고 싶다는 마음이 들었습니다.

경제학개론에서 다루는 내용을 알아두면 우리 사회의 경제구조를 이해할 수 있고 직장, 학교, 가정 등 일상과 경제를 연관시켜 사고할 수 있게 됩니다. 그래서 경제학을 처음 접하는 분들이 어려워하는 생소한 용어와 개념을 일상의 사례와 언어로 이해할 수 있음을 보이고자 노력하였습니다. 어느 때보다도 경제에 관한 관심이 높은 요즘, 이 책은 처음 경제학 수업을 듣는 학부생이나 교양 수준에서 경제학 지식을 쌓고 싶은 분들에게 도움이 되리라 생각합니다. 독자들께서 이 책을 통해 경제학에 대한 첫 흥미를 얻게 된다면 저자로서 큰 기쁨이 될 것입니다.

책을 위해 애쓰신 분들이 많습니다. 우선 실력과 성실성이 담보되지 않은 무명작가에게 과감하게 원고를 맡겨주신 사회평론아카데미 고하영 대표님께 감사드립니다. 저와 오랜 시간 소통하며 더 좋은 책을 만들기 위해 노력해 주신 임현규 과장님 덕에 이 책이 완성될 수 있었습니다. 부족한 글을 참신한 그림으로 발전시켜 주신 오종권 작가님께도 감사드립니다.

한국 경제학계의 원로이시며 고등학교 경제 교과서 작업에도 참여해 오신 이지순 교수님께서 바쁘신 가운데에도 이 책의 감수를 맡아주셨습니다. 종강 챕터에서 교수님 글을 활용할 수 있도록 기꺼이 허락해주신 이 교수님께 깊이 감사드립니다. 대학원 지도교수님이셨던 서울대학교 경제학부 이철희 교수님께서는 이 책에 흔쾌히 추천사를 써주셨습니다. 졸업생의 활동을 아낌없이 응원해 주시는 이철희 교수님께 늘 감사하다는 말씀을 드립니다.

삼성글로벌리서치 이병욱 박사님께서는 책의 전반적인 검토를 맡아주시고 거시경제학 챕터 집필 과정에서 많은 조언을 주시는 등 큰 도움을 주셨습니다. 미래에셋 투자와연금센터 박지혜 박사님과 서울대학교 경제학부 공혁준 학생은 원고에 오류가 없는지 꼼꼼하게 살펴봐주었습니다. 학부 개론 수업의 조교를 맡았던 시절, 후배들의 기상천외한 질문을 받으며 당황한 적이 많았는데, 질문에 하나씩 답해 가며 정리한 노트가 『난처한 경제학개론』 원고의 밑거름이 되었습니다. 지면을 빌어 그 후배들에게도 고마운 마음을 전합니다.

마지막으로, 한동대 경영경제학부 김재홍 명예교수님께 감사의 말씀을 드립니다. 김 교수님을 통해 처음 경제학을 접하였고 경제학 공부가 주는 즐거움을 깨달았습니다. 김 교수님의 가르침이 없었다면 연구자로서 지금의 저도, 책의 직관적 설명도 없었을 것입니다. 이 책에 나오는 인사이트는 모두 김재홍 교수님의 경제학 입문 수업으로부터 얻은 것임을 밝힙니다.

2022년 여름
한국은행 소공동별관 연구실에서
정종우

차례

저자 서문 4
등장인물 소개 10

01 경제학이란 희소성과 선택, 관계의 경제학 11

경제학 감 잡기 12 | 경제와 경제학의 정의 14 | 희소성 15 | 선택 17 | 관계 19 |
미시경제학과 거시경제학 21 | 3분 정리 24
더 알아보기 애덤 스미스의 『국부론』 26

02 경제주체의 특성 이기적인 마음, 합리적인 선택 27

자기이익 추구 성향 28 | 기회비용 30 | 효용 31 | 한계효용 체감의 법칙 33 |
합리적 선택 37 | 효율성 38 | 3분 정리 40
더 알아보기 기수적 효용과 서수적 효용 42

03 수요 효용을 추구하는 소비자의 마음 43

소비하고 싶은 마음, 수요 44 | 지불의향가격 48 | 수요함수 50 | 가격탄력성 54 |
소비자잉여 58 | 3분 정리 60
더 알아보기 P-Q 그래프 축의 비밀 62

04 공급 이윤을 추구하는 생산자의 마음 63

공급자의 선택 64 | 생산요소 66 | 단기에서의 생산 68 | 생산함수 그래프 70 |
한계비용과 공급곡선 71 | 고정비용과 가변비용 72 | 평균비용 73 | 손익분기점과
조업중단점 74 | 생산자잉여 77 | 3분 정리 78
더 알아보기 장기공급곡선은 어떤 모양일까? 80

05 완전경쟁시장 이상적이고 효율적인 시장 83

기업 간 경쟁 84 | 완전경쟁시장에서의 가격 86 | 경쟁균형 88 | 사회적 후생 90 |
정부와 세금 91 | 사중손실 92 | 정부 개입의 의의 93 | 3분 정리 94

더 알아보기 완전경쟁시장과 효율성 96

06 독과점시장 공급자가 적은 시장 97

독과점시장 98 | 독점이 발생하는 이유 99 | 독점기업의 가격 결정 101 | 과점
시장 104 | 과점기업의 가격 결정 105 | 공정거래위원회 106 | 3분 정리 108

더 알아보기 공정거래위원회 활동의 법적 근거 110

07 시장실패와 정부의 개입 시장만으로는 해결되지 않는 문제들 111

시장실패 112 | 독과점과 정보격차 113 | 외부효과 114 | 공공재 115 | 정부의
대처 117 | 정부실패 119 | 코스 정리 120 | 3분 정리 122

더 알아보기 탄소배출권 거래제도 124

08 게임이론 나의 선택이 너의 선택에 달려 있을 때 125

게임이론의 게임 126 | 전략과 상호작용 127 | 일상 속 전략적 사고 129 |
케이크 자르기 게임 130 | 내시균형 132 | 과점시장의 게임 133 | 용의자의 딜
레마 136 | 3분 정리 138

더 알아보기 역진귀납법으로 알아보는 전략적 사고 140

09 정보경제학 내가 모르는 걸 너만 알 때 143

정보의 중요성 144 | 정보의 힘 146 | 도덕적 해이 148 | 역선택 151 | 선별하
기와 신호 보내기 152 | 3분 정리 154

더 알아보기 광고라는 신호 보내기 156

10 거시경제학의 세계 숲을 바라보는 경제학 157

거시경제학이란 158 | 대공황 160 | 케인즈의 분석과 해결책 162 | 거시경제학의 기초 개념 164 | 거시경제학의 연구 주제 165 | 3분 정리 168
더 알아보기 국가 경제를 나타내는 지표 - GDP, GNP, PPP 170

11 총수요와 총공급 모형 국민경제의 균형이 결정되는 원리 171

총수요의 구성 172 | 가계의 소비지출 173 | 기업의 투자지출 175 | 정부지출과 순수출 177 | 총수요곡선 178 | 총공급곡선 179 | 국민경제의 균형 180 | 스태그플레이션 183 | 3분 정리 184
더 알아보기 물가의 측정과 활용 188

12 화폐, 이자율, 은행 돈의 수요와 공급 그리고 은행이 하는 일 189

통화량 지표 190 | 화폐수요 192 | 화폐공급 194 | 예금창조 196 | 중앙은행의 통화량 조절 199 | 중앙은행의 기준금리 조정 200 | 미국의 중앙은행 201 | 3분 정리 202
더 알아보기 통화승수 계산하기 204

13 경제학의 학파와 정책 논쟁 재정정책과 통화정책 그리고 학파 간 논쟁 205

거시경제학의 학파 206 | 고전학파와 케인즈학파 207 | 통화주의 학파 208 | 새고전학파 212 | 새케인즈학파 213 | 혼합 정책 214 | 3분 정리 216
더 알아보기 글로벌 금융위기와 미국의 양적완화 정책 218

14 **실업과 인플레이션** 국민에게 가장 고통스러운 경제 현상 219

고통지수 220 | 실업의 고통 221 | 실업률의 측정 222 | 실업이 발생하는 이유 224 |
인플레이션이 발생하는 이유 226 | 초인플레이션과 디플레이션 228 | 3분 정리 230
더 알아보기 실업과 인플레이션의 관계를 나타낸 필립스 곡선 232

15 **경제성장과 발전** 국민이 더 잘살게 되는 길 233

경제성장 234 | 경기변동 236 | 경제발전 238 | 기술의 진보 240 | 경제성장의 걸림돌 242 | 균형성장론과 불균형성장론 243 | 불균형 해결 245 | 3분 정리 246
더 알아보기 명목변수와 실질변수 248

16 **국제경제학** 세계가 더 잘살게 되는 길 249

국제무역 250 | 비교우위론 251 | 상품차별화 254 | 보호무역 255 | 환율 257 |
환율제도 261 | 3분 정리 262
더 알아보기 FTA의 효과 264

종강 **한국의 경제발전과 과제** 우리가 걸어온 길과 나아갈 길 265

한국의 경제발전 266 | 도전과 배움 268 | 위기와 과제 270

참고문헌 272
퀴즈 정답 273
주요 학자 274
용어 해설 276
찾아보기 282

등장인물 소개

김만능 교수

사평대학교 교양학부 교수. 어려운 내용을 쉽고 재미있게 전달해 학생들에게 인기가 높다. 엉뚱한 질문에도 친절하게 대답해주며 의욕이 넘치는 교수이다. 하지만 간혹 의욕이 과해 수업계획서 범위를 넘어선 내용까지 가르치려다 시간이 모자랄 때가 있다.

정슬기

사평대학교 자유전공학부 1학년 학생. 공부에 의욕이 넘치는 학생이다. 막연히 과학자의 꿈을 품고 있었는데, 자유전공학부로 입학해 다양한 학문을 접하다 보니 더욱 고민이 많아졌다. 질문하기를 두려워하지 않는 적극적인 학생이지만 가끔 자기만의 세계에 빠질 때가 있다.

안우수

사평대학교 자유전공학부 1학년 학생. 아직은 노는 걸 더 좋아하는 신입생이고 수업이 지루하면 졸기도 한다. 하지만 이해가 빠르고 핵심을 잘 짚어서, 열정적인 선생님을 만나면 지식을 쏙쏙 흡수할 수 있는 타입이다. 먹는 걸 좋아해서 음식으로 비유하는 걸 좋아한다.

01

ECONOMICS

경제학이란

희소성과 선택, 관계의 경제학

- 경제학 감 잡기
- 경제와 경제학의 정의
- 희소성
- 선택
- 관계
- 미시경제학과 거시경제학

경제학 감 잡기

제 강의를 도와줄 조교 보손이라고 합니다.

'보이지 않는 손'을 줄인 이름이야.

이름과 달리 난 보이지만···

보이지 않는 손? 들어본 것 같은데?

혹시 애덤 스미스의 『국부론』에 나오는 그 **보이지 않는 손**?

오~ 맞아. 내가 좀 유명하긴 하지!

우수, 너 『국부론』도 알고 똑똑한데….

하하, 제목만 아는 수준이야.

애덤 스미스는 흔히 경제학의 아버지로 여겨지며, 『국부론』은 최초의 체계적인 경제학서라고 일컬어지죠.

세계 최초지!

내가 나왔지!

국부론

애덤 스미스
(1723~1790)

'보이지 않는 손'은 그 책에 나온 문구인데요. 개인의 이기적인 영리활동이 사회 전체의 이익을 증진시킨다는 의미로 사용되곤 합니다.

각 개인은
···
노동생산물이 최대의 가치를 갖도록 노동을 하는 것은 자신의 이익을 위해서이다. 이 경우 그는 다른 많은 경우에서처럼 **보이지 않는 손**에 이끌려서
···
사회의 이익을 더욱 효과적으로 증진시킨다.

그래서 내가 경제학 강의를 도울 조교가 된 거야.

그런데 어째서 사익 추구가 공익 증진에도 도움이 된다는 걸까요?

이 질문을 가슴속에 품고 공부를 시작해 봅시다.

경제와 경제학의 정의

경제의 정의는 무엇일까요?

교과에서는 이렇게 정의합니다.

경제(economy)
생활에 필요한
재화와 서비스를 생산하고
소비하는 인간의 활동

경제학(economics)은 이러한 경제를 분석하고 연구하는 학문이지요.

여기서 **재화**와 **서비스**는 사람을 만족시키는 제품을 가리킵니다.

학교에서 배웠어요. 재화는 만질 수 있는 물건 같은 거죠?

서비스는 만질 수 없는 것. 용역이라고도 했던 것 같네요.

요새는 재화라는 말에 서비스까지 포함시키기도 해.

재화와 서비스가 생산되고 소비되는 이유는 그게 쓸모가 있기 때문입니다. 사람들의 만족을 늘려주죠.

우리는 재화와 서비스를 구매해 소비하면서 만족을 느끼고 더 풍족한 삶을 누리게 되는 것입니다.

재화의 소비

서비스의 소비

₩20,000

쉽게 말하자면 더 행복해집니다!

희소성

철학이나 종교만 사람의 행복에 대한 관심을 두는 게 아닙니다.

경제학도 사람의 행복에 관심이 많아요.

행복하신가요?

몰랐어요.

경제학이 행복에 관한 학문이었다니….

다만 물질로 욕망이 충족되면서 느끼는 행복에 초점을 맞춘다는 게 경제학의 특징이죠.

이 비커가 욕망의 그릇이라고 하면, 많이 채우면 더 행복하고 덜 채우면 덜 행복하다는 게 경제학의 행복관입니다.

종교는 욕망의 크기를 줄이는 수행으로 행복해지는 것을 추구하기도 합니다.

욕망을 줄이면

계속 채울 필요가 없다네.

空

그러나 경제학은 재화와 서비스로 인간의 욕망을 충족시키는 방향으로 행복을 추구합니다.

그런데 문제가 있습니다. 인간의 욕망은 무한한데 자원은 한정돼 있기 때문이죠.

더 없어~

더 줘~

더 줘~

더 줘~

경제학에서는 이걸 자원의 **희소성**이라고 해요. 욕망의 크기에 비해 그걸 충족시킬 자원은 한정돼 있다는 거죠.

날 채우기엔 자원이 희소해.

영어로는 이렇습니다.

scarcity
희소성

희소하다(scarce)? 게임 레어(rare) 아이템이 떠오르네요? 가지려는 사람은 많은데 수는 적으니까.

초레어템 구하겠다고 쏟아부은 내 돈….

scarce
드물다, 부족하다

rare
드물다, 희귀하다

게임 아이템도 희소하긴 한데 좀 더 일반적인 금을 예로 들어볼까요?

금을 원하는 사람은 많지만 금의 양은 그보다 적죠. 즉, 금이라는 자원은 희소합니다.

금이다!

어디?

나도 골드바 좀 만져보자.

금반지 갖고 싶어.

우와!

나도 좀 볼래!

희소성은 선택의 문제를 낳습니다. 어떻게 나누는 게 좋을지 고민해야 하죠.

더 높은 가격을 제시하는 분께 드립니다.

500만 원!

600만 원!

대개 가격이 선택의 기준이 되곤 합니다. 자원 분배가 가격에 의해 이뤄지는 셈이죠.

사회 전체의 자원뿐만 아니라 개인이 지닌 자원도 희소합니다. 그래서 선택을 해야 하죠.

뭐가 다른 거지?

둘 다 사고 싶은데 돈은 부족하고…. 이 색이 더 나으려나?

시간 또한 희소한 자원입니다. 따라서 시간을 어떻게 쓰느냐도 경제적 선택으로 볼 수 있죠.

A 빵집 시급 15,000원

B 국밥집 시급 10,000원

주말에 4시간 정도 알바할 시간이 있는데….

시급 5,000원 차이면 무조건 여기지!

시간은 금이니까~

사회든 개인이든 자원이 한정돼 있기 때문에 우리는 선택의 문제에 부딪힙니다.

역시 시급이 비싼 데에는 이유가 있었어.

ㅋㅋㅋ 인별에 올려야지.

경제학은 우리를 더 행복하게 만들어주는 선택이 무엇인지를 연구합니다.

선택

우리는 하루에도 수없이 많은 선택을 합니다.

오늘은 뭐 입고 나가지?

이따가 버스 탈까, 지하철 탈까?

사소한 결정부터 중요한 결정까지 말이죠.

경제학 부전공을 신청할까?

방학 동안 아르바이트를 해서 돈을 버는 게 나을까, 인턴 경험을 쌓는 게 나을까?

각자의 선호는 다를 수 있습니다. 어떤 옷을 좋아하는지 무엇을 꿈꾸는지는 사람마다 다르죠. 경제학이 각자 무엇을 원해야 하는지는 정해주지 않습니다.

난 초록색이 좋아!

난 빨간색이 좋던데.

또한 어떤 선택이 도덕적으로 더 올바른지도 말해주지 않습니다.

사치품을 쓰지 맙시다.

기부를 해야 합니다.

경제학이 이렇게 말하지는 않아.

대신 경제학은 선택에 따른 대가와 이익을 따져볼 수 있게 해줍니다. 그래서 자신에게 가장 큰 행복을 주는 선택을 하도록 돕죠.

뺴뺴롱 오리지널

뺴뺴롱 오리지널

뺴뺴롱 오리지널

뺴뺴롱 오리지널

양을 원하면 이쪽

다양한 맛을 원하면 이쪽

뺴뺴롱 아몬드

뺴뺴롱 치즈크림

뺴뺴롱 쿠앤크

Event! 4개 묶음 7,000원

아몬드 2,000원   치즈 2,000원   쿠앤크 2,000원

소비자의 선택뿐만 아니라 정부의 정책 선택도 경제학의 연구대상입니다. 사람들의 행복을 증진시키는 것과 관련이 있으니까요.

정부

내가 선택을 해야 할 때도 경제학이 필요하지.

한 중소도시에 공장을 새로 짓는다고 생각해보죠. 새 일자리가 생겨 지역의 소득이 증가하면 살기 좋은 도시가 될 겁니다.

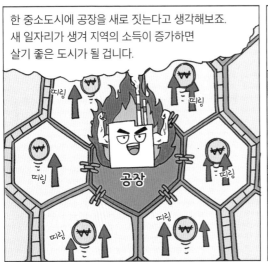

하지만 제품을 만드는 과정에서 폐수가 나온다면 수질오염이라는 부정적인 효과도 뒤따르겠죠.

정책 결과에 대한 상반된 의견으로 사람들이 대립할 수도 있습니다.

이렇게 정책에는 상반된 효과와 복잡한 이해관계가 얽혀 있는 경우가 많아 선택이 쉽지 않습니다.

이런 상황에서 무엇을 어떻게 따져봐야 할까요?

오염 저감 장치를 단 공장을 세우는 것이 가장 낫다는 결론이 나왔다면 이제 선택을 할 수 있을 것입니다.

관계

경제학을 배우다 마주치는 수식도 마찬가지입니다.

실제로 영향을 미치는 요인은 한두 개가 아니라 훨씬 많습니다. 예를 들어, 소비자 수요에 영향을 미치는 요인은 뭐가 있을까요?

- 가격
- 브랜드
- 유행
- 디자인
- 광고
- 소득 수준
- 지인 추천

하지만 이렇게 많은 요인을 한꺼번에 놓고 보면 관계를 명확하게 파악하기 어렵습니다. 그래서 가장 핵심적인 요인만 놓고 관계를 따져보는 것이죠.

이렇게 경제 현상을 핵심 요인 간의 관계로 정리하는 것을 **모형화**라고 합니다.

이런 모형으로 만들면 가격(P)과 수량(Q)의 관계에 집중할 수 있지.

이 그래프처럼 말이죠.

또한 경제학은 '가정의 학문'이라고 부를 만큼 가정을 많이 하는데, 그 역시 중요한 요인 간의 관계를 더 잘 파악하기 위해서입니다.

다른 조건이 동일하다고 가정하면…

거래비용이 없다고 가정하면…

물리학 실험 모형에서 마찰력이 없다고 가정하는 것과 비슷하군요.

마찰력은 없다고 가정한다.

그러고 보니 경제학만 가정을 하고 모형화를 하는 건 아니네요. 너무 낯설고 어렵게 여기지 않아도 될 것 같아요.

이 정도면 경제학에 대해 감이 좀 잡히나요?

그럴 리가요.

이제 막 시작했는데….

교수님, 경제학을 본격적으로 공부하고 싶습니다!

우선 경제학은 크게 두 분야로 나뉜다는 걸 알아두어야 할 것 같네요.

micro는 '작다', macro는 '크다'는 뜻이야.

미시경제학 micro-economics

거시경제학 macro-economics

미시경제학과 거시경제학은 경제학을 이루는 두 기둥이라 할 수 있죠.

두 경제학 둥

미시경제학

거시경제학

미시경제학과 거시경제학

경제를 밀림에 비유한다면 그 밀림을 조사하는 방법은 크게 2가지로 나뉩니다.

첫 번째 방법은 직접 밀림으로 들어가 어떤 생물이 살고 있고, 나무는 어떤 종류가 있는 살펴보는 것입니다.

두 번째 방법은 헬리콥터를 타고 높은 곳에서 밀림을 내려다보며 전체적인 밀림의 지형을 살펴보는 겁니다.

직접 밀림에 들어가서 낱낱의 생물을 살피는 것은 '미시경제학', 전체를 넓게 보고 살피는 것은 '거시경제학'이라 할 수 있습니다.

미시경제학
— 개인, 기업, 정부 등 개별 경제주체의 행동이 중심이 되는 경제학

거시경제학
— 국가 전체의 경제구조를 살펴보고, 경제정책의 결정 과정과 그 효과를 연구하는 경제학

앞으로 미시경제학과 거시경제학을 어떤 순서로 탐험해 나갈지 지도를 한번 볼까요?

고고!

네~!

빨리 가요~!!

01 | 3분 정리
경제학이란

요약 노트 *Summary*

경제와 경제학의 정의
→ 경제란 생활에 필요한 재화와 서비스를 생산하고 소비하는 인간의 활동을 말한다. 경제학은 이러한 경제를 분석하고 연구하는 학문이다.
→ 애덤 스미스는 경제학의 아버지로 일컬어지며, 그의 저서 『국부론(The Wealth of Nations)』(1776)은 최초의 체계적인 경제학서라고 평가된다. 스미스는 이 책에서 개인의 이기적인 영리활동이 사회 전체의 이익을 증진시킨다고 설파했다.

희소성과 선택
→ 인간의 욕망은 끝이 없지만, 이를 충족시킬 자원은 한정되어 있다. 이러한 희소성 때문에 경제주체들은 무엇을 택하고 무엇을 포기하며 어떻게 나눌지를 선택해야만 한다.
→ 경제학은 선택에 따른 대가와 이익을 따져볼 수 있게 해준다.

관계와 모형화
→ 경제 현상에는 다양한 요인이 작용하는데 모든 요인을 한꺼번에 다룰 경우 요인 간의 관계를 명확히 파악하기 어렵다. 따라서 주요 요인들을 추려서 그들의 관계를 표현하는데 이를 모형화라고 한다.
→ 경제학의 함수나 그래프는 주요 요인들의 관계를 좀 더 명확하고 알아보기 쉽게 표현한 것이라 할 수 있다.

미시경제학과 거시경제학
→ 경제학의 분야는 크게 미시경제학과 거시경제학으로 나눌 수 있다.
→ 미시경제학은 개인, 기업, 정부 등 개별 경제주체의 행동 중심의 경제학이다.
→ 거시경제학은 국가 전체의 경계구조를 살펴보고, 경제정책의 결정 과정과 그 효과를 연구하는 경제학이다.

01　다음 중 『국부론』에 대한 설명으로 틀린 것을 고르시오.

① 경제학의 아버지라 일컬어지는 애덤 스미스의 저서이다.

② 1776년에 출간되었다.

③ 개인의 이기적인 영리활동을 긍정적으로 평가했다.

④ 기존의 경제학 교재들을 체계적으로 정리했다.

02　경제는 생활에 필요한 ＿＿＿＿＿과(와) ＿＿＿＿＿을(를) 생산하고 소비하는 인간의 활동이다.

03　다음 중 희소성 및 욕망과 관련해 맞는 것을 고르시오.

① 자원의 희소성 때문에 선택의 문제가 발생한다.

② 경제학은 정신적 욕망이 충족되면서 느끼는 행복에 초점을 맞춘다.

③ 경제학은 종교처럼 욕망의 크기를 줄이는 데도 관심이 있다.

④ 인간의 물질적 욕망은 생산된 재화만큼으로 한정된다.

04　다음 설명 중 틀린 것을 고르시오.

① 어떤 현상에 영향을 미치는 모든 요인을 동시에 고려하면 요인과 현상의 관계를 파악하기가 어렵다.

② 경제학의 그래프는 경제 현상을 핵심 요인을 중심으로 표현한 것이다.

③ 모형화는 경제학만의 특성이며 다른 학문에서는 잘 쓰이지 않는다.

④ 미시경제학은 개별 경제주체를 주로 연구하며, 거시경제학은 국가 전체의 경제를 연구한다.

애덤 스미스의 『국부론』

젊어서 윤리철학자로 명성을 떨쳤던 스코틀랜드의 학자 애덤 스미스는 50대에 『국부론(The Wealth of Nations)』을 펴냈고, 이 대표작 때문에 오늘날엔 철학자보다는 경제학자로 더 알려져 있습니다. 이 책의 본래 제목은 『국부의 본질과 원인에 관한 연구(An Inquiry into the Nature and Causes of the Wealth of Nations)』인데 너무 길어서 『국부론』으로 줄여서 불리게 되었죠. 무엇이 국가의 부인지, 그리고 그것을 어떻게 늘릴 것인지를 파헤친 책입니다.

당시 유럽에는 국가에 금은보화 같은 재물이 축적되는 게 국부라는 생각이 널리 퍼져 있었습니다. 하지만 스미스는 국민의 복리가 국부라고 주장했습니다. 국민이 좋은 음식을 먹고 좋은 옷을 입는 등 상품의 소비를 통해 삶이 윤택해지는 것, 즉 국민이 누리는 복리가 곧 국부가 된다는 것이죠. 따라서 국부를 증대시킨다는 것은 삶을 윤택하게 하는 재화가 더 많이 생산되고 유통되어 소비되도록 하는 것을 의미합니다. 오늘날 우리가 경제 발전이라고 말하는 것과 같은 이치입니다.

또한 당시 유럽에서는 경제를 통제해야만 국부를 늘릴 수 있다는 생각이 만연했기에 생산 독점, 무거운 세금, 수출입 규제 등 다양한 규제가 자유로운 경제 활동을 제약하고 있었습니다. 스미스는 생산, 판매, 교역 등을 통제하기보다는 자유롭게 경쟁할 수 있게 하고 여러 상품을 더 많이 생산하여 복리를 늘려야 한다고 주장했습니다.

스미스는 생산량을 증대시킬 수 있는 기본 원리도 제시했습니다. 가장 대표적인 것이 노동 분업입니다. 『국부론』 1권 1장에는 핀 공장의 예가 나옵니다. 숙련공이 각자 핀을 만들 경우 하루 생산량은 20개인데 10명이 일해도 총생산량은 200개에 그칩니다. 하지만 공정을 나누어 분업을 하면 비숙련공 10명이 하루에 4만 8,000개의 핀을 생산할 수 있습니다. 이 핀 생산을 사회 전체로 넓혀서 생각해본다면, 다양한 재화가 사람들의 필요를 충족시킬 수 있을 만큼 충분히 생산될 수 있는 것은 분업의 힘이라고 할 수 있는 것이죠.

오늘날 우리가 당연하다고 여기는 경제 상식이 스미스의 시대에는 혁신적인 아이디어였습니다. 그런 아이디어를 논리적으로 설파하고, 체계적으로 정리했다는 점에서 『국부론』은 현대 경제학의 주춧돌이 된 책이라 할 수 있을 것입니다.

02

ECONOMICS

경제주체의 특성

이기적인 마음, 합리적인 선택

- 자기이익 추구 성향
- 기회비용
- 효용
- 한계효용 체감의 법칙
- 합리적 선택
- 효율성

자기이익 추구 성향

이제 경제활동을 하는 경제주체에 대해 알아볼까요?

가계, 기업, 정부가 떠오르네요.

경제주체라 하면…?

경제주체는 바로 여러분입니다! 경제적 선택을 하는 개인도 모두 경제주체니까요.

경제학에서는 '합리적'이라는 말이 자주 나오는데요. 이런 말을 들어본 적이 있나요?

당신은 합리적인 사람이네요.

경제학에서는 주어진 정보를 최대한 활용하여 편익을 극대화하는 것을 합리적이라고 합니다.

신규회원쿠폰, 온라인쿠폰, 통신사 할인, 이벤트 할인 모두 적용해주세요.

무시무시하게 합리적인 손님…

사리분별을 잘하고 이치에 맞는 판단을 하는 사람에게도 '합리적인 사람'이라고 하죠. 대개 긍정적인 의미로 쓰입니다. 그런데 이런 말은 어떤가요?

학생은 이기적인 사람이군요.

네?

'이기적'이라고 하면 타인에 대한 배려심이 없고 자기 이익만 먼저 챙기려고 하는 행동이 떠오르죠.

내가 이기적인 사람이라고?

시무룩

도대체 날 어떻게 생각하시는 거야?

하지만 경제학에선 경제주체의 이기심은 곧 합리성이라고 여깁니다.

아하, 그런 의미군요! 다행이네요.

놀랐나요?

이기심: 자신의 이익을 추구
=
합리성: 이치에 합당함

이기심이 합리성이라는 거지!

경제학은 경제주체로서의 인간은 이기적이라고 가정합니다. 그리고 그 이기심의 긍정적인 면을 부각하죠.

우리가 매일 식사를 마련할 수 있는 것은 정육점, 양조장, 빵집 주인의 자비심 때문이 아니라 그들 '자신의 이익에 대한 관심(self-interest)' 때문이다.

우리는 그들의 자비심에 호소하지 않고 그들의 자기애에 호소한다.

애덤 스미스

이 세상의 수많은 개인은 자기이익을 추구합니다. 그런데 그게 나쁜 걸까요? 행복해지고자 노력하는 건 당연하고 자연스러운 겁니다.

좋은 성적을 내기 위해 열심히 공부하고

열공 모드

좋은 일자리를 얻기 위해 노력하며

손은 달걀 쥐듯 가볍게

더 건강해지려 운동을 하고

더 많은 돈을 벌기 위해 고민하죠.

단기 알바
시급 ₩12,000

식당 서빙
시급 ₩11,000
중식제공

PC방
시급 ₩9,000

기회비용

'이기심'이란 말에 대한 선입견을 버리고, 개인은 이기적이라는 경제학의 전제를 받아들입시다.

개인은 자기이익을 추구할 때 기회비용을 고려하여 선택을 합니다.

기회비용만 잘 이해해도 경제학개론을 들은 보람이 있지.

기회비용(opportunity cost)
선택을 위해 포기한 재화나 서비스 중 가장 가치가 높은 것

우리가 무언가를 살 때 치르는 대가를 '비용'(cost)이라고 하죠.

TICKET LAND
콘서트 티켓 예매

콘서트 티켓이 예상보다 비싸네.

경제학에서 말하는 비용이란 무언가를 선택함으로써 포기하게 되는 것이라고 보면 됩니다.

TICKET VS

이 돈으로 둘 다 선택할 수는 없어.

15만 원이면…

찜해둔 운동화가 15만 원이었는데… 포기해야겠네.

낡은 운동화를 계속 신더라도 콘서트를 보겠어! 그게 더 행복하니까!

이 경우엔 운동화를 포기하는 게 기회비용이 되는 거지.

효용

이외에도 15만 원으로 할 수 있는 일은 많습니다.

새 옷을 사자.

헬스장을 끊자.

선택지가 너무 많아!

그런데 모든 선택지를 동시에 선택할 수는 없죠. 따라서 포기한 선택지 모두가 아니라 포기한 것 중 가장 가치가 높은 것이 기회비용이 됩니다.

원하는 것

1위 **콘서트 티켓**

2위 **운동화**

3위 헬스장

4위 새 옷

콘서트를 가면서 포기한 것 중 가장 높은 가치를 지닌 운동화의 효용이 바로 기회비용인 것이죠.

운동화는 못 샀지만 콘서트 오길 잘했어.

'효용'이란 말이 나왔네요. 경제학은 여러분이 더 행복한 선택을 할 수 있게 돕는다고 했죠?

가장 큰 행복을 선택하려면 행복끼리 비교를 할 수 있어야겠죠. 비교할 수 있게 수치화한 개인의 행복이 바로 '효용'입니다.

효용
(utility)

콘서트 티켓 산 게 운동화 산 것보다 더 행복해.

어느 정도?

1.5배 정도.

운동화가 주는 효용을 100이라고 한다면 콘서트 관람의 효용은 150이라고 할 수 있죠. 이렇게 주관적인 만족감을 측정하는 가상의 단위를 효용이라고 합니다.

효용 대신 **후생(welfare)**이라고 할 때도 있어. 후생은 사회의 행복을 가리킬 때 주로 쓰곤 해.

100

150

콘서트 관람의 효용이 150이고 새 운동화의 효용이 100일 때, 기회비용을 뺀 순효용을 숫자로 나타내면 다음과 같습니다.

TICKET 👟 ⬆️

150-100=50

> 운동화 사는 걸 포기해도 될 만큼 즐거운 콘서트였어.

그런데 반대의 일이 벌어졌다면 어떻게 될까요? 포기한 것의 가치, 즉 기회비용이 더 커져서 효용이 마이너스가 되니 슬기는 행복하지 않게 되겠죠.

TICKET 👟 ⬇️

100-150=-50

> 운동화 사지 말고 콘서트 갈걸….

기회비용을 잘 알면 후회 없는 소비를 할 수 있고, 최대의 행복을 누릴 수 있습니다.

> 그런데 너무 따지다 보면 돈을 못 쓰겠어.

> 나는 15만 원이 모이기도 전에 써버려서…

> 합리적인 소비자는 최선의 것을 얻기 위해 차선을 과감히 포기할 줄 알죠.

> 포기한 것의 효용보다 얻은 것의 효용이 높다면 합리적 소비야.

경제학에서는 소비자를 비롯해 모든 경제주체가 기회비용을 따질 줄 안다고 가정합니다.

> 우리 모두 기회비용을 분석할 줄 알아!

소비자 정부 생산자

> 교수님, 사람들이 늘 기회비용을 잘 따지는 것 같진 않은데요.

> 그렇죠? 하지만 우리는 경제학의 기초 이론과 기본 원리를 배우는 것이니 일단 경제주체의 합리성을 받아들이고 진도를 나가볼까요?

> 사람의 비합리성에 주목한 행동경제학 같은 분야도 있긴 해.

한계효용 체감의 법칙

기회비용에서 효용을 살펴봤는데요. 효용과 관련해 꼭 알아야 할 것으로 '한계효용 체감의 법칙'이라는 게 있습니다.

법칙?

법칙이라고 하니 꼭 기억해야 할 것 같네요.

한계효용 체감의 법칙
(Law of Diminishing Marginal Utility)

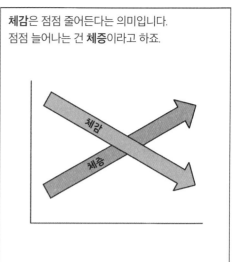

체감은 점점 줄어든다는 의미입니다. 점점 늘어나는 건 **체증**이라고 하죠.

체감

체증

한계라는 개념은 경제학에서 자주 나오는 용어이니 이번에 잘 알아두도록 합시다. '한계'로 번역된 영어 단어 'marginal'은 미미하고 근소한 차이를 가리킬 때 씁니다.

'limit'가 아니라 'marginal'이야.

한계(限界)
(marginal)

어떤 변수가 미미하게 변할 때 다른 변수는 어떻게 변화하는가를 따져볼 때 사용하는 용어가 바로 '한계'입니다.

변수는 변할 수 있는 값을 말해. 소비량, 생산량, 효용 모두 상황에 따라 변화하니 변수겠지?

한계효용 체감의 법칙은 소비량이 늘어날수록 한계효용은 점점 줄어든다는 법칙인데요.

그럼 빵을 먹을 때 총효용과 한계효용이 어떻게 변화하는지 살펴볼까요?

예를 들어주세요!

먹는 거라면 저한테 맡겨주세요.

빵을 얼마든지 먹을 수 있다고 합시다.

우와~

이게 웬 빵이야?

빵을 하나 먹습니다.
한계효용+20, 총효용 20

무지 맛있어요!

빵을 2개째 먹었습니다.
한계효용+14, 총효용 34

마시쩌.

3개째
한계효용+9, 총효용 43

3개째 먹어도 맛있네.

4개째, 5개째
한계효용+5, 총효용 48
한계효용 +2, 총효용 50

6개째
한계효용+1, 총효용 51

이제 좀 물리네.

쩝…

7개째
한계효용-2, 총효용 49

먹는 게 괴로워.

오물오물

8개째
한계효용-6, 총효용 43

괴로워서 더 먹으면 안 될 것 같아요.

이처럼 계속 소비하다 보면 하나 더 소비할 때의 추가적인 효용이 점점 줄어듭니다.

이것이 바로 한계효용 체감의 법칙입니다.

간혹 2개째나 3개째 소비할 때 한계효용이 늘어나는 경우도 있지만 예외적인 경우이고, 대부분의 경우 한계효용은 계속 감소해.

빵 소비의 한계효용 및 총효용

X 번째 빵	빵이 주는 추가적인 효용 (한계효용)	빵이 주는 효용의 법칙 (총효용)
X=1	+20	20
=2	+14	34
=3	+9	43
=4	+5	48
=5	+2	50
=6	+1	51
=7	−2	49
=8	−6	43
=9	−10	33
=10	−16	17
=11	−22	−5

위 표의 한계효용과 총효용을 그래프로 그려보면 다음과 같습니다.

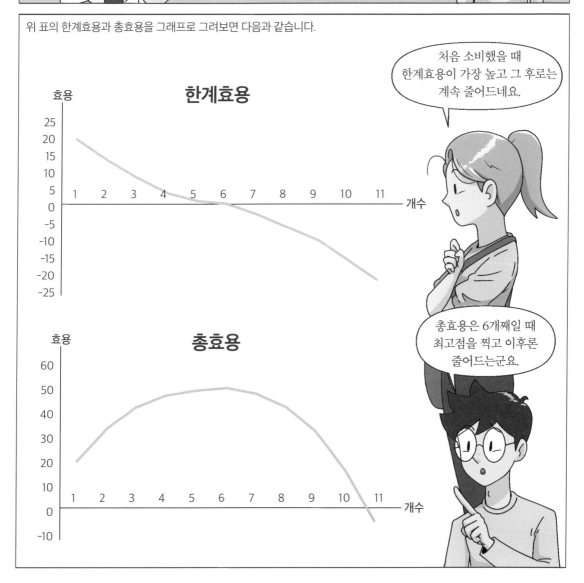

한계효용 체감의 법칙에 따라 행동하는 사람을 쉽게 표현하면 '싫증을 잘 내는 사람'이라고 할 수 있습니다.

네? 디저트도 빵이고, 내일 점심도 빵이라고요?

깜짝

우리는 쉽게 싫증을 느끼는 덕에 다양한 재화와 서비스를 추구하게 됩니다.

밥 먹은 다음엔 디저트를 먹고

디저트 먹은 다음엔 아이스커피를 마시고

만약 한계효용 체증, 즉 소비할수록 효용이 증가하는 세상에서 산다면 어떤 일이 벌어질까요?

계속 1가지 제품만 소비하겠네.

난 먹다 배 터져 죽을지도…

하지만 한계효용은 체증하지 않고 체감하죠. 이는 경제학 법칙이지만 싫증을 잘 내고 다양한 소비를 추구하는, 우리 인간의 본성에 대한 법칙이기도 합니다.

체감

지금까지 배운 이기심, 기회비용, 한계효용 체감의 법칙을 바탕으로 경제주체의 합리성에 대해 생각해봅시다. 합리적인 경제주체는 유한한 자원(재산)으로 자신의 행복(효용)을 최대한으로 늘리기 위해 다양한 재화와 서비스를 선택하거나 포기할 줄 압니다.

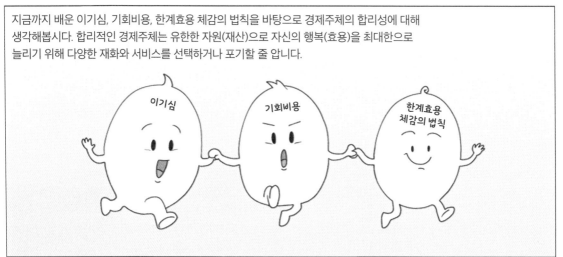

이기심

기회비용

한계효용 체감의 법칙

합리적 선택

경제주체는 어떻게 합리적으로 선택하는지 놀이기구를 예시로 알아보겠습니다.

오늘은 맘껏 노세요!

우오오오오! 교수님, 감사합니다!!

자, 다섯 번 탈 수 있는 티켓입니다.

놀이기구 5회 탑승권

맘껏 타라고 하셨으면서…

놀이기구의 한계효용이 다음과 같을 때 다섯 번의 기회를 어떻게 활용해야 가장 재미있고 행복할까요?

	롤러코스터	자이로드롭	공포체험	회전목마
첫 번째 이용 시	10	9	8	6
두 번째 이용 시	8	7	5	4
세 번째 이용 시	6	5	3	2
네 번째 이용 시	4	4	1	1
다섯 번째 이용 시	3	2	0	0

한계효용이 높은 순으로
롤러코스터 (10)
자이로드롭 (9)
공포체험 (8)
롤러코스터 (8)
자이로드롭 (7)
이렇게 선택해야 총효용이 가장 높습니다.

수명이 줄어든 느낌이…

코아아아아아

×2

으아아아아악

×2

쿠어엉

까짝

호어어…

누적효용 42!

뽕 뽑았다!

×1

효율성

이처럼 가장 좋은 것을 선택하여 이보다 더 좋은 선택지가 없는 상태를 가리켜 경제학에서는 **효율성**이 달성됐다고 합니다.

이보다 나은 선택은 없다.

최적의 자원 배분으로 최고의 효용이 달성된 것이죠.

다섯 번의 탑승 기회를 이보다 더 잘 배분할 순 없어.

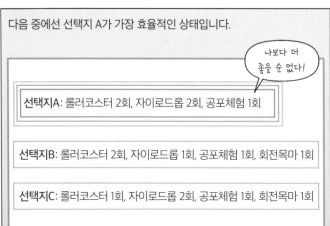

다음 중에선 선택지 A가 가장 효율적인 상태입니다.

나보다 더 좋을 순 없다!

선택지A: 롤러코스터 2회, 자이로드롭 2회, 공포체험 1회

선택지B: 롤러코스터 2회, 자이로드롭 1회, 공포체험 1회, 회전목마 1회

선택지C: 롤러코스터 1회, 자이로드롭 2회, 공포체험 1회, 회전목마 1회

"합리적인 경제주체는 효율적인 선택을 한다!" 매우 중요한 결론이니 꼭 기억하세요!

네~!

효율적인 선택을 해서 행복했어요!

지금까지 개인의 효율성에 대해 이야기했는데 경제학에서는 사회의 효율성도 다룹니다. 개인뿐만 아니라 사회 전체의 관점에서도 자원 배분이 효율적이어야겠죠?

경제학에서는 사회의 효율성을 다음과 같이 정의합니다.

내가 처음 제시해서 **파레토 효율성**이라고 하지.

파레토 효율성(Pareto efficiency)
다른 경제주체가 손해를 보지 않고서는 어떤 경제주체의 효용도 더 늘어날 수 없는 상태

빌프레도 파레토
이탈리아의 경제학자이자 사회학자

'파레토 최적' 이라고도 해.

다음은 파레토 비효율인 상황입니다.

자원의 교환을 통해 더 나은 방향으로 변화가 가능하기 때문이죠.

고기장수와 생선장수는 서로가 지닌 걸 교환하는 선택을 했고 둘 다 손해는 없이 효용이 증가했습니다. 이렇게 아무도 손해를 보지 않고 효용이 증가하는 걸 **파레토 개선**이라고 합니다.

그러다가 더 이상 파레토 개선을 할 수 없는 상황에 이르면 파레토 최적을 이뤘다고 할 수 있습니다.

사회의 효율성을 높인다는 건 파레토 최적을 향해서 계속 파레토 개선을 이뤄나가는 일이라고 할 수 있습니다.

02 | 3분 정리
경제주체의 특성

요약 노트

이기적인 경제주체
→ 경제학은 경제주체의 이기심이 곧 합리성이라고 본다. 경제주체의 이기심은 경제활동을 가능케 하는 원동력이다.

기회비용과 효용
→ 무언가를 선택한다는 것은 다른 기회를 포기한다는 것을 의미한다. 선택함으로써 포기하게 된 재화나 서비스 가치를 기회비용이라고 한다.

→ 선택을 하기 위해선 각 선택이 가져다주는 행복을 비교할 수 있어야 한다. 행복을 비교할 수 있도록 수치화한 것을 효용이라고 한다.

→ 경제학에서는 모든 경제주체가 자신의 효용을 알고 기회비용을 따질 줄 안다고 가정한다.

한계효용 체감의 법칙
→ 한계(marginal)란 어떤 변수가 미미하게 변할 때 다른 변수가 얼마나 변화하는지를 가리킨다. 따라서 한계효용은 소비를 미미하게 늘렸을 때 효용의 변화량을 가리킨다.

→ 한계효용 체감의 법칙은 소비량이 늘어날수록 한계효용은 점점 줄어듦을 말한다.

효율성
→ 효율성이 달성된 상태란 가장 좋은 것이 선택되어 그보다 나은 다른 선택이 없는 상태이다. 자원을 가장 적절하게 배분해 최고의 효용이 달성된 상태라고 할 수 있다. 합리적인 경제주체는 효율성이 달성되는 선택을 한다.

→ 경제학자 파레토는 사회 전체의 관점에서 자원 배분이 효율적인 상태를 정의했는데 이를 파레토 효율성이라 한다.

→ 파레토 효율성은 다른 경제주체가 손해를 보지 않고서는 어떤 경제주체의 효용도 더 늘어날 수 없는 상태를 말한다. 즉, 현재의 자원 배분을 바꾸려 할 경우 누군가가 손해를 보기 때문에 바꿀 이유가 없는 상태이다. 반면 누구의 손해도 유발하지 않으면서 누군가의 이익을 증가시킬 수 있는 선택이 남아 있다면 아직 파레토 효율성에 도달하지 않은 것이다.

01 사람이 주관적으로 느끼는 행복을 비교할 수 있도록 수치화한 것을 _____(이)라고 한다.

02 영수는 1년간의 해외 어학 연수와 취업을 놓고 고민을 하다가 어학 연수를 가기로 결정했다. 어학 연수 비용은 2,000만 원이며, 취업을 하면 벌 수 있을 것으로 예상되는 수입은 3,500만 원이다. 이 선택의 기회비용은 무엇인가?

① 어학 연수를 가지 않으면 다른 데 쓸 수 있는 비용 2,000만 원

② 취업을 하면 벌 수 있을 것으로 예상되는 수입 3,500만 원

③ 어학 연수 비용 2,000만 원과 취업시 예상되는 수입의 합 5,500만 원

④ 취업 시 예상되는 수입에서 어학 연수 비용을 뺀 1,500만 원

03 경제학 용어 _____는 영어로는 'marginal'이라고 하며, 어떤 변수가 미미하게 변할 때 다른 변수는 어떻게 변하는지 따져볼 때 사용한다

04 _____의 법칙이란 어떤 재화를 계속 소비하다 보면 하나 더 소비할 때의 추가적인 효용이 점점 줄어드는 것을 말한다.

05 사회의 효율성을 판단하는 기준으로 제안된 _____ 효율성은 다른 경제주체가 손해를 보지 않고서는 어떤 경제주체의 효용도 더 늘어날 수 없는 상태를 말한다.

기수적 효용과 서수적 효용

이번 강에서는 '효용'이라는 새로운 개념을 알게 되었습니다. 재화가 주는 효용을 설명하면서 '콘서트＝150'처럼 특정한 값을 매겼죠. 이처럼 재화와 서비스 소비로부터 얻는 효용의 절대적인 크기를 재는 방식을 '기수적(cardinal) 효용'이라고 부릅니다.

　　앞에서는 이해를 돕기 위해 기수적 관점으로 효용을 설명했지만, 오늘날 경제학자들은 효용의 크기를 그렇게 측정하는 것은 불가능하다고 말합니다. 우리가 소비하는 수없이 다양한 재화와 서비스의 조합으로부터 정확한 효용을 구하는 것이 어렵다는 문제도 있고, 사람마다 효용의 개념이 지극히 주관적이기 때문에 이들이 응답한 효용 값을 서로 비교하기 어렵다는 문제도 있기 때문이지요. 예를 들어 내가 콘서트에서 얻은 효용이 150이라고 답하고, 내 친구는 신발을 사서 얻은 효용이 150이라고 답했다면, 이 두 효용의 크기는 서로 같다고 할 수 있을까요?

　　그래서 경제학자들은 기수적 효용 대신 주로 '서수적(ordinal) 효용' 개념을 사용합니다. 서수적 효용이란 재화와 서비스의 조합이 주는 효용을 절대적 크기로 나타내지 않고 상대적 크기만을 비교해 순서를 매기는 것입니다. 예를 들어, 마트에 가서 사과와 라면을 산다고 생각해봅시다. 준비된 예산과 가격표를 비교해보니 사과 3개와 라면 2개를 살 수도 있고, 사과 2개와 라면 3개를 살 수도 있습니다. 만약 우리가 '사과 3개, 라면 2개' 조합이 '사과 2개, 라면 3개' 조합보다 더 낫다고 생각한다면 당연히 '사과 3개, 라면 2개' 조합으로 구매를 할 것입니다. 이렇게 무엇이 더 선호되는가만 나타내는 것이 서수적 효용입니다.

　　만약 라면이 2+1 행사를 해서 같은 예산으로 라면도 3개 살 수 있게 되었다면 어떨까요? 라면을 1개 더 소비할 때 효용이 정확히 얼마나 늘었는지는 알 수 없습니다. 하지만 적어도 '사과 3개, 라면 3개'를 소비하는 것이 '사과 2개, 라면 3개'는 물론 '사과 3개, 라면 2개'보다 더 큰 효용을 준다고 말할 수는 있습니다. 효용의 절대적인 값을 구해야 하는 기수적 효용 방식을 쓰지 않고, 어느 것이 더 나은지 비교하는 서수적 효용 방식만으로도 선호와 행동을 설명할 수 있는 것입니다.

03

ECONOMICS

수요

효용을 추구하는 소비자의 마음

- 소비하고 싶은 마음, 수요
- 지불의향가격
- 수요함수
- 가격탄력성
- 소비자잉여

소비하고 싶은 마음, 수요

자, 지난 강의에서 생각나는 게 있나요?

합리성이요. 경제주체의 특징이었어요.

효용이요. 경제학에서 행복을 표현하는 말이죠.

좋아요.

우리가 배운 걸 다음과 같이 정리할 수 있습니다. .

선택의 기로… 그래, 결심했어!

경제주체의 특성
자신의 욕망보다 부족한 재산을 가지고 더 큰 효용을 얻기 위해 재화와 서비스를 선택하거나 포기한다.

무슨 뜻이죠, 교수님?

예를 들면, 먹고 싶은 게 많은데 돈이 부족할 때 어떤 건 먹고 어떤 건 포기하면서 최고의 만족을 찾는다는 거죠.

세상엔 먹고 싶은 게 너무 많은데요! 포기할 수 없어요!

먹고 싶고 사고 싶다는 마음은 경제학의 기본원리인 수요와 공급 중 수요에 해당됩니다.

수요
Demand

예를 들어, 빵집에서 빵을 구매하려 한다면 그게 바로 수요예요.

와! 피자빵!

페이스트리도 있어!

그럼 이번 강의에선 **수요**에 대해 알아볼까요?

고고!

교수님, 먼저 빵부터 사 먹고요!

그런 마음이 강력한 수요 그 자체!

경제학 교과서를 보면 수요를 이렇게 정의하고 있습니다.

수요
재화나 서비스에 대한 구매력이 수반된 욕구

사고 싶은 마음이 수요구나.

수요는 해당 상품을 구매하려는 의향이 얼마나 있느냐를 말하며 다양한 요인들의 영향을 받습니다.

특히 가격이 수요에 큰 영향을 끼치지.

₩25,000

그 밖에도 다양한 요인들이 있습니다.

유행

날씨

VS

경쟁상품

이걸 수식으로 나타내면 이렇습니다.

수요량 = 함수(가격, 소득 수준, 유행, 경쟁상품, 날씨 등)

으악, 수식이다!

수식이라고 겁먹지 말고 관계를 간략하게 나타내기 위한 기호라고 생각하면 편해요.

음, 그러니까 수요량은 가격, 소득 수준 등등에 의해 결정된다는 걸 나타낸 거죠?

잘 아네!

좀 더 간략화해 이렇게 쓰기도 합니다.

Quantity of Demand   function

$$Q_d = f(Price, Others)$$

수요량   함수   가격   기타 요인

이렇게 정리하니 오히려 간단하네요.

그렇네.

이러한 가격과 수요량의 관계를 그래프로 표현하면 어떤 모양이 될까요?

수식에 이어 그래프까지?

괜찮아. 교수님이 쉽게 설명해주실 거야.

일단 이 그래프의 모양만이라도 머리에 넣어두세요. 경제학의 대표적인 곡선인 **수요곡선**입니다.

Price=가격

P

가격 높아짐 ↑

가격 낮아짐 ↓

가격이 높을 때는 수요량이 적네요?

가격이 낮을 때는 수요량이 많고요!

← 양 줄어듦   양 늘어남 →

Q

Quantity=양

가격과 양의 관계를 나타내기 위해 P-Q 평면에 그리죠.

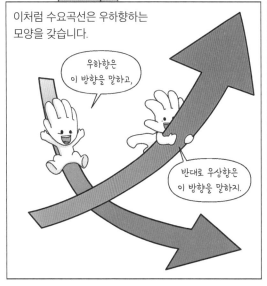

이처럼 수요곡선은 우하향하는 모양을 갖습니다.

우하향은 이 방향을 말하고,

반대로 우상향은 이 방향을 말하지.

가격이 낮으면 소비자들은 더 많이 구매하길 원하고, 가격이 높으면 구매하는 양이 줄어들기 때문입니다.

달걀값이 내렸네. 좀 더 사둬야겠다.

오늘 저녁은 달걀 파티~

P(가격) 상승 → Q(수요량) 하락

P(가격) 하락 → Q(수요량) 상승

달걀값이 비싸졌어. 두 판 사려고 했는데 한 판만 사자.

닭을 사는 게 나을지도···.

그런데 수요곡선은 어떻게 저런 모양을 갖게 된 걸까요? 실제로 소비자 수요를 조사한다고 가정합시다.

초콜릿의 수요 조사를 하겠습니다.

사람들에게 초콜릿 가격표를 보여주면서, 그 가격일 때 몇 개의 초콜릿을 살 의향이 있는지 물어보는 거죠.

설문에 참여하시면 사은품을 드려요.

나도!

사은품? 참여할게요.

이 초콜릿이 3,000원이면 몇 개 사실래요?

음, 비싸네. 1개만 살 것 같네요.

2,500원이면요?

1개요.

2,000원이면요?

그럼 2개요.

이 초콜릿이 3,000원이면 몇 개 사실래요?

음, 그 가격엔 안 살래요.

2,500원이면요?

1개요.

500원이면요?

4개요.

이렇게 조사한 초콜릿의 수요를 표로 나타내봅시다.

초콜릿 가격	김○○씨	이□□씨	수요량 합계
3,000	1	0	1
2,500	1	1	2
2,000	2	1	3
1,000	3	2	5
500	6	4	10
300	10	6	16

두 사람의 수요가 다르구나.

하지만 가격이 내려갈수록 많이 구매하려 한다는 점은 같네.

지불의향가격

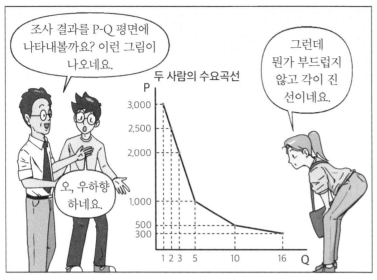

조사 결과를 P-Q 평면에 나타내볼까요? 이런 그림이 나오네요.

오, 우하향 하네요.

그런데 뭔가 부드럽지 않고 각이 진 선이네요.

두 사람의 수요곡선

더 많은 가격에 대해 더 많은 소비자를 조사한다면 더 자연스러운 곡선 모양의 그래프가 만들어질 겁니다.

그래서 이번엔 더 많은 소비자들의 의향을 알 수 있다고 가정해봅시다. 구체적으로는 **지불의향가격**을 알 수 있다고 가정하는 겁니다.

어디까지나 가정입니다!

경제학은 가정을 자주 하는군요.

그런데 지불의향가격이 뭔가요?

지불의향가격이란 소비자가 어떤 상품을 얻기 위해 최대 얼마까지 낼 의향이 있는지를 말합니다.

지불의향가격
Willingness to Pay

WTP

WTP라고 줄여서 쓰곤 하지.

예를 들어, 소비자 A가 초콜릿 한 개를 얻기 위해 5,200원까지 낼 의향이 있다면…

나의 초콜릿 1개에 대한 WTP는 5,200원인 거지.

이런 식으로 소비자 B, C, … 에 대해서도 WTP를 알 수 있다고 합시다.

초콜릿 1개에 대한 내 WTP는 5,000원이야.

이렇게 해서 소비자 A~Z의 초콜릿에 대한 WTP를 알아냈습니다. 이제 WTP가 가장 높은 사람부터 가장 낮은 사람까지 줄을 세워봅시다.

이 줄에 첫 번째로 서 있는 A씨는 하루도 초콜릿을 먹지 않으면 살 수 없는 초콜릿광입니다.

초콜릿은 저의 생명줄이죠. 하나에 5,200원이라 해도 삽니다.

A의 WTP: 5200

두 번째로 B씨는 A씨만큼은 아니지만 초콜릿을 너무나 사랑해서 5,000원까지 낼 의향이 있습니다.

초콜릿을 사랑해요!

B의 WTP: 5000

줄의 끝에 있는 Z씨는 초콜릿을 좋아하지 않습니다. 그렇지만 가격이 200원까지 떨어진다면 사 먹을 의향이 있습니다.

초콜릿 별로… 200원 정도라면 사서 먹을게요.

Z의 WTP: 200

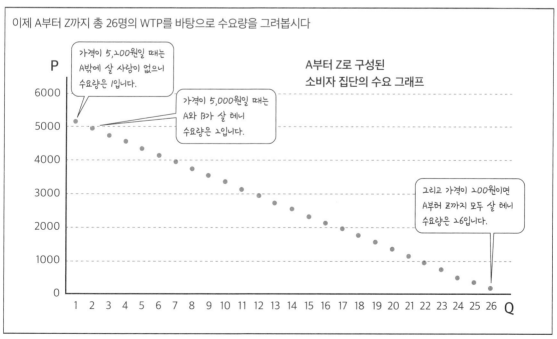

이제 A부터 Z까지 총 26명의 WTP를 바탕으로 수요량을 그려봅시다

가격이 5,200원일 때는 A밖에 살 사람이 없으니 수요량은 1입니다.

가격이 5,000원일 때는 A와 B가 살 테니 수요량은 2입니다.

P

A부터 Z로 구성된 소비자 집단의 수요 그래프

그리고 가격이 200원이면 A부터 Z까지 모두 살 테니 수요량은 26입니다.

수요함수

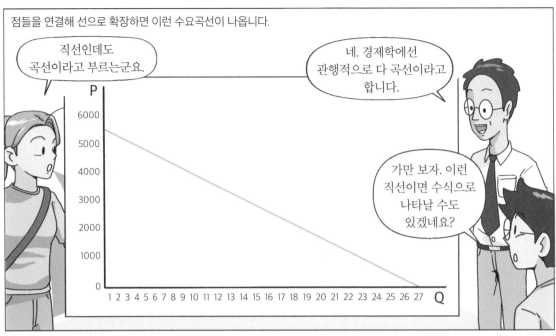

점들을 연결해 선으로 확장하면 이런 수요곡선이 나옵니다.

직선인데도 곡선이라고 부르는군요.

네. 경제학에선 관행적으로 다 곡선이라고 합니다.

가만 보자. 이런 직선이면 수식으로 나타날 수도 있겠네요?

그렇죠? 그걸 보여주려고 이런 모양의 수요곡선을 예로 든 거예요.

가격이 200씩 떨어질 때마다 수요량이 하나씩 늘어나니 기울기는 -1/200이고…

Q축과 만나는 절편은 27이네요.

그럼 저 선의 수식은 이렇게 되겠네요. 이를 **수요함수**라고 한답니다.

수요함수

$$Q_d = 27 - \frac{1}{200}P$$

함수는 자판기라고 생각하면 편합니다.
이 경우 가격을 넣으면 수요량이 나오는 자판기인 거죠.

뭐지? 이 자판기는?

수요함수 자판기

$$Q_d = 27 - \frac{1}{200}P$$

P를 고르면 Q가 나옵니다!

5,200 | 5,000 | 4,800
4,600 | 4,400 | 4,200
··· | 400 | 200

Q

P를 고르면 Q가 나옵니다!

한번 눌러봐.

그럴까?

5,200 | 5,000 | 4,800
4,600 | 4,400 | 4,200
· | 400 | 200

Q

아까 초콜릿 가격이 5,200원이었을 때 WTP가 가장 높은 사람 1명만 샀었지.

그럼 P가 5,200인 경우를 눌러볼까?

와! 1명만 살 의향이 있으니까 1이 나왔어.

이번엔 3,000을 눌러볼래.

12가 나왔어. 수요량이 12개라는 얘기구나.

$$27 - \frac{1}{200} \times 3,000 \quad \text{가격 P}$$

$$= 27 - 15$$

$$= 12 \quad \text{수요량 } Q_d$$

그럼 200을 누르면 26이 나오겠네.

400이면 25.

600이면 24.

800이면 23.

1,000이면 22.

이 수요함수가 있으면 가격(P)만으로 쉽게 수요량(Qd)을 구할 수 있겠네요!

그렇죠.

혹시 지금까지 설명을 들으면서, 제가 **수요**와 **수요량**을 구분해 사용한다는 것을 눈치채셨나요?

…네?

수요란 f(Price, Others)라는 함수로 표현되는 수요곡선, 즉 가격을 포함해 다른 모든 요인을 고려한 소비자의 구매 의향을 말합니다.

초콜릿을 너무 좋아해서 구매하는 마음부터

광고를 보고 혹해서 구매하는 마음까지

모두 다 수요인 거군요!

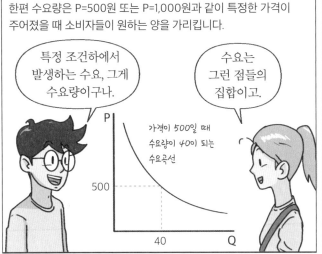

한편 수요량은 P=500원 또는 P=1,000원과 같이 특정한 가격이 주어졌을 때 소비자들이 원하는 양을 가리킵니다.

특정 조건하에서 발생하는 수요, 그게 수요량이구나.

수요는 그런 점들의 집합이고.

가격이 500일 때 수요량이 40이 되는 수요곡선

두 용어를 구분하는 것은 매우 중요합니다.

'수요의 변화'와 '수요량의 변화'가 다르다는 것을 알아야 하기 때문이죠.

DIFFERENT
DIFFERENT
DIFFERENT
DIFFERENT

다음 가상의 사례를 통해 차이를 알아봅시다.

초콜릿을 먹으면 탈모에 효과가 있다는 연구결과가…?

어디까지나 가상이야.

사평일보

탈모해결은 이제 초콜릿으로

평소 초콜릿을 좋아하던 사람부터 잘 안 먹던 사람까지 초콜릿에 대한 갈망이 증가하게 되었습니다.

원래 좋아했던 초콜릿이지만 더 비싸도 사 먹어야겠어!

초콜릿 잘 안 먹었는데, 이제라도 열심히 먹어야겠어!

얼마면 돼?

이건 약이야, 약!

이렇게 사람들의 속마음이
'더 비싸도, 더 많이 사겠어!'로 바뀐다면

수요곡선이 오른쪽으로 이동하게 됩니다. 같은 초콜릿 가격에
대해 더 많은 수요량이 발생한다는 뜻입니다.

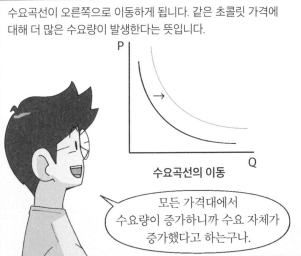

수요곡선의 이동

모든 가격대에서
수요량이 증가하니까 수요 자체가
증가했다고 하는구나.

다른 사례를 들어볼까요? 초콜릿 회사에서 할인행사를
진행했습니다. 초콜릿 가격이 내려가면 초콜릿 수요량이
증가하죠.

초콜릿이 좀 비싸다고
생각했는데, 그 정도
가격이면 사겠어!

그래도
난 안 먹어.

그런데 이는 가격이 변화해서 수요량이 늘어난
것일 뿐, 초콜릿을 향한 사람들의 속마음(수요)이
변한 것은 아닙니다.

가격이 변해도
초콜릿을 안 좋아하는
제 마음엔 변화가
없어요.

이때 가격과 수요량이 만나는 점은 기존의
수요곡선을 따라 오른쪽 아래로
내려가게 됩니다.

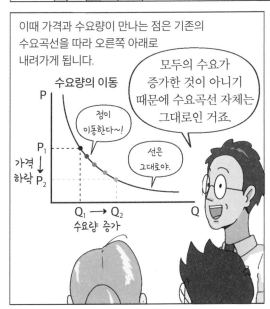

수요량의 이동

점이
이동한다~!

선은
그대로야.

가격
하락

모두의 수요가
증가한 것이 아니기
때문에 수요곡선 자체는
그대로인 거죠.

$Q_1 \rightarrow Q_2$
수요량 증가

정리하면
이렇습니다.

가격 외의 다른 요인의 변화로
수요가 변화한 경우
'수요의 변화(수요곡선 자체의 이동)'

가격이 변해
수요량이 변화한 경우
'수요량의 변화'(수요곡선상에서 이동)

가격탄력성

다음으로 가격탄력성에 대해 알아보겠습니다. 꼭 알아두어야 할 개념입니다.

탄력성
(elasticity)

탄력성이라는 말이 어렵게 느껴진다면 '반응성'이라고 생각하면 됩니다.

이 트램펄린 탄력이 끝내줘요!

반응성이 좋네.

탄력적이라는 건 반응을 잘해서 크게 변한다는 걸 의미하고,

고무로 된(elastic) 몸은 탄력적이지.

쭈우욱~

비탄력적이라는 건 반응을 잘 안 해서 거의 변하지 않는다는 뜻입니다.

그 정도론 내 몸은 끄떡없어.

깡ㅡ!

수요의 가격탄력성이란 가격의 변화에 대해 수요량이 반응하는 정도를 말합니다.

ε은 탄력성(elasticity)의 e를 그리스 문자로 나타낸 거야. p는 가격(price)을 의미하고.

$$\varepsilon_p = -\frac{\text{수요의 변화율}}{\text{가격의 변화율}}$$

가격탄력성이 낮은 경우

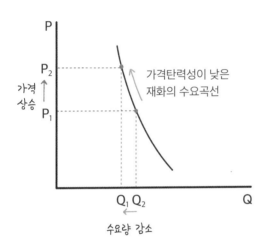

가격탄력성이 낮은
재화의 수요곡선

가격탄력성이 높은 경우

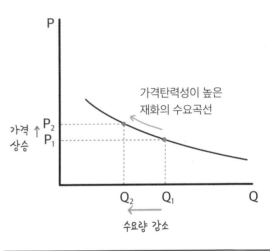

가격탄력성이 높은
재화의 수요곡선

가격탄력성이 낮은 재화의
수요곡선은 가파른 모습을 보입니다.
원유처럼 산업에 필수적인
재화가 대표적이죠.

가격이 P_1에서 P_2로
크게 상승했는데도 수요량은
Q_1에서 Q_2로 조금밖에
줄지 않았네요.

반면 기호식품처럼
가격탄력성이 높은 제품의
수요곡선은 오른쪽처럼 완만하게
누워 있어.

그래서 가격이
조금밖에 안 올랐는데도
수요량은 크게
떨어지는구나.

세상엔 다양한 재화들이 있는데, 그중 가격탄력성이
높은 재화엔 무엇이 있을까요?

비빔면이 왠지
가격탄력성이 높을
것 같아요!

맞아. 가격이
오르니까 그냥 라면을
찾게 되더라.

비빔면 가격이 오른다면 사람들은 그 대신
다른 면을 찾아 먹게 될 것입니다.

여러분,
비싸져도 비빔면
좋아해주세요.

다른 면도 있는데
비싼 걸 일부러
왜 사 먹어?

ㅋㅋㅋ

가격탄력성이 크다는 것은 다른 상품으로 대체가 가능하다는 뜻입니다.
생존에 필수적이지 않은 기호식품, 취미용품 등은 가격탄력성이
높습니다.

그렇기 때문에 가격이 낮아지면 수요량이
급격히 늘어나고, 가격이 조금만 올라도
수요량이 대폭 감소하죠.

저기요!
올라가시면
안 돼요!!!

올라갑니다.

가격

반대로 탄력성이 낮은 재화로는 생존에 꼭 필요한
필수소비재를 들 수 있습니다.

우리는 살아가는 데
꼭 필요한 제품들이지.

SHAMPOO

식료품 가격이 오른다고 굶을 수는 없기 때문에
가격 변화에 비해 수요량은 크게 변하지 않습니다.

올랐네?
그래도 끼니를
거를 순 없지.

커피 좀
줄이지, 뭐…

점심 특선
8,000원
9,000원

탄력성에 대한 이해가 없다면, 가격을 잘못 결정해서 큰 손해를 볼 수도 있습니다.

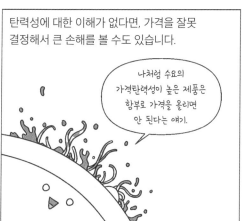

나처럼 수요의 가격탄력성이 높은 제품은 함부로 가격을 올리면 안 된다는 얘기.

경제 상황을 이해하는 데도 중요하죠.

원유 가격 상승
배럴당 100달러 돌파!

가격이 올라도 원유 수입을 안 할 수 없으니… 당분간 무역수지는 적자겠구나.

그런데 가격이 오르는데 수요량이 오르는 경우도 있지 않나요?

맞아요. 서울 아파트라든가.

좋은 질문이에요.

수요가 계속 변화할 거라고 기대될 때 그런 일이 생길 수 있는데요.

아파트의 수요가 오늘보다 내일 더 높아질 거라고 예상한다면 어떤 일이 벌어질까요?

107

다음 달에 더 오를 테니 지금 사야 해.

더 비싸지기 전에 지금 사려는 사람들이 많아지면서, 가격이 올랐는데도 수요량이 늘어나게 될 겁니다.

107

더 오르기 전에 사러 가자!

여보! 돈 좀 더 끌어와 봐.

나도 사야지!

이건 수요 자체가 점점 상승할 거라고 예상되기 때문에 벌어지는 일이죠.

일반적인 경우는 아니야.

소비자잉여

끝으로 수요곡선을 통해 알 수 있는 소비자잉여에 대해 알아보겠습니다.

잉여?

소비자잉여
consumer surplus

남는다는 뜻인데?

소비자가 구입을 하면서 지불한 비용을 빼고도 남게 되는 이익, 즉 소비자 순이익의 총합을 뜻합니다.

앞에서 나온 초콜릿을 예로 들어볼까요? 초콜릿 가격이 1,000원으로 책정되었다고 가정해봅시다.

SAPYEONG
SAPYEONG
SAPYEONG CHOCOLATE

가격 1,000원

앞에서 WTP가 5,200원으로 가장 높았던 A씨가 초콜릿을 삽니다.

네? 초콜릿이 1,000원이라고요?

WTP보다 훨씬 적은 1,000원을 주고 초콜릿을 산 A씨는 얼마나 이익을 본 것일까요?

경제학에서는 5,200(A씨의 WTP) − 1,000(가격) = 4,200원만큼의 순이익이 발생했다고 봅니다.

5,200원이어도 샀을 초콜릿을 1,000원에 샀으니, 남은 4,200원만큼 이익이야!

이 방법을 다른 모든 초콜릿 구매자들에게도 적용해볼 수 있습니다.

4,200원 순이익!

소비자A
(WTP 5,200원)

4,000원 순이익!

소비자B
(WTP 5,000원)

3,800원 순이익!

소비자C
(WTP 4,800원)

난 딱 내 WTP에 샀으니 이익도 손해도 없어.

소비자V
(WTP 1,000원)

우린 어차피 안 샀으니 이익도 손해도 없어.

소비자X
(WTP 600원)

소비자Y
(WTP 400원)

소비자Z
(WTP 200원)

이들의 순이익을 모두 더하면 바로 소비자잉여를 구할 수 있죠.

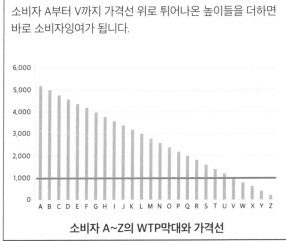

소비자 A부터 V까지 가격선 위로 튀어나온 높이들을 더하면 바로 소비자잉여가 됩니다.

소비자 A~Z의 WTP막대와 가격선

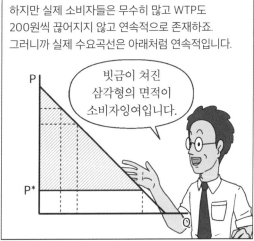

하지만 실제 소비자들은 무수히 많고 WTP도 200원씩 끊어지지 않고 연속적으로 존재하죠. 그러니까 실제 수요곡선은 아래처럼 연속적입니다.

빗금이 쳐진 삼각형의 면적이 소비자잉여입니다.

가격과 WTP의 차이들을 합친 게 곧 면적이 되니까 그런 거군요.

소비자잉여가 있으면 왠지 생산자잉여도 있을 것 같네요.

맞아요! 잘 따라오고 있네요.

소비자의 수요가 있으면 생산자의 공급도 있어야겠죠? 다음 강의에서 공급을 배울 테니 잘 따라와주세요.

네~!

03 | 수요

요약 노트

수요
- 수요란 재화나 서비스에 대한 구매력이 수반된 욕구이다. 즉, 어떤 상품을 얼마나 사려고 하는지가 수요이다.
- 가격, 소득수준, 유행, 경쟁상품, 날씨 등 다양한 요인이 수요에 영향을 주며, 함수로는 다음과 같이 나타낼 수 있다. $Q_d = f(Price, Others)$
- 일반적으로 가격이 낮아질수록 수요량은 늘어난다. 따라서 P-Q(가격-수량) 평면상에 나타낸 수요곡선은 우하향하게 된다.

지불의향가격
- 지불의향가격이란 소비자가 어떤 상품을 구매하기 위해 지불할 의향이 있는 최대 가격을 말한다. WTP(Willingness to pay)라고 줄여 쓰기도 한다. 소비자마다 WTP는 다를 수 있다.
- 어떤 상품에 대해 WTP가 높은 소비자, 즉 많은 돈을 지불하고도 구매할 의사가 있는 소비자는 적고, WTP가 낮은 소비자, 즉 적은 돈을 지불하고 구매할 의사가 있는 소비자는 많다.

수요의 변화와 수요량의 변화
- P-Q 평면에서 수요의 변화와 수요량의 변화는 구분되어 나타난다. 수요량의 변화는 가격의 변화에 따라 수요량이 변하는 것을 가리키며, 수요곡선상에서 점의 이동으로 표현된다. 반면 수요의 변화는 가격 이외의 요인으로 수요량이 변하는 것을 가리키며, 수요곡선 자체의 이동으로 표현된다.

가격탄력성
- 탄력성이란 다른 변수의 변화에 반응해 크게 변화하는 성질을 말한다. 따라서 수요의 가격탄력성은 가격의 변화에 대해 수요량이 반응하는 정도를 가리킨다.
- 가격탄력성이 낮은 재화는 수요곡선이 가파르며, 가격이 크게 올라도 수요량은 별로 감소하지 않는다. 주 식재료, 원유 등 필수재는 소비량을 쉽게 줄일 수 없기 때문에 가격탄력성이 낮다.
- 가격탄력성이 높은 재화는 수요곡선이 완만하며, 가격이 조금만 올라도 수요량은 크게 감소한다. 생활에 필수적이지 않은 재화, 다른 재화로 대체 가능한 재화들이 가격탄력성이 높다.
- 가격이 오르는데도 불구하고 수요량이 감소하지 않고 오히려 늘어나는 경우가 있다. 이는 시간이 지날수록 수요가 늘어날 것이라고 예측하기 때문이다.

소비자잉여
- 어떤 소비자의 WTP가 가격보다 높다면 그 차이만큼 소비자는 이익을 본 셈이다. 모든 소비자에 대해 이 이익을 합한 것이 소비자잉여이다.
- P-Q 평면에서 가격선과 그보다 위에 있는 수요곡선 사이의 면적이 곧 소비자잉여가 된다.

Q1 다음 중 수요에 영향을 미치는 요인이 아닌 것은?

① 생산비용

② 소비자의 소득수준

③ 상품의 가격

④ 계절

Q2 A는 딸기 아이스크림 하나를 먹기 위해 4,000원까지 낼 의향이 있고, B는 3,000원, C는 2,000원까지 낼 의향이 있다. 딸기 아이스크림의 가격이 2,500원일 때 A, B, C의 수요량 합계는 얼마인가?

① 1

② 2

③ 3

④ 0

Q3 어떤 재화의 수요함수가 $Qd = 15000 - 2P$이다. 가격이 2,000원일 때의 수요량은 얼마인가?

Q4 다음 중 가격탄력성과 관련한 설명으로 틀린 것은?

① 탄력성이란 어떤 변화에 따라 자신도 반응해 변하는 성질을 말한다.

② 수요의 가격탄력성이 낮은 재화는 가격이 크게 변해도 수요량은 조금밖에 변하지 않는다.

③ 수요의 가격탄력성이 큰 재화는 대체할 수 있는 다른 상품이 없는 경우가 많다.

④ 수요의 가격탄력성은 수요곡선의 기울기와 관련이 있다.

P-Q 그래프 축의 비밀

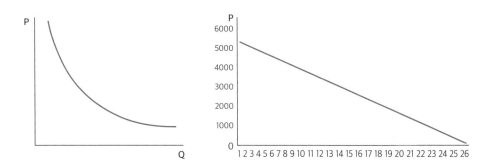

보통 우리는 $y = ax + b$라는 식으로 표현된 함수를 그래프로 그릴 때 좌변의 y를 세로축, 우변의 x를 가로축에 표시합니다. 그런데 우리가 앞에서 살펴본 수요함수 Q = 27 − 1/200P에서는 좌변에 있는 Q가 그래프의 가로축에 있고, 우변의 P는 세로축에 있었습니다. 경제학자들이 실수한 것일까요?

사실 이는 경제학자들이 수학을 못 해서가 아니라, 수요곡선 그래프에 앨프리드 마셜(Alfred Marshall, 1842~1924)이라는 경제학자의 생각이 숨어 있기 때문입니다. 마셜은 『경제학 원리(Principles of Economics)』(1890)라는 교과서를 집필한 저자로도 유명한데요. 당시 마셜은 수요량에 의해 가격이 결정된다고 보고 수요량(Q)을 독립변수로, 가격(P)을 종속변수로 설정하였습니다. 따라서 Q가 가로축에, P가 세로축에 오는 게 자연스러웠던 것이죠.

그러나 후대 경제학자들의 연구를 통해 가격을 독립변수에 놓고, 수요량을 종속변수에 놓는 것이 옳다는 사실이 밝혀졌습니다. 하지만 이미 사람들은 가격을 세로축에, 수요량을 가로축에 놓고 분석하는 것에 익숙해져 있었죠. 이러한 전통이 계속 이어지면서 경제학에서는 지금도 가격을 세로축에 놓는 그래프를 사용하고 있습니다.

04

ECONOMICS

공급

이윤을 추구하는 생산자의 마음

- 공급자의 선택
- 생산요소
- 단기에서의 생산
- 생산함수 그래프
- 한계비용과 공급곡선
- 고정비용과 가변비용
- 평균비용
- 손익분기점과 조업중단점
- 생산자잉여

공급자의 선택

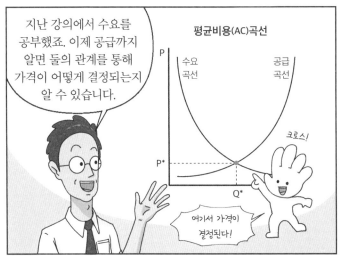

지난 강의에서 수요를 공부했죠. 이제 공급까지 알면 둘의 관계를 통해 가격이 어떻게 결정되는지 알 수 있습니다.

평균비용(AC)곡선

수요 곡선

공급 곡선

크로스!

여기서 가격이 결정된다!

앞에서 소비자의 선택과 수요곡선으로 수요를 배웠죠? 이번에는 **공급자**의 선택과 **공급곡선**을 중심으로 공급을 알아볼 거예요.

공급곡선은 우상향하죠.

공급곡선 도출은 수요곡선 도출보다 더 복잡하고 어렵습니다. 공급자는 고려해야 할 요인이 더 많기 때문이에요.

음, 이 가격이면 이걸 사면 되겠네.

내가 직접 만들어 팔려니 고려할 게 너무 많아!

우리가 공급자, 즉 생산자가 되었다고 가정하고 어떤 선택을 해야할지 생각해보면 좀 더 와닿을 거예요.

나왔다! '가정'~

여러분이 생산자라면 뭘 만들어서 팔고 싶나요?

카페라테요!

아메리카노요!

그럼 카페를 차려야겠네요. 작은 카페도 재화를 공급하는 경제주체라는 점에서 기업이죠. 기업은 왜 생산을 할까요?

돈을 벌려고요.

이윤을 내려고요.

맞아요. 기업의 존재 목적은 **이윤** 추구입니다.

작은 가게든 대기업이든 기업은 모두 이윤을 추구하지.

이윤을 많이 남기려면 싸게 만들어서 비싸게 팔아야겠죠?
이윤을 식으로 나타내면 다음과 같습니다.

$$\pi = TR - TC$$

이윤(profit) = 총수입(total revenue) − 총비용(total cost)

파이(π)는 이윤(profit)의 p를 그리스문자로 표현한 거야.

총수입은 단순히 말하면 판매한 상품 수에 가격을 곱한 것입니다.

아메리카노 한 잔에 얼마예요?

3,000원입니다.

4잔 주세요.

네~

오~ 12,000원어치 팔았다!

수입만 계산해선 안 되겠죠? 비용도 염두에 두어야 합니다.

다른 카페는 2,000원이던데…

다음에 올게요.

우리 2,000원으로 내릴까?

안 돼. 하나당 2,200원씩 든다고.

매출과 비용이 어떻게 되어야 이윤을 극대화할 수 있을까요?

제품을 더 싸게 만들어서 더 비싸게 팔면, 즉 비용을 낮추고 매출을 높이면 이윤이 많이 남겠죠?

생산요소

소비자의 구매가 늘어나야 수입도 늘어납니다. 이건 생산자가 직접 통제할 수 없죠. 하지만 비용은 생산자가 통제할 수 있습니다.

우선 비용부터 따져 봐야겠구나.

비용이 드는 **생산요소**에는 뭐가 있을까요?

작업장 및 매장 등 공간

커피 원두, 우유, 시럽 등 원자재

커피머신, 그라인더, 블렌더 등 기계

바리스타, 서버 등 근로자

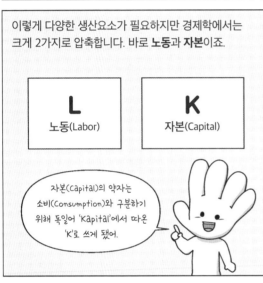

이렇게 다양한 생산요소가 필요하지만 경제학에서는 크게 2가지로 압축합니다. 바로 **노동**과 **자본**이죠.

L
노동(Labor)

K
자본(Capital)

자본(Capital)의 약자는 소비(Consumption)와 구분하기 위해 독일어 'Kapital'에서 따온 'K'로 쓰게 됐어.

따라서 생산함수는 이렇게 씁니다. 노동과 자본의 투입량에 따라 산출량이 결정됨을 보여주는 것이죠.

$$Y = f(L, K)$$

산출량　노동　자본

왜 Y냐고? '산출량, 생산량'이란 뜻이 있는 'Yield'에서 따온 거야.

예를 들어볼까요? 커피머신 2대가 갖춰진 상태에서 근로자 4명을 투입하면 1시간에 100잔을 만들 수 있다고 합시다.

커피머신 2대

근로자 4명

⇓

커피 100잔

그럼 이런 식으로 나타낼 수 있습니다.

$$Y = f(L, K)$$

커피 100잔 = f(근로자 4명, 커피머신 2대)

그런데 왜 생산요소를 자본과 노동으로 나눌까요?

둘의 성질이 상당히 다르기 때문입니다.

자본은 일단 투입하면 단기간에는 그 규모를 조정하기 어렵다는 특징이 있습니다.

더 설치할 공간도 없으니 당분간 이걸로 돌려야겠네.

위이이잉

반면 상대적으로 노동은 투입량을 조정하기가 쉽습니다.

대량 주문이 들어와서 일손이 모자라. 야근도 하고 알바도 써야 해.

일이 바쁠 때

요즘은 주문이 별로 없으니 알바는 그만 써야겠네.

일이 한가할 때

생산설비처럼 투입량을 조절하기 어려운 생산요소를 **고정투입요소**라고 하고, 노동처럼 비교적 조절이 용이한 생산요소를 **가변투입요소**라고 합니다.

변화가 가능해서 가변투입요소 라고 해.

고정투입요소   가변투입요소

이런 생산요소의 차이 때문에 생산함수는 **장기**와 **단기**를 구분해서 살펴보아야 합니다.

단기면 일주일인가, 한 달인가?

그렇게 날짜로 정해져 있는 게 아니래.

최소한 하나의 생산요소 투입량이라도 고정되어 있다면 단기라고 봐.

모든 생산요소에 대해 투입량을 조정할 수 있으면 장기입니다.

단기(short-run)
노동의 고용량만 조정 가능한 기간

장기(long-run)
노동의 고용량과 자본의 투입량 모두 조정 가능한 기간

단기에서의 생산

단기에 조정하기 어려운 생산요소로는 건물 임대료가 있습니다.

1주 단위로 계약할 순 없나요?

그런 게 어딨어요? 최소 1년이에요.

기계나 설비도 한 번 설치하고 나면 조정하기 어렵죠.

이제 물릴 수도 없어. 당분간 있는 걸로 잘 해봐야지.

임대나 설비 같은 요소는 단기에 조정할 수가 없죠.

하지만 장기에는 임대계약을 변경할 수 있고, 설비도 새로 살 수 있습니다.

장사가 잘 되면 큰 데로 옮기고 기계도 더 설치할 수 있겠네요.

장사가 안 되면 임대 계약을 해지하고 장사를 접을 수도 있고요.

우리는 단기에 생산을 한다고 가정합시다. 자본이 고정돼 있기 때문에 산출량은 노동투입량에 의해서만 결정됩니다.

단기 생산함수
$$Y = f(L, \bar{K})$$

이건 자본이 고정돼 있다는 뜻이고, 'K-바(bar)'라고 읽어.

여기 커피를 만드는 공간과 설비가 있습니다. 단기에는 이 공간과 설비를 늘릴 수 없습니다.

NO MORE SPACE

이제 한 명부터 시작해서 노동요소 투입량을 조절해볼까요?

우와~ 정신없고 효율도 안 올라.

1명일 때

이제 좀 낫지만 그래도 좀 벅차네

쉴 시간이 안 나와.

2명일 때

3명일 때

일이 척척 돌아가는 느낌. 훨씬 낫네.

여유, 여유.

4명일 때

한 명 더 있는 게 도움이 되긴 하지만 효율이 많이 오르진 않네.

설비에 비해 사람이 좀 많은 느낌이야.

이 상황을 수치와 표로 나타내볼 수 있습니다.

노동이 더 투입될수록 생산량은 늘어납니다. 하지만 **한계생산**은 늘어나다가 다시 줄어들죠?

노동투입에 따른 산출량과 한계생산의 변화

노동	산출량	한계생산
1	4	4
2	10	6
3	20	10
4	25	5
5	29	4
6	32	3
…	…	…

※자본은 고정돼 있다고 가정함.

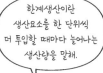

한계생산이란 생산요소를 한 단위씩 더 투입할 때마다 늘어나는 생산량을 말해.

막대그래프로 그려보면 한계생산의 변화가 더 잘 보입니다.

3명을 투입할 때까진 생산량이 늘어나는 정도가 커지다가 이후로는 줄어드네요.

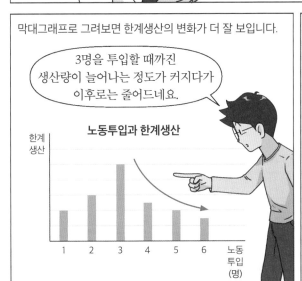

노동투입과 한계생산

한계생산

1 2 3 4 5 6 노동투입(명)

이렇게 다른 요소의 투입량은 고정된 상태에서 한 요소의 투입량만을 증가시킬 때

한계생산 체감의 법칙

한계생산이 줄어드는 것을 한계생산 체감의 법칙이라고 합니다.

생산함수 그래프

한편 자본과 노동의 추가 투입이 없이도 생산량이 늘어나는 경우가 있습니다. 바로 기술 수준이 높아지는 경우죠.

한계비용과 공급곡선

생산요소 투입과 생산량의 관계를 살펴봤는데, 이제는 생산량과 비용의 관계를 따져볼까요? **한계비용**은 어떻게 변할까요?

한계비용(MC)
Marginal Cost

생산량 | 비용

앞서 봤듯이 한계생산은 초기에 체증하다 어느 지점부터는 체감합니다. 즉, 초기에는 적은 비용으로도 생산량이 많이 늘어나지만, 어느 지점부터는 추가비용이 점점 커진다는 뜻이죠. 따라서 한계비용 곡선은 처음엔 줄어들다가 점점 증가하는 모양이 됩니다.

비용도 가격처럼 금액으로 계산하니까 그래프의 P축에 표시할 수 있어.

결론부터 말하면 이 곡선의 일부가 공급곡선이 됩니다.

엇, 왜 그렇죠?

기업이 뭘 가장 중요하게 생각할까요?

이윤이요.

그렇죠. 기업이 하나씩 더 생산할 때마다 수입과 비용은 얼마씩 늘어날까요?

수입은 제품 가격(P)만큼 늘 테고…

비용은 한계비용(MC)만큼 늘겠죠.

즉, 제품 하나마다의 이윤(π)은 P−MC.

현재 시장의 가격이 P^*로 주어져 있다고 합시다. 생산량 Q_1에서 P^*-MC만큼 이윤을 보고 있습니다. 그리고 Q_1보다 생산량을 조금 늘려도 여전히 P가 MC보다 높아서 이윤이 발생합니다. 따라서 더 늘리겠죠.

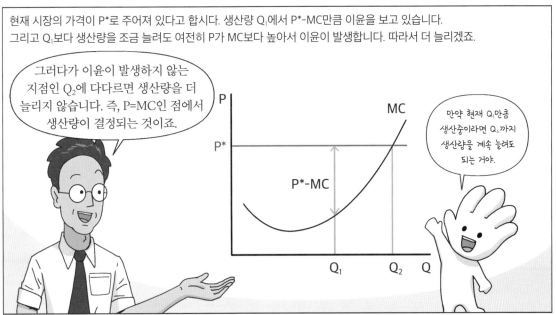

그러다가 이윤이 발생하지 않는 지점인 Q_2에 다다르면 생산량을 더 늘리지 않습니다. 즉, P=MC인 점에서 생산량이 결정되는 것이죠.

만약 현재 Q_1만큼 생산중이라면 Q_2까지 생산량을 계속 늘려도 되는 거야.

고정비용과 가변비용

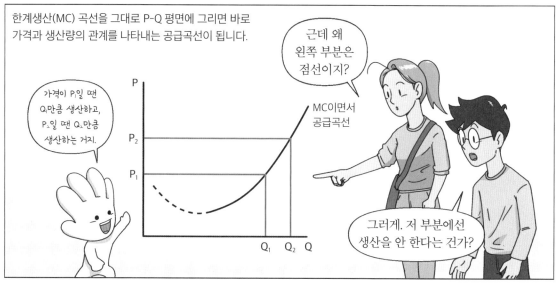

한계생산(MC) 곡선을 그대로 P-Q 평면에 그리면 바로
가격과 생산량의 관계를 나타내는 공급곡선이 됩니다.

가격이 P_1일 땐 Q_1만큼 생산하고, P_2일 땐 Q_2만큼 생산하는 거지.

근데 왜 왼쪽 부분은 점선이지?

MC이면서 공급곡선

그러게. 저 부분에선 생산을 안 한다는 건가?

맞습니다. MC곡선 중에서 생산을 안 하는 구간이 있거든요.

이걸 알아보기 위해선 비용을 좀 더 자세히 쪼개서 볼 필요가 있습니다.

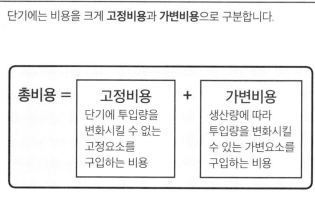

단기에는 비용을 크게 **고정비용**과 **가변비용**으로 구분합니다.

총비용 =	고정비용	+	가변비용
	단기에 투입량을 변화시킬 수 없는 고정요소를 구입하는 비용		생산량에 따라 투입량을 변화시킬 수 있는 가변요소를 구입하는 비용

고정비용은 기계 설비를 비롯해 공장, 매장 등을 구입하는
비용을 말합니다.

매장이 썰렁하다고 임대료를 덜 낼 수도 없고…

이미 설치한 기계를 해체해서 팔 수도 없고…

한편 가변비용에는 근로자 임금, 원자재 구입비 등이 있죠.

여기 원두 더 가져왔어.

바쁘다, 바빠. 알바 더 뽑을까?

원두

평균비용

이렇듯 생산량에 변동이 있더라도 고정비용은 그대로입니다. 반면 가변비용은 생산량에 따라 변하죠.

> 그리고 **평균비용**이란 게 중요한데요.
>
> 평균비용 = $\dfrac{\text{총비용}}{\text{생산량}}$

총비용은 고정비용과 가변비용의 합이므로 **평균비용**을 다음과 같이 계산할 수 있습니다.

Average Cost   Average Fixed Cost   Average Variable Cost

평균비용 = $\dfrac{\text{고정비용 + 가변비용}}{\text{생산량}}$ = 평균고정비용 + 평균가변비용

> 평균고정비용은 AFC, 평균가변비용은 AVC라고 할게.

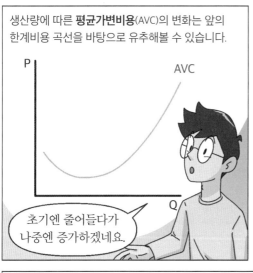

생산량에 따른 **평균가변비용**(AVC)의 변화는 앞의 한계비용 곡선을 바탕으로 유추해볼 수 있습니다.

AVC

> 초기엔 줄어들다가 나중엔 증가하겠네요.

한편 **평균고정비용**(AFC)은 생산량이 증가함에 따라 지속적으로 하락합니다.

> 임대료 같은 건 얼마를 팔든 그대로니까 많이 팔수록 AFC는 하락하겠네요.

AFC

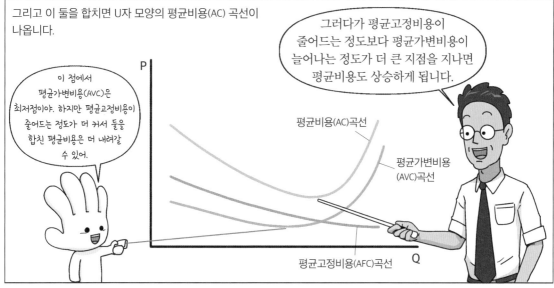

그리고 이 둘을 합치면 U자 모양의 평균비용(AC) 곡선이 나옵니다.

> 이 점에서 평균가변비용(AVC)은 최저점이야. 하지만 평균고정비용이 줄어드는 정도가 더 커서 둘을 합친 평균비용은 더 내려갈 수 있어.

> 그러다가 평균고정비용이 줄어드는 정도보다 평균가변비용이 늘어나는 정도가 더 큰 지점을 지나면 평균비용도 상승하게 됩니다.

평균비용(AC)곡선

평균가변비용(AVC)곡선

평균고정비용(AFC)곡선

손익분기점과 조업중단점

한 개당 수입 = 가격 > 한 개당 비용 = 평균비용

평균비용이 중요한 이유는 평균수입과 비교해야 하기 때문이에요.

그렇네요. 수입보다 비용이 더 들면 안 되니까요.

1개당 매출은 곧 가격이고, 1개당 비용이 평균비용이니까, 가격이 평균보다 낮은 지점에선 생산하면 안 되겠네요.

P < AC 이면 생산하지 않음

앞의 그래프에 공급곡선에 해당하는 한계비용(MC) 곡선도 함께 그려 넣어 보겠습니다.

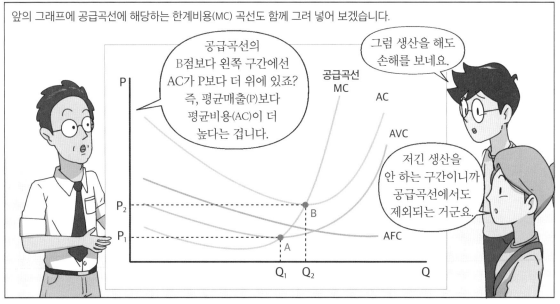

공급곡선의 B점보다 왼쪽 구간에서 AC가 P보다 더 위에 있죠? 즉, 평균매출(P)보다 평균비용(AC)이 더 높다는 겁니다.

그럼 생산을 해도 손해를 보네요.

저긴 생산을 안 하는 구간이니까 공급곡선에서도 제외되는 거군요.

공급곡선 MC

AC

AVC

AFC

P_2 ···· B

P_1 ···· A

Q_1 Q_2 Q

저 B점을 **손익분기점**이라고 합니다. 이보다 왼쪽에선 손해를 보고, 오른쪽에선 이익을 보니까요.

손익분기점은 넘기면서 장사를 해야지.

그런데 말입니다. 생산자는 손익분기점보다 왼쪽에서 생산을 할 때도 있답니다.

네? 손해를 보는데도 생산을 한다고요?

대체 왜 그런 거죠?

바로 단기이기 때문이지!

단기에 기업은 가격이 P_2보다 낮더라도 P_1보다 높으면 생산을 합니다. 그래서 A~B 구간도 공급곡선이 됩니다.

왜일까요?

이 구간에서는 비록 가격이 평균비용(AC)보다는 낮지만 평균가변비용(AVC)보다는 높기 때문입니다.

이 구간의 공급곡선의 가격은 AC보다는 낮지만 AVC보다는 높음.

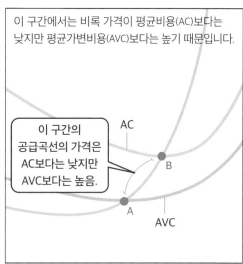

단기에 고정비용은 이미 투입되어 회수할 수 없는 비용입니다.

어차피 임대료는 이미 나간 돈이고…

임금이랑 재료비라도 벌 수 있으면 만들어 팔아야지.

이런 걸 **매몰비용**이라고 합니다. 이미 지출해서 회수할 수 없는 비용을 가리키죠.

엎질러진 물처럼 다시 주워담을 수 없는 거야.

매몰비용 (sunk cost)

그래서 단기에는 AC가 아닌 AVC와 비교를 하게 됩니다. 예를 들어, 커피 가격이 1,500원인데 원자재 비용과 임금 등 AVC는 1,200원이라고 합시다. 이 경우 개당 판매수입이 AVC보다 300원 높으니까 생산을 합니다.

1,500원에 팝니다.

재료비: 700원
임금: 500원
AVC: 1,200원

하지만 기계설치비와 임대료 등 AFC가 1,000원이라면 AC는 2,200원이라 가격보다 비용이 큽니다.

평균고정비용 1,000원

고정비용까지 따지니 -700원이긴 하네.

그래도 생산을 합니다. 왜냐하면 물건을 팔지 않아도 고정비용으로 인한 -1,000원은 발생할 수밖에 없고, 물건을 팔면 -700원으로 손해가 줄어드니까요.

어차피 생산을 안 해도 고정비용은 발생하니 손해를 줄일 수 있다면 장사를 하는 겁니다.

가게를 놀려도 임대료는 나가니까 매출이라도 올려야지.

그런데 가격이 AVC보다도 낮아진다면 아예 생산을 할 필요가 없습니다. 이때는 생산을 위해 재료를 구입하고 노동자를 투입하는 비용이 더 드니까요.

커피 한 잔에 1,000원이라면 재료비랑 임금이 더 들어가니 장사할 필요가 없어.

그래서 A점을 **조업중단점**, B점을 손익분기점이라고 합니다.

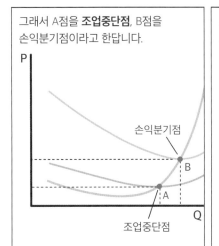

그러므로 한계비용(MC) 곡선에서 평균가변비용(AVC) 곡선과의 교점보다 오른쪽에 있는 부분만 바로 공급곡선이 되는 것입니다.

공급곡선
MC

AC

AVC

APC

B

A

Q_2 Q_1

우상향하는 공급곡선을 얻기까지 참 어렵게 달려왔죠?

머리가 터질 것 같아요.

소비자만 하는 게 낫겠어요.

여기가 가장 곡선이 많이 나와서 복잡한 부분이에요. 이제 고비를 넘었다고 생각하세요.

앞으론 좀 완만하다니까 힘내자!

너무 가팔라.

생산자잉여

장기에는 건물도 기계도 처분할 수 있기 때문에 손익분기점 아래에선 생산을 하지 않습니다.

이번 달로 임대계약이 만료되는데 연장하실 건가요?

장사가 잘 안 돼서 임대계약은 연장하지 않을게요.

장기공급곡선이 어떻게 도출되는지는 '더 알아보기'를 참고하세요.

다행이다. 또 그래프 나오는 줄 알았어요.

휴~

아직 하나 남았어.

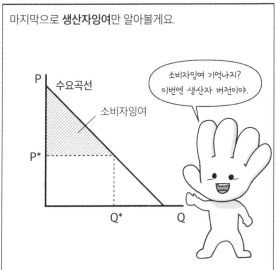

마지막으로 **생산자잉여**만 알아볼게요.

소비자잉여 기억나지? 이번엔 생산자 버전이야.

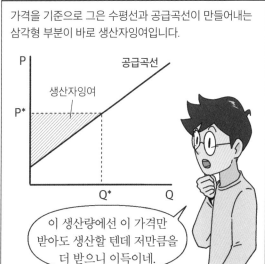

가격을 기준으로 그은 수평선과 공급곡선이 만들어내는 삼각형 부분이 바로 생산자잉여입니다.

이 생산량에선 이 가격만 받아도 생산할 텐데 저만큼을 더 받으니 이득이네.

소비자잉여와 생산자잉여는 시장 거래를 통해 소비자와 생산자 모두 이익을 누릴 수 있음을 보여주죠.

양쪽 모두에게 이익이라니 신기해요.

물건을 생산하고 거래하는 게 이렇게 좋은 거였군요.

그런데 항상 이렇게 이상적인 결과만 나오는 건 아니랍니다.

완전경쟁시장(5강)과 독과점시장(6강)을 비교하며 이상적인 경우와 그렇지 않은 경우를 알아볼게요.

좀 더 흥미진진한 얘기가 나올 거야.

04 | 3분 정리
공급

요약 노트

공급자의 선택 → 공급자, 즉 기업의 목표는 이윤을 최대화하는 것이다. 이윤은 총수입에서 총 비용을 뺀 것이다. π(이윤) = TR(총수입) − TC(총비용)

생산요소 → 생산을 하기 위해서는 작업장, 원자재, 기계, 노동자 등 다양한 생산요소가 필요하다. 경제학에서는 크게 두 가지로 분류하는데 노동과 자본이 그것이다.
→ 자본은 투입하고 나면 단기간에는 규모를 조정하기 어려운 특징이 있다. 이처럼 투입량 조정이 어려운 생산요소를 고정투입요소라고 한다.
→ 노동은 상대적으로 투입량을 조정하기가 쉽다. 이처럼 투입량 조정이 용이한 생산요소를 가변투입요소라고 한다.

단기와 장기 → 어떤 생산요소의 투입량 조정이 불가능한 기간을 단기(short-run)라고 한다. 모든 생산요소의 투입량 조정이 가능한 기간을 장기(long-run)라고 한다.

단기에서의 생산 → 자본이 고정투입요소, 노동이 가변투입요소인 경우 단기에서의 산출량은 노동의 투입량에 의해 결정된다.
→ 다른 생산요소 투입량은 고정된 상태에서 한 생산요소의 투입량만 증가시킬 경우 한계생산은 초기에 증가하다 점점 감소하게 된다. 이를 한계생산 체감의 법칙이라고 한다.

한계비용과 공급곡선 → 한계생산 체감의 법칙에 따르면 한계비용은 초기에 줄어들다가 이후 점점 증가한다.
→ 생산자는 현 생산량에서 가격이 한계비용보다 높으면 생산량을 늘리게 된다. 그렇게 한계비용이 가격과 같아지는 지점까지 생산량을 늘리게 된다. 즉, P=MC에서 생산량(Q)이 결정되며, MC 곡선이 곧 공급곡선이 된다.

고정비용과 가변비용 → 고정투입요소를 구입하는 비용이 고정비용, 가변투입요소를 구입하는 비용은 가변비용이다. 대표적인 고정비용은 매장 임대료, 설비 구입비 등이며, 대표적인 가변비용은 근로자 임금, 원자재 구입비 등이다.

평균비용 → 비용을 생산량으로 나누어 평균비용을 구할 수 있다. 평균고정비용은 생산량이 증가할수록 하락한다. 평균가변비용은 초기엔 줄어들다가 나중엔 점점 증가한다. 평균비용은 이 둘의 합이므로 초기에 하락하다가 점점 상승하는 U자 모양의 곡선이 된다.

손익분기점과 조업중단점	→ 평균비용이 가격보다 높을 때 생산하면 기업은 손해를 본다. 따라서 가격이 평균비용 이상인 구간에서 생산하게 된다.
	→ 가격과 평균비용이 같아지는 생산량을 손익분기점이라고 한다. 이 지점에서 비용과 수익이 같아지며, 이보다 더 많이 생산하면 수익이 더 많아진다.
	→ 단기에 고정비용은 회수할 수 없는 매몰비용이다. 따라서 가격이 평균비용보다 낮더라도 평균가변비용보다 높으면 생산을 한다. 고정비용은 메울 수 없지만 가변비용은 매출로 메울 수 있기 때문이다.
	→ 가격이 고정가변비용과 같아지는 생산량을 조업중단점이라고 한다. 단기라해도 기업은 조업중단점보다 왼쪽에서는 생산하지 않고 조업을 중단한다.
	→ 따라서 한계비용곡선 중 조업중단점보다 우측에 있는 점들이 생산자의 공급곡선이 된다.
생산자잉여	→ 가격과 한계비용의 차이가 생산자가 얻는 이익이다. 따라서 가격의 수평선과 공급곡선 사이의 면적이 곧 생산자잉여가 된다.

퀴즈

Q1 다음 식의 각 항이 뜻하는 것을 적으시오.

$\pi = TR - TC$

π: _____ TR: _____ TC: _____

Q2 다음 중 단기와 장기의 생산에 대한 설명으로 틀린 것은?

① 단기에는 투입량이 고정된 생산요소가 존재한다.

② 장기에는 건물임대료도 조정할 수 있다.

③ 단기의 총비용은 고정비용과 가변비용으로 구성된다.

④ 장기에는 손익분기점보다 낮은 가격에서 생산하기도 한다.

장기공급곡선은 어떤 모양일까?

이번 강의에서 단기에서의 생산과 공급을 알아보았습니다. 장기에는 어떻게 될지 궁금할 수 있는데요. 장기에서의 생산과 공급을 잘 이해하기 위해서는 미적분 같은 수학이 요구되므로 여기에서 본격적으로 다루기는 어렵습니다. 하지만 경제학적 직관을 가지고 간략하게 단기와 장기 간의 관계를 생각해보도록 하겠습니다.

기업이란 경제주체는 주어진 정보와 자원을 가지고 최적의 선택을 하는 합리적인 존재입니다. 앞에서 공부한 바와 같이 기업의 최적의 선택은 비용 최소화와 관련이 깊습니다. 단기에는 자본 등 조정할 수 있는 요인이 제한적이므로 기업이 선택할 수 있는 최적점 역시 제한적입니다. 하지만 모든 생산요소를 마음대로 조정할 수 있는 장기에는 상황에 맞게 자본, 노동, 원재료 등을 자유롭게 정할 수 있으므로 선택지가 많아집니다. 예를 들어, 동일한 생산량을 달성하는 '기계 60대, 근로자 400명' 조합과 '기계 40대, 근로자 600명' 조합 중 어느 쪽이든 선택 가능합니다. 이처럼 같은 생산량을 얻기 위해 대체 가능한 자본(기계 수)과 노동(근로자 수)의 조합을 자본(K)-노동(L) 평면 위의 선으로 표현한 것을 '등량선'이라고 합니다(그림 A). 이 등량선에서 기계 가격과 인건비를 고려하였을 때 가장 싼 조합을 선택한다면 바로 비용 최소화를 달성하게 되는 것입니다.

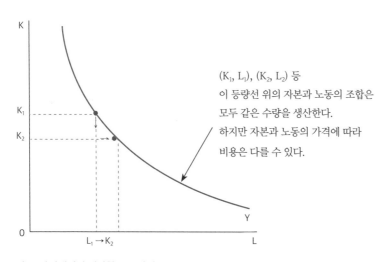

그림 A. 장기에서의 생산함수(등량선)

각 생산량마다의 이 최적점들은 각각의 단기 상황(자본이 특정 값으로 고정된 상황)에서 최적점이었을 생산요소 조합들의 모음이라고 할 수 있습니다. 수학적으로 표현하면, 장기비용함수는 모든 단기비용함수에서 얻을 수 있는 최적점의 집합인 것이지요. 그림 B는 단기평균비용과 장기평균비용, 그리고 장기한계비용 간의 관계를 보여줍니다. 각각의 단기평균비용곡선들이 장기평균비용곡선을 스쳐 지나가는 것을 볼 수 있습니다. 단기곡선과 장기곡선이 만나는 점이 곧 비용최소화를 달성하는 '최적점'이며 이러한 최적점들이 모여 장기평균비용곡선을 이루는 것입니다.

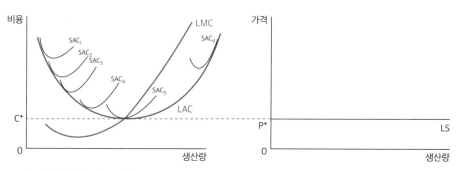

그림 B. 장기에서의 비용곡선과 공급곡선

- LAC : 장기평균비용곡선
- SACa : 각 단기 상황에서의 단기평균비용곡선
- LMC : 장기한계비용곡선
- LS : (생산요소의 가격이 변하지 않을 때의) 장기공급곡선
- C* : 장기평균비용곡선의 최저점이자 장기에서의 가격

그렇다면 장기공급곡선은 무엇일까요? 생산요소의 가격이 변하지 않는 한 장기공급곡선은 장기평균비용곡선과 장기한계비용곡선이 만나는 점인 최소평균비용을 지나는 수평선(그림B의 보라색 점선)이 됩니다.

왜 공급곡선이 수평선일까요? 모든 생산요소가 조정될 수 있는 장기에는 P* 이상으로 생산하는 기업은 살아남을 수 없기 때문입니다. P* 이상의 가격으로 판매할 경우 언젠가는 같은 물건을 더 싸게 판매하는 경쟁업체가 나타나 장기적으로 가격은 P*로 낮아지게 됩니다. 예를 들어 단기적으로 수요가 증가할 경우 단기공급곡선은 대개 우상향하므로 가격이 상승할 수 있습니다. 하지만 장기에는 이윤을 노리는 새로운 기업이 시장에 진입하게 되고, 결국 가격이 P*에 다다를 때까지 낮아지게 됩니다. 결국 생산비용에 영향을 미치는 일이 없는 한 장기에는 시장에 있는 모든 기업이 평균비용 C*를 유지하며 생산한다고 이해하면 됩니다.

하지만 이는 생산량 증가에 따른 생산요소 가격의 변동을 고려하지 않았을 때의 이야기입니다. 생산량이 증가함에 따라 생산요소의 가격이 오를 경우에는 평균비용도 상승합니다. 이런 경우의 장기공급곡선은 우상향하게 됩니다.

05

ECONOMICS

완전경쟁시장

이상적이고 효율적인 시장

- 기업 간 경쟁
- 완전경쟁시장에서의 가격
- 경쟁균형
- 사회적 후생
- 정부와 세금
- 사중손실
- 정부 개입의 의의

기업 간 경쟁

우수야, 큰일 났어. 나와봐, 빨리!

응? 무슨 일인데?

맞은편에 떡하니 카페가 들어섰어.

떡하니 카페

코앞에 새 카페가…

경쟁자가 생겼군요.

우리보다 크다.

'경쟁'이라고 하면 스포츠, 시험, 게임 등과 같이 특정한 보상을 두고 기량을 겨루는 장면을 연상하기 쉬운데요.

경제학에서의 경쟁은 시장에서 얻을 수 있는 이윤을 두고 기업 간의 대결이 이루어지는 것을 뜻합니다.

누가 돈을 더 많이 버는지 두고 보자!

올바른 경제학의 경쟁이네.

이겨라!

이겨라!

일단 경쟁이 나쁜 것만은 아니라는 것을 알아야 해요. 경제학에선 경쟁을 긍정적으로 본답니다.

그 예로 **완전경쟁시장**이라는 환경을 생각해볼까요? 경제학에서 이상적으로 생각하는 시장인데 현실에는 존재하지 않는 일종의 모형입니다

완전경쟁시장?

완전경쟁시장에서의 가격

완전경쟁시장은 경제학자들이 생각하는 이상적인 형태의 시장입니다.

완전경쟁시장의 조건을 모두 만족하는 사례를 현실에서 찾기는 거의 불가능합니다.

가상의 완전경쟁시장으로 들어가볼까요?
150만 원짜리 사과폰이 나무에서 열리게 되었다고 합시다.

이제 전국의 과수원에서 사과폰을 공급할 수 있게 되었습니다.

사과폰을 한 대 재배할 때 들어간 평균비용은 50만 원이고, 현재 150만 원인 사과폰을 팔게 되면 대당 100만 원의 이윤이 남게 된다고 해보죠.

그런데 사과폰은 건너편 농장에도 열립니다.
거기에선 사과폰을 140만 원에 내놓았습니다.

안 되겠다.
나도 가격을
140만 원으로…

슥슥

사과폰을
130만 원에 파는 곳이
생겼다!!

으잉?

엥?

다수의 공급자가 가격경쟁을 하면 사과폰은
평균비용인 50만 원까지 떨어지게 됩니다.

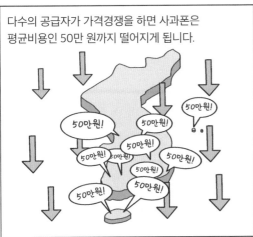

50만원!
50만원!
50만원!
50만원!
50만원!
50만원!
50만원!
50만원!
50만원!

소비자들은 가격이 저렴해진 사과폰을 사서 더 큰 순효용을
누리게 되죠.

사과폰이 50만 원!!

꾸며낸 이야기지만 가격경쟁이 소비자들에게
어떻게 이익이 되는지 이해가 되죠?

교수님, 50만 원
주고 산 제 사과폰이
사라지고 있어요!

현실에선
있을 수 없는
이야기니까요.

SNAP

완전경쟁시장은 소비자뿐만 아니라 생산자에게도 이익을
안겨주는 시장입니다.

사과폰 다
똥값인데 무슨
소리야?

진정하고
설명을 들어 봐!

경쟁균형

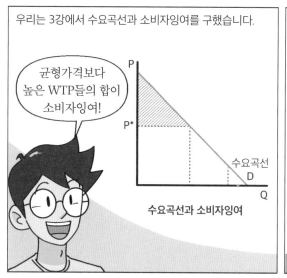

우리는 3강에서 수요곡선과 소비자잉여를 구했습니다.

균형가격보다 높은 WTP들의 합이 소비자잉여!

수요곡선과 소비자잉여

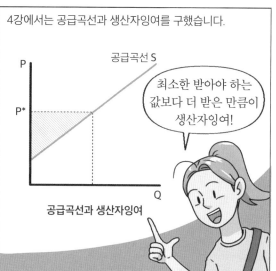

4강에서는 공급곡선과 생산자잉여를 구했습니다.

최소한 받아야 하는 값보다 더 받은 만큼이 생산자잉여!

공급곡선과 생산자잉여

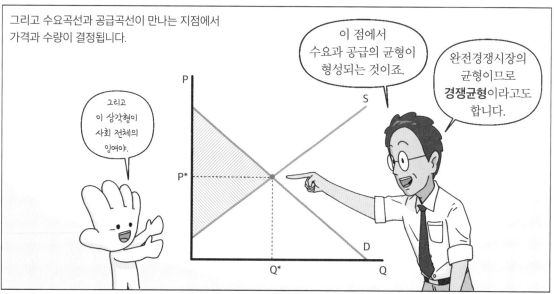

그리고 수요곡선과 공급곡선이 만나는 지점에서 가격과 수량이 결정됩니다.

그리고 이 삼각형이 사회 전체의 잉여야.

이 점에서 수요와 공급의 균형이 형성되는 것이죠.

완전경쟁시장의 균형이므로 **경쟁균형**이라고도 합니다.

그런데 왜 '균형'이라고 할까요?

더 높아지려는 힘과 더 낮아지려는 힘이 바로 그 점에서 균형을 이루기 때문입니다.

더 싸게 사겠다!

난 더 비싸게 팔아야겠다!

소비자

생산자

P*보다 조금 더 비싼 P₁에서 가격이 시작되었다고
해봅시다. 이 경우 Q_s가 Q_d보다 많기 때문에 공급과잉이
발생합니다.

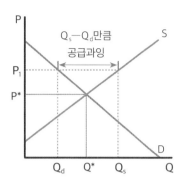

이보다 가격이 하락하면 구매할 소비자들이 더 있습니다.
하락한 가격은 생산자의 한계비용보다 높기 때문에
그 가격에 팔 생산자도 있죠. 결국 거래가 성사될 것입니다.

누군가 강제로 이들의 거래를 막지 않는 한 거래는 성사될
것이며 가격은 P₁에서 P*까지 떨어지게 될 것입니다.

만약 가격이 P*보다 낮은 P₂라면 수요과잉이 나타납니다.
이때 새로운 생산자가 시장에 진입해 좀 더 높은 가격으로
상품을 공급해도 팔리게 되고, 이 과정에서 생산량은
Q*까지, 가격은 P*까지 상승하게 됩니다.

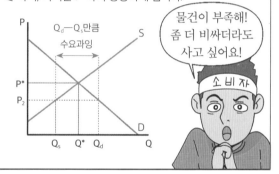

따라서 완전경쟁시장에서는 P*보다 높거나
낮은 가격은 유지될 수 없고, 결국 P*에서 균형가격이
형성됩니다.

이렇게 형성된 균형가격을 바탕으로 우리는 소비자잉여와
생산자잉여의 합을 구할 수 있으며 두 잉여의 합을
사회적 후생(social welfare)이라고 부릅니다.

사회적 후생

수요곡선과 공급곡선이 만나는 점에서 가격이 형성될 때의 사회적 후생은 이만큼입니다.

완전경쟁시장의 사회적 후생

균형점에서 벗어나게 되면 사회적 후생이 줄어드는데요.

사회적 후생

작아진다~

가격이 오르면 생산자잉여는 늘어나지만 소비자잉여는 줄어들고 전체 잉여도 줄어들게 됩니다.

소비자잉여

없어진 사회적 후생

생산자잉여

가격이 내리면 소비자잉여는 늘어나지만 생산자잉여는 줄어들고 전체 잉여는 역시 줄어듭니다.

공급곡선

소비자잉여

없어진 사회적 후생

생산자잉여

수요곡선

그러니 균형가격일 때의 사회적 후생이 최대가 되는 거지!

더 싸게 사려는 소비자와 더 비싸게 팔려는 생산자의 욕구가 균형을 이룰 때

양자의 이익의 합도 가장 커지는군요.

가격의 자율성을 통한 균형의 힘이죠!

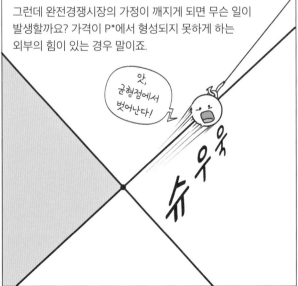

그런데 완전경쟁시장의 가정이 깨지게 되면 무슨 일이 발생할까요? 가격이 P*에서 형성되지 못하게 하는 외부의 힘이 있는 경우 말이죠.

앗, 균형점에서 벗어난다!

슈우욱

정부와 세금

지금까지는 소비자와 기업만 경제주체로 고려했습니다. 하지만 잊어서는 안 될 존재가 하나 더 있죠? 바로 정부입니다.

> 앞으로 가격은 내 지배하에 둔다!

> 내 맘대로 돌아다닐 수가 없네.

정부가 어떤 정책을 통해 시장에 개입하게 되면, 가격 왜곡이 발생하며 결과적으로 사회적 후생이 줄어드는 경우가 있습니다.

> 가격은 거기 안에서만 움직여!

> 가격과 면회를 하고 싶으면 내 허락을 받도록!

대표적인 개입으로 **세금**이 있습니다. 경쟁균형이 형성된 시장에 정부가 세금을 부과한다고 가정해봅시다.

> 앞으로는 상품 하나마다 T만큼 세금을 내세요.

생산자 입장에서는 물건을 하나 더 만들 때마다 한계비용이 T만큼 더 늘어난다고 할 수 있습니다. 그러면 공급곡선이 이전보다 T만큼 위로 올라가게 됩니다.

> 이젠 비용에서 세금도 생각해야 하잖아!

새 가격 P_T
기존 가격 P^*
세금 T
Q_1에서의 생산비용

세금 부과에 따른 가격과 생산량의 변동

새로운 가격은 P_T가 되었습니다. 가격 상승분 $P_T - P^*$만큼 소비자는 더 지불해야 합니다.

> 원래 2,000원 아니었어요?

골목빵집

크림빵
2,100원

> 하나 팔 때마다 200원씩 세금을 내라고 해서요.

세금 때문에 상승한 새 공급곡선과 기존 수요곡선이 만나는 점에서 다시 균형이 형성됩니다.

> 기존 가격보다 인상된 만큼은 소비자의 부담이고, 나머지는 생산자 부담이라고 할 수 있습니다.

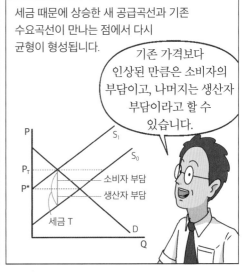

사중손실

경쟁균형에서 소비자잉여와 생산자잉여로 구분되던 사회적 후생은 이제 소비자잉여, 생산자잉여, 그리고 정부의 세입으로 나뉘게 됩니다.

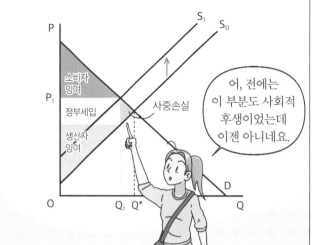

경쟁균형에서 벗어나니 사회적 후생 중 잃어버린 부분이 생겼습니다.
소비자, 생산자, 정부 중 누구도 가져가지 못한 몫이죠.

사회 전체적으로 보면 정부의 과세로 인해 노란 삼각형만큼 손실이 발생한 것이라 할 수 있습니다.
이를 **사중손실**(死重損失)이라고 합니다.

정부가 직접적으로 가격을 통제하는 경우에도 사중손실이 발생합니다. 예를 들어, 특정 가격 이상으로 올라가는 것을 막는 **가격상한제**가 있습니다.

반대로 특정 가격 밑으로 가격이 결정되는 것을 막는 **가격하한제**도 있습니다. 대표적으로 특정 임금 이하로는 근로자를 고용하지 못하게 하는 최저임금제가 있지요.

이 경우에는 공급자에게 유리하겠지만 사중손실을 피할 수는 없습니다.

정부 개입의 의의

가격상한제와 가격하한제를 그래프로 나타내면 다음과 같습니다.

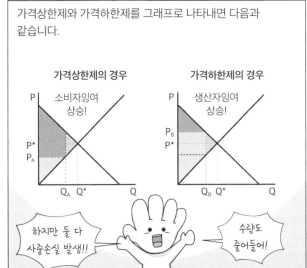

이처럼 사회적 비효율이 발생함에도 불구하고 정부가 세금, 가격상한제, 가격하한제와 같이 시장균형을 왜곡하는 정책을 펼치는 이유는 무엇일까요?

정부의 개입이 개별 시장(미시적 관점)에는 비효율을 일으킬지도 모릅니다.

국가 경제 전체를 생각했을 때(거시적 관점) 더 큰 사회적 효율을 달성할 수 있다고 판단될 경우 이러한 제도가 시행됩니다.

물론 사회적 효율을 고려하지 않고 다른 목적으로 시행되는 경우도 있습니다.

05 | 3분 정리
완전경쟁시장

요약 노트

완전경쟁시장
- → 완전한 정보를 지닌 많은 수의 수요자와 공급자 사이에 동질적인 상품이 거래되는 시장이다. 경제학에서 이상적으로 생각하는 시장이지만 현실에 그대로 존재하지는 않는다.
- → 완전경쟁시장은 4가지 조건을 만족시켜야 한다. 제품 품질에 차이가 없는 '재화의 동일성', 모든 경제주체가 완전한 정보를 보유하고 있는 '완전한 정보', 다수의 경제주체가 존재하는 '다수의 생산자와 소비자', 기존 기업의 퇴출과 새로운 기업의 진입에 장벽이 없는 '자유로운 진입과 퇴출'이 그것이다.

완전경쟁시장의 가격과 경쟁균형
- → 완전경쟁시장에서는 가격 경쟁 때문에 생산자의 평균비용과 시장 가격이 같아진다.
- → 완전경쟁시장에서는 공급과잉일 때는 가격이 내려가고, 수요과잉일 때는 가격이 상승해서 수요와 공급이 일치하는 점으로 가격과 생산량이 조정된다.
- → 완전경쟁시장에서 형성된 가격과 생산량을 경쟁균형이라고 한다.

사회적 후생
- → 가격이 오르면 생산자잉여는 늘어나지만 소비자잉여가 줄어들며, 가격이 내리면 소비자잉여는 늘어나지만 생산자잉여는 줄어든다.
- → 소비자잉여와 생산자잉여를 합한 사회적 후생은 경쟁균형에서 최대이며, 경쟁균형을 벗어날 경우 사회적 후생이 줄어든다.

정부와 세금
- → 정부는 여러 제도와 정책을 통해 시장에 개입한다. 대표적인 개입으로는 세금이 있다.
- → 판매되는 물품마다 세금을 부과할 경우 한계비용이 세금만큼 증가한다. 즉 세금만큼 공급곡선이 위로 올라가게 된다.
- → 세금 부과로 인해 바뀐 균형점에서 가격은 경쟁균형보다 높고, 생산량은 경쟁균형보다 적다.
- → 정부에 세금을 납부하는 주체가 생산자라 해도 가격 상승으로 인해 실질적으로는 소비자와 생산자가 세금을 나누어 내는 셈이 된다.

사중손실
- → 세금 부과 후의 사회적 후생은 소비자잉여, 생산자잉여, 정부의 세입으로 나뉜다. 그리고 경쟁균형에서의 사회적 후생과 비교해 손실되는 부분이 생기는데 이를 사중손실이라고 한다.
- → 세금 부과를 하지 않고 정부가 직접 가격을 통제하는 경우도 있다. 이 경우에도 사중손실이 발생한다.

정부 개입의 의의

→ 가격상한제의 경우 소비자잉여가 늘어나며, 가격하한제의 경우 생산자잉여가 늘어난다.

→ 사중손실이 발생함에도 불구하고 정부가 시장에 개입하는 이유는 국가 경제 전체를 생각했을 때 더 큰 사회적 효율을 달성할 수 있다고 판단하기 때문이다.

퀴즈

Q1 완전경쟁시장에서는 _____이(가) 과잉이면 가격이 떨어지고, _____이(가) 과잉이면 가격이 오르므로 결국 수요와 공급이 일치하는 경쟁균형에서 가격이 형성된다.

Q2 완전경쟁시장에 대한 설명 중 틀린 것은?
① 새로운 기업의 진입이 없어야 한다.
② 모든 경제주체가 완전한 정보를 보유하고 있어야 한다.
③ 공급자 간 제품 품질에 차이가 없어야 한다.
④ 경제학에서 이상적으로 생각하는 시장 모형이다.

Q3 정부의 개입과 관련한 설명 중 옳은 것은?
① 상품 하나를 판매할 때마다 세금을 부과할 경우 그 부담은 모두 공급자가 부담한다.
② 세금 부과 후 경쟁균형과 비교해 손실되는 사회적 후생을 사중손실이라고 한다.
③ 정부는 세금으로만 가격을 통제한다.
④ 정부의 세입은 사회적 후생에 포함되지 않는다.

완전경쟁시장과 효율성

완전경쟁시장은 사회에 필요한 만큼의 양을 최소 비용으로 생산함으로써 두 가지 효율성을 달성합니다. 생산적 효율성과 배분적 효율성이 그것입니다.

생산적 효율성은 최소 비용으로 생산하는 것을 말합니다. 완전경쟁시장에서는 가격 경쟁이 벌어지고 기업의 진입과 퇴출이 자유롭습니다. 이 과정에서 다른 기업보다 더 많은 비용으로 생산하는 기업은 퇴출되고, 더 적은 비용으로 생산할 수 있는 기업은 진입합니다. 결과적으로 최소 비용으로 생산할 수 있는 기업들만 살아남아 공급하게 됩니다. 비용이 최소화된다는 것은 자원을 가장 덜 소모한다는 뜻이기도 합니다. 즉, 완전경쟁시장의 기능은 최소의 자원으로 최대의 생산량을 달성하도록 하는 것입니다.

배분적 효율성은 딱 필요한 만큼 생산함으로써 생산요소가 효율적으로 배분되는 것을 말합니다. '딱 필요한 만큼'이란 그 생산량에서 소비자의 한계편익과 생산자의 한계비용이 일치한 상태를 말합니다. 편익이란 간단히 말하자면 효용을 금액으로 표현한 것입니다. 소비량이 늘어날수록 한계편익은 증가하고, 생산량이 늘어날수록 한계비용은 증가합니다. 따라서 '한계편익＝한계비용'인 생산량보다 더 많이 생산하게 되면 사회 전체적으로 비용이 편익보다 커지게 되어 비효율이 발생합니다. 완전경쟁시장에서는 한계효용(금액으로 환산하면 한계편익)으로부터 도출되는 수요곡선과 한계비용으로부터 도출되는 공급곡선의 교차점에서 생산량이 결정되므로 '딱 필요한 만큼' 생산할 수 있습니다.

이는 생산요소라는 자원이 효율적으로 배분됨을 의미하기도 합니다. 생산요소는 사회의 편익을 증대시키는 방향으로 사용되어야 하는데 비용이 더 많이 발생하는 재화의 생산에 생산요소가 추가적으로 투입된다면 자원의 낭비라고 할 수 있을 것입니다. 완전경쟁시장은 어떤 재화가 딱 필요한 만큼만 생산되도록 함으로써 생산요소가 다른 재화에 투입될 수 있도록 합니다.

희소성과 선택의 문제를 고려할 때 우리는 생산요소는 되도록 적게 쓰면서 효용은 가장 많이 늘어나는 선택을 해야 할 것입니다. 그러한 선택이 이뤄지도록 하는 시스템이 완전경쟁시장입니다. 소비자는 최대의 효용을 추구하고, 생산자는 최대의 이윤을 추구하며, 자유로운 가격경쟁이 이뤄지는 가운데 효율성이 달성되는 것입니다.

06

ECONOMICS

독과점시장

공급자가 적은 시장

· 독과점시장
· 독점이 발생하는 이유
· 독점기업의 가격 결정
· 과점시장
· 과점기업의 가격 결정
· 공정거래위원회

독과점시장

앞에서 완전경쟁시장에서 어떻게 사회적 후생이 최대화되는지 알아봤습니다.

게다가 누구도 손해 보지 않는 가격으로 정해지고, 수량도 수요량과 공급량이 일치하게 돼.

그리고 정부가 개입할 경우 사회적 후생이 줄어듦을 배웠죠.

정부

필요해서 하는 일이야. 너무 나한테 뭐라고 하지 마.

시장이 늘 효율적이진 않습니다. 완전경쟁시장과는 전혀 다르게 작동하는 경우들이 있죠.

獨 홀로 독

占 점령할 점

寡 적을 과

독점시장과 과점시장이 그렇습니다.

독점시장   과점시장

독점시장은 오직 하나의 기업만이 공급을 하는 시장을 말합니다.

경쟁업체들이 모두 사라졌다.

유일한 카페

펑   펑   펑   펑

어떤 제품을 한 기업에서만 공급하고 다른 대안이 없는 경우 모든 소비자는 그곳에서 물건을 사려고 할 것입니다.

네네~ 나옵니다~ 잠시만요~

제발, 빵 주세요~!

여기도요~!

이럴 경우 독점기업에게는 가격을 제어할 수 있는 힘이 생기니 가격을 올릴 것입니다. 소비자잉여가 줄어들 수밖에 없지요.

자~ 오늘부터 모든 제품 가격을 두 배로 인상합니다.

하지만 다른 데서 살 수도 없어.

이럴 수가!

독점이 발생하는 이유

그렇다면 과연 독점은 왜 생길까요? 먼저 정부가 일부러 독점시장을 만드는 경우가 있습니다. 특정 산업에서 공급할 수 있는 권리를 한 기업에만 허가하며, 다른 기업의 시장 진입을 허용하지 않는 겁니다.

사회에 꼭 필요한 기반 시설을 운영하는 권한을 국영기업에 독점적으로 부여하는 경우가 그렇습니다.

특허로 독점이 형성되는 경우도 있습니다. 기업이 혁신적인 상품을 개발하면 그 기업만 독점적으로 생산할 수 있도록 법으로 보호해줍니다.

특허를 보호하지 않는다면 다른 회사들이 모방 상품을 만들 것이고

혁신상품을 만든 기업은 연구개발비조차도 회수하지 못할 수 있습니다.

이러한 상황은 기업의 개발의욕을 떨어뜨려 생산성 저하, 거시적으로는 경제성장의 정체로 이어질 것입니다.

이를 방지하기 위해 정부에서 특허권으로 독점의 권한을 주게 됩니다.

한편 자연스럽게 독점시장이 형성되는 경우가 있습니다.

생산자들 가운데 한 회사가 지속해서 가장 낮은 가격에 상품을 판매할 수 있거나, 시장진입비용이 비싸서 경쟁기업이 들어올 수 없는 경우입니다.

이런 자연독점은 주로 규모의 경제가 작용하는 산업에서 발견돼.

고정비용은 매우 많이 들지만 한계비용은 매우 낮은 산업에서, 생산량 증가에 따라 평균비용이 낮아지는 현상이 나타납니다.

이런 산업의 경우 가장 많이 공급하는 큰 기업이 지속적으로 낮은 가격에 공급을 할 수 있으므로 경쟁자들을 물리치고 시장을 독점하기 쉽습니다.

이렇게 자연독점이 일어나기 쉬운 분야에서 민간 독점기업이 생기면 소비자에게 불리할 수 있기 때문에 그 폐해를 막기 위해 정부가 진출하기도 합니다.

독점기업의 가격 결정

그런데 기업이 시장을 독점할 경우 정확히 어떤 문제가 발생하게 될까요?

여러분! 절 믿어주십시오! 독점기업이 되더라도 균형가격을 유지해서 사회적 후생을 최대로 가져가겠습니다!

속마음은?

우리 이윤을 최대로 늘리는 거지.

문제는 기업의 이윤이 극대화되는 지점의 가격이 경쟁균형의 가격보다 높다는 데 있습니다.

독점기업이 된 후에도 기존 가격을 유지하실 겁니까?

삐질…

무, 묵비권을 행사하겠습니다.

어떤 독점시장의 수요곡선이 아래의 수식을 따른다고 가정해봅시다.

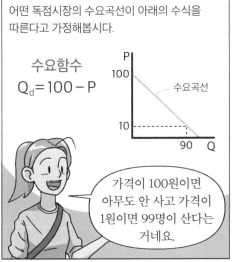

수요함수

$Q_d = 100 - P$

가격이 100원이면 아무도 안 사고 가격이 1원이면 99명이 산다는 거네요.

계산의 편의를 위해 독점기업은 고정비용이 없고 물건을 하나 만들 때 들어가는 한계비용은 20이라고 합시다.

그럼 독점기업의 이윤은 다음과 같이 표시할 수 있어.

$$\pi = TR - TC = P \times Q_d - 20 \times Q_d$$

이윤은 총수입 - 총비용
즉, 이윤 = 가격 × 수요량 - 한계비용 × 수요량

여기에 수요함수 식을 대입하면 기업의 이윤 π를 가격 P에 대한 식으로 정리할 수 있습니다.

$$\pi = P(100-P) - 20(100-P) = -P^2 + 120P - 2000$$

갑자기 식이 달라졌잖아!

진정해. Q_d를 모두 (100-P)로 바꾼 것뿐이야.

응응 진정해

수요함수 식에 가격을 넣어보기만 해도 이윤이 얼마나 나올지 미리 알아볼 수가 있어요!

식으로 정리하면 한눈에 알 수 있다고!

독점기업은 가격을 마음대로 정할 수 있으므로, 가장 높은 가격부터 조금씩 내려가며 기업의 이윤을 살펴볼 수 있습니다.

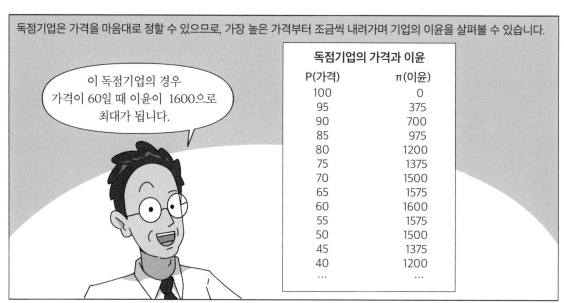

이 독점기업의 경우 가격이 60일 때 이윤이 1600으로 최대가 됩니다.

독점기업의 가격과 이윤

P(가격)	π(이윤)
100	0
95	375
90	700
85	975
80	1200
75	1375
70	1500
65	1575
60	1600
55	1575
50	1500
45	1375
40	1200
…	…

가격 60 부근의 값들을 좀 더 자세히 살펴봅시다.

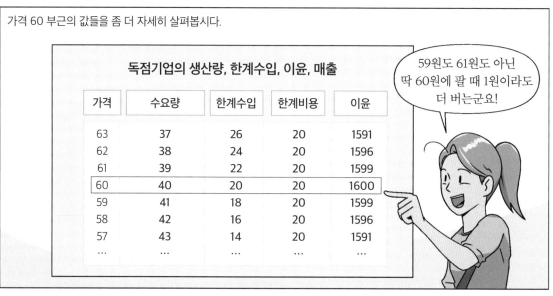

독점기업의 생산량, 한계수입, 이윤, 매출

가격	수요량	한계수입	한계비용	이윤
63	37	26	20	1591
62	38	24	20	1596
61	39	22	20	1599
60	40	20	20	1600
59	41	18	20	1599
58	42	16	20	1596
57	43	14	20	1591
…	…	…	…	…

59원도 61원도 아닌 딱 60원에 팔 때 1원이라도 더 버는군요!

그런데 **한계수입**이 뭐죠?

한계수입이란 생산량을 한 단위 증가시켰을 때 추가로 얻을 수 있는 수입을 말해.

한계수입은 미분을 통해 구하는 게 정석이지만, 미분까지 하는 건 이 강의의 범위를 벗어나니 개념만 알면 돼요.

미분은 곡선의 특정 지점에서 기울기를 구하는 거라고 생각하면 돼.

기울기가 가파를수록 큰 값이 나오지.

TR 총수입

이 점에서 기울기가 가장 가파르고 한계수입도 가장 큼.

수량 Q

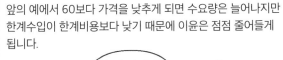

앞의 예에서 60보다 가격을 낮추게 되면 수요량은 늘어나지만 한계수입이 한계비용보다 낮기 때문에 이윤은 점점 줄어들게 됩니다.

우리 가격을 60보다 낮춰서 더 많이 팔면 안 되나?

안 돼!

그러면 이윤이 줄어든다고!

이 기업은 한계비용인 20의 가격으로 팔아도 손해를 보지 않지만 이윤 극대화를 위해 60에 판매합니다.

20에 팔아도 된다고 하지 않았어?

ㅋㅋㅋ

지금은 독점이잖아.

우리 이윤이 최대가 되는 가격에 팔아야지.

이처럼 독점기업은 최대한의 이윤을 얻을 수 있도록 경쟁균형에서보다 더 비싼 가격에 판매를 합니다.

사회적 후생을 생각해서 남은 거 몇 개 좀 싸게 주시면 안 되나요?

독점기업

기업은 최대의 이윤을 추구하거든요.

독점시장의 경우 가격은 경쟁균형보다 높아지고 생산량은 낮아집니다. 이로 인해 생산자잉여는 극대화되지만 소비자잉여와 사회적 후생은 줄어들게 됩니다.

사회적 후생보다는 일단 우리 주머니를 두둑하게 할 거거든요.

독점기업

스윽

독점기업이 맘대로 할 경우 폐해가 크군요.

뭔가 조치를 해야 하지 않나요?

네. 그래서 정부가 특별히 신경을 쓰죠. 법으로 독점을 아예 막거나 감시를 하고요.

독점이 될 가능성이 높은 일부 산업의 경우 정부가 직접 운영을 하기도 하지.

과점시장

이제 과점시장을 알아볼까요?

기업이 하나만 있으면 독점시장, 적은 수의 기업이 있으면 과점시장입니다.

완전경쟁시장에는 무수히 많은 경쟁자가 있고, 독점시장에는 경쟁자가 없습니다. 소수의 경쟁자가 있는 과점시장은 그 중간이라 할 수 있죠.

밀지 마!

밀리지 않으면 되잖아.

천상천하 유아독존

바글 바글

완전경쟁시장

과점시장

독점시장

과점시장에서는 소수의 큰 기업들이 상품 대부분을 공급합니다.

꾸엑

나 같은 애들이 낄 데가 아니구나.

과점시장의 기업은 가격에 영향력을 행사할 수 있다는 점에서 독점시장과 비슷한 점이 있습니다.

내 시장이니 내 맘대로 올린다!

다 네 건 아닌데…

하지만 다른 경쟁기업이 존재하므로 혼자 독단적으로 가격을 정할 수는 없습니다.

네가 가격을 올리면 내 점유율이 올라가지.

눈치 좀 봐야겠네.

우리나라의 경우 이동통신산업, 주유소, 편의점 사업 등을 과점시장의 사례로 들 수 있습니다.

정말이네. 독점은 아닌데 희한하게 그 회사들뿐이야.

과점기업의 가격 결정

과점시장의 기업들은 가격경쟁을 하기도 합니다.
그러면 소비자잉여가 늘어나겠죠.

하지만 경제학자들의 관찰에 따르면 과점시장에서도
경쟁균형과 비교해 가격이 더 높게 결정되어 비효율이
발생한다고 합니다.

여러 공급자가 있더라도 서로 협의할 수 있다면
공급자가 가격을 통제할 수 있습니다.

과점시장처럼 기업이 적다면 협의는 훨씬 쉬울 것입니다.

이렇게 과점기업끼리 상품 가격이나 생산량을 명시적 혹은 묵시적으로 합의하는 것을 '담합'이라고 합니다.

공정거래위원회

담합은 엄격하게 규제되고 있으며 공정거래위원회가 과점시장을 감시하여 기업 간 담합이 적발될 경우 과징금을 부과하고 있습니다.

공정거래위원회가 과점시장을 규제한 최근의 사례를 살펴볼까요?

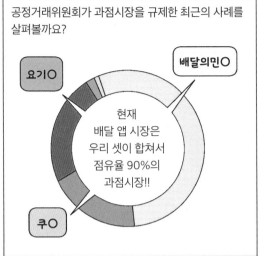

2019년 말, 요기○ 앱을 관리하는 회사인 딜리버리×××가 배달의민○을 서비스하는 기업 우아한×××을 인수하기로 했습니다.

경쟁을 제한할 것으로 예상되는 인수합병의 경우 공정거래위원회의 심사를 거쳐 승인을 얻어야 합니다.

2020년 말, 공정거래위원회는 2위 요기○를 매각하는 조건으로 딜리버리×××가 배달의민○의 주인이 되는 것을 허락했습니다.

조건부 승인을 한 이유에 대해 공정거래위원회는 다음과 같이 설명했는데요.

이 논리에는 과점보다도 독점이 사회적 후생에 더욱 악영향을 미칠 수 있다는 경제학적 판단이 들어 있습니다.

5강과 6강에 걸쳐 시장의 형태에 대해 알아봤습니다. 뭐가 있었죠?

완전경쟁시장이랑

독점시장, 과점시장이요.

현실의 시장에서는 경쟁의 정도가 다양합니다. 철도가 독점, 통신사가 과점이라면 농산물 시장은 완전경쟁에 가깝습니다.

우리 같은 생산자가 가격에 영향을 끼칠 수가 없지.

가격을 통제하는 경제주체가 없다 보니 공급과잉일 때는 가격이 쉽게 하락하고, 수요과잉일 때는 가격이 쉽게 상승하곤 합니다.

양파 가격이 폭락해 농민들이 큰 어려움을 겪고 있다는 소식입니다.

완전경쟁시장에선 기업의 시장 진입과 퇴출이 자유로워야 하지만 농민은 농사를 그만두기 어렵다는 점이 다르지요.

농사 때려치고 싶지만 이걸 두고 어딜 가나?

완전경쟁시장의 조건과 특성, 그리고 독점시장과 과점시장의 특성을 아는 것은 현실 경제가 어떻게 움직이는지 이해하는 데 도움을 줄 것입니다.

처음 공급곡선을 배울 때는 낯설기만 했는데…

이제는 경제학이 일상과 맞닿아 있다는 걸 알겠어요.

여러분이 경제학의 쓸모를 알아가니 기쁘네요.

앞으로도 힘내서 가보자고!

네~!

06 | 독과점시장

요약 노트

독점시장
→ 독점시장은 오직 하나의 기업이 공급을 하는 시장이다. 독점기업은 경쟁자가 없기 때문에 자신이 가격을 정할 수 있다.

독점이 발생하는 이유
→ 사회에 꼭 필요한 기반 시설을 안정적으로 운영하기 위해 국영기업에 독점적 사업권을 부여하는 경우가 있다.
→ 국가는 기술 개발 의욕을 북돋우기 위해서 혁신적인 발명에 특허권을 부여하고 보호한다. 특허를 가진 기업은 제한된 기간 동안 독점적으로 상품을 판매할 수 있다.
→ 생산량이 늘어날수록 평균비용이 줄어드는 규모의 경제가 작용하는 산업의 경우, 가장 많은 생산을 하는 기업이 지속적으로 낮은 가격으로 공급할 수 있기 때문에 시장에 한 기업만 남게 될 수 있다. 그리고 철도, 항공처럼 초기 투자비용이 매우 높은 경우 경쟁기업의 진입이 어려워 독점시장이 되기 쉽다. 이를 자연독점이라 한다

독점기업의 가격 결정
→ 독점기업은 자신의 이윤이 최대화되도록 가격과 생산량을 결정한다. 경쟁균형과 비교하면 가격은 높아지고 생산량은 줄어든다.
→ 독점시장에서 생산자잉여는 극대화되지만 소비자잉여와 사회적 후생은 줄어들게 된다. 따라서 정부는 독점을 막거나 독점기업을 감시한다. 때로는 사회적 후생을 위해 정부가 직접 독점기업을 운영하기도 한다.

과점시장
→ 과점시장은 소수의 기업들이 상품 대부분을 공급하는 시장이다.
→ 과점기업은 독점기업과 달리 경쟁기업을 무시하고 독단적으로 가격을 정할 수 없다.

과점시장의 가격 결정
→ 과점시장도 경쟁균형과 비교했을 때 가격이 더 높게 책정되는 경향이 있다. 공급자가 무한하지 않고 소수이기 때문에 서로 협의를 해서 가격을 정할 수 있기 때문이다.
→ 과점시장에서 과점기업들이 서로 명시적 혹은 묵시적으로 합의해 생산하는 것을 '담합'이라고 한다.

공정거래위원회
→ 공정거래위원회는 과점시장을 감시하며 기업 간 담합이 적발될 경우 과징금을 부과한다.
→ 경쟁을 제한할 것으로 예상되는 인수합병의 경우 공정거래위원회의 심사를 거쳐 승인을 얻어야 한다.

Q1 독점과 관련한 설명으로 틀린 것은?

① 정부가 사회 기반 시설을 공급하기 위해 일부러 독점기업을 운영하기도 한다.

② 특허권을 보호해야 독점을 방지할 수 있다.

③ 한 회사가 지속적으로 가장 낮은 가격에 상품을 판매할 수 있는 경우에 발생한다.

④ 독점기업은 스스로 가격을 통제할 수 있는 힘이 있다.

Q2 ＿＿＿＿＿＿＿의 경제란 생산량이 늘어날수록 평균비용이 줄어드는 경우를 가리킨다.

Q3 독점기업의 이윤이 최대화되는 지점은 경쟁균형에 비해 대개 ＿＿＿＿＿＿은(는) 높고, ＿＿＿＿＿＿은(는) 적다.

Q4 다음 중 과점에 대한 설명으로 틀린 것은?

① 과점시장에서는 소수의 기업이 대부분의 상품을 공급한다.

② 과점기업끼리 가격이나 생산량에 대해 합의하는 것을 담합이라고 한다.

③ 이동통신사업, 주요소 유류판매업 등은 대표적인 과점시장이다.

④ 여러 공급자가 경쟁하므로 과점 기업은 가격을 통제할 수 없다.

Q5 과점시장을 감시하며 담합이 발생할 경우 과징금을 부과하는 정부기관은 ＿＿＿＿＿＿＿＿＿이다.

공정거래위원회 활동의 법적 근거

공정거래위원회는 독점 및 불공정 거래에 관한 사안을 다루기 위한 국가기관입니다. 공정거래위원회의 임무와 역할은 주로 '독점규제 및 공정거래에 관한 법률'(약칭 '공정거래법')에 규정돼 있습니다. 공정거래법이 추구하는 목적은 다음과 같습니다.

> 제1조(목적) 이 법은 사업자의 시장지배적지위의 남용과 과도한 경제력의 집중을 방지하고, 부당한 공동행위 및 불공정거래행위를 규제하여 공정하고 자유로운 경쟁을 촉진함으로써 창의적인 기업활동을 조성하고 소비자를 보호함과 아울러 국민경제의 균형 있는 발전을 도모함을 목적으로 한다.

공정거래위원회의 주요 기능은 경쟁촉진, 소비자 주권 확립, 중소기업 경쟁기반 확보, 경제력 집중 억제입니다. 경쟁촉진이란 새로운 기업이 시장에 진입하고 영업하는 것을 제한하는 규제를 개혁하고, 경쟁을 제한하는 기업 간 결합을 규율해 시장의 경쟁이 유지될 수 있도록 하는 것입니다. 특히 독과점기업 같은 시장지배적 사업자가 지위를 남용하거나 부당한 공동행위(담합 등)를 하는지 감시합니다. 시장지배적 사업자는 공정거래법 6조에 따라 다음과 같이 규정됩니다.

> 제6조(시장지배적사업자의 추정) 일정한 거래분야에서 시장점유율이 다음 각 호의 어느 하나에 해당하는 사업자(일정한 거래분야에서 연간 매출액 또는 구매액이 40억 원 미만인 사업자는 제외한다)는 시장지배적사업자로 추정한다.
> 1. 하나의 사업자의 시장점유율이 100분의 50 이상
> 2. 셋 이하의 사업자의 시장점유율의 합계가 100분의 75 이상. 이 경우 시장점유율이 100분의 10 미만인 사업자는 제외한다.

이런 법률에 근거해 공정거래위원회는 독과점기업의 활동을 감시하고 규제하며, 필요에 따라 시정조치를 명하거나 과징금을 부과하고 있습니다.

07

ECONOMICS

시장실패와 정부의 개입

시장만으로는 해결되지 않는 문제들

- 시장실패
- 독과점과 정보격차
- 외부효과
- 공공재
- 정부의 대처
- 정부실패
- 코스 정리

시장실패

자, 여기서 다시 생각해 볼까요?

시장이란 무엇일까요?

상품, 그러니까 재화나 용역을 사고팔아요.

음, 시장에는 소비자와 생산자가 있고요.

소비자와 생산자가 상호작용해서 상품의 매매가 일어나는 곳이 시장이죠.

빵 팔아요.

얼마예요?

그리고 시장의 기능은 재화와 용역을 거래함으로써 효율적인 자원 배분을 이루고 사회적 후생을 최대화하는 것입니다.

맛있어서 좋고

돈 벌어서 좋고

더 알아보기를 읽어보면 더 잘 이해할 수 있어.

그런데 만약 시장에서 효율적인 자원 배분이 이뤄지지 않는다면?

이건 너한테 이만큼, 저건 너한테 저만큼.

이건 뭐야? 내가 원한 게 아니잖아?

내가 낸 게 얼만데 겨우 이거라고?

시장이 제 기능을 하지 못한다는 것?

시장이 실패하는 거네요!

맞아요. 시장이 스스로 효율적인 배분을 달성하지 못하는 상황을 **시장실패**라고 합니다.

단일 시장에서의 효율이 달성되더라도 사회 전체적으로 보았을 때 효율적이지 못하다면 시장실패라고 봅니다.

관객은 만족 극대화!

운영자는 수익 극대화!

골!

와아아~!

하지만 우린 소음과 교통체증에 시달린다고!

그럼 시장실패가 어떤 경우에 왜 일어나는지 알아볼까요?

독과점과 정보격차

시장실패의 대표적인 4가지 원인에 대해 알아보겠습니다. 첫 번째는 이미 지난 시간에 배운 겁니다. 뭘까요?

혹시…

독과점시장일까요?

맞습니다. 독과점 기업은 경쟁균형보다 높게 가격을 설정합니다. 높은 가격은 생산자잉여를 늘리지만 줄어드는 소비자잉여가 더 많기 때문에 사회 전체의 후생은 감소하게 되죠.

5G 통신망을 서비스하는 기업은 우리 셋뿐이니

그럼 소비자잉여가 감소하잖아요!

서비스가격은 우리 위주로 정하겠습니다.

사회적 후생이 줄어든다고요!

두 번째는 정보 격차로 인한 시장실패야.

제품에 대한 중요한 정보를 생산자만 알고 소비자는 모르는 경우가 그렇죠.

불끈 건강식품

크크크. 소비자는 내가 이런 재료를 썼다는 걸 알 수 없지.

히히히~

저질 재료

생산자가 저질 재료를 사용하더라도 소비자는 그 사실을 알기 어려우므로 사서 먹을 것입니다.

성분은 똑같은데 이게 더 싸네. 그럼 이걸 사야지.

불끈 건강식품 영양제
오메가3
루테인
각종 비타민
15,000원

화끈 건강식품 영양제
오메가3
루테인
각종 비타민
22,000원

이러한 식품의 소비는 장기적으로 사회 전체의 효율을 떨어뜨립니다.

영양제 먹은 지 꽤 됐는데 딱히 건강에 도움되는 게 없는 것 같아.

화끈 건강식품

우리야말로 정직하게 만들었는데 장사가 안 되네.

외부효과

세 번째로 외부효과가 있습니다.
대표적인 시장실패 원인이죠.

외부효과란 시장 내의 경제주체 간 활동이 시장의 바깥에 영향을 주는 것을 말합니다.

외부효과는 부정적 외부효과와 긍정적 외부효과로 구분할 수 있는데, 이 중 부정적 외부효과가 시장실패를 일으킵니다.

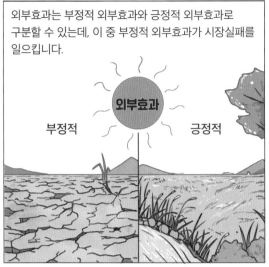

대표적인 부정적 외부효과로 기업의 생산과정에서 발생하는 환경오염을 들 수 있습니다.

개인이 자가용을 몰 때도 외부효과가 발생하죠.
자동차 이용의 효용은 개인이 얻지만, 그로 인한 탄소 배출과 기후 변화 같은 비용은 사회가 부담하게 됩니다.

한편 긍정적 외부효과도 있습니다. 대표적으로 양봉업자가 벌을 키우면 주변의 과수원에서 수분이 더 잘 되는 긍정적 외부효과가 나타납니다.

감염병 예방을 위한 방역과 백신 접종 역시 긍정적 외부효과의 사례라 할 수 있습니다.

공공재

시장실패를 일으키는 네 번째 원인은 **공공재**입니다. 공공재란 비경합성과 비배제성이 있는 재화나 서비스를 말합니다.

공공재
(公共財)
public goods
구성원 모두가 소비 혜택을 누릴 수 있는 재화 또는 서비스

경합성은 한 사람이 재화를 소비하면 다른 사람이 소비에 제한을 받는 속성입니다.

하루에 100그릇만 파는 맛집

저 몇 번이죠?

죄송합니다. 앞 손님이 딱 100번째였어요.

경합성 있음

이거 VOD 샀어? 같이 보자.

그래. 같이 본다고 닳는 것도 아닌데.

경합성 없음

배제성이란 대가를 지불하지 않은 소비자를 배제할 수 있는 성질을 말합니다.

국립중앙박물관 **고대 이집트 특별전**

이 박물관은 무료라서 좋단 말이지. 아, 저것도 볼까?

일반 전시는 무료지만, 특별전은 티켓을 사야 해.

배제성 없음

배제성 있음

참고로 경합성은 갖추었지만 배제는 어려운 재화를 **공유재**라고 부릅니다.

지하수가 나온다!

같이 쓰면 빨리 없어질 텐데… 하지만 못 쓰게 할 수도 없고…

콸 콸 콸

공유재의 문제는 흔히 **공유지의 비극**이란 말로 잘 알려져 있습니다.

공유지에선 누구나 양떼에 풀을 먹일 수 있지.

먼저 먹는 양이 임자. 자, 맘껏 뜯어 먹어라.

배불러부엉~

공유재를 맘껏 소비할 수 있도록 할 경우 자원 남용이 발생한다는 비극이죠.

뭐야? 풀이 다 없어졌잖아.

망했다.

배고파양~

대표적인 공공재로 국방이 있습니다.

전 지금 사회에 필수적인 공공재를 공급 중입니다.

국방을 통해 내가 누리는 안전이 타인의 안전을 줄이는 것은 아니며(비경합성), 군대가 국민을 지킬 때 병역기피자나 탈세자들을 제외하고 보호하는 것은 아니기(비배제성) 때문입니다.

국민 모두를 지킵니다.

그런데 국방 같은 공공재를 시장에 맡기면 어떤 일이 발생할까요?

이제부터 우리 기업이 휴전선을 지킵니다. 국방 서비스가 필요하신 분은 가입하고 요금을 내세요.

응? 가입해야 하나?

저 가입할게요.

공공재를 시장에 맡기면 무임승차자(free-rider)의 문제가 발생합니다. 비용을 감수하지 않고도 서비스를 누릴 수 있기 때문입니다.

음, 나도 가입할까?

뭐하러 그래? 내든 안 내든 다 같이 보호받는 거잖아.

그래서 국방을 유지할 수 있을 만큼의 비용을 충당할 수 없게 됩니다.

사장님, 가입자가 너무 부족합니다.

이 돈으론 휴전선 철조망도 못 깔겠네. 사업 접자!

공공재의 공급을 시장 자율에 맡기면, 무임승차자를 배제하지 못하고 공공재도 충분히 공급하지 못하게 돼버립니다.

그래서 내가 나서야 하는 거지.

정부

그럼 네 가지 시장실패에 대해 정부가 어떻게 대처하는지를 알아볼까요?

정부의 대처

시장실패로 인해 비효율성이 초래되면 정부는 적절히 시장에 개입합니다.

독과점으로 인한 시장실패를 해결하기 위해 정부는 시장을 감시하고 규제합니다.

규모의 경제 때문에 독과점이 되기 쉽고, 공공성이 요구되는 사업의 경우 정부가 선제적으로 공기업을 만들어 운영하기도 합니다.

도로나 철도 등 대중교통 인프라는 모두를 위한 것일 뿐만 아니라 다양한 긍정적 외부효과를 낳기 때문에 단순 수익성보다 장기적이고 종합적인 관점에서 운영될 필요성이 있습니다.

소비자와 생산자 간 정보 격차 문제도 정부의 개입으로 해결하곤 합니다.

소비자는 기업의 정보를 직접 알아내기 어렵지만 정부는 조사할 수 있고, 이를 공개함으로써 생산자와 소비자의 정보 격차를 줄일 수 있습니다.

외부효과는 조세나 보조금을 통해 해결할 수 있습니다. 일찍이 경제학자 아서 피구는 사회적 후생 손실을 줄이기 위해 세금을 부과하거나 보조금을 지급해야 한다고 주장했죠.

그런 세금을 내 이름을 따서 **피구세**라고 하지.

아서 피구

피구세는 부정적 외부효과를 내부화하여 자원배분의 최적점을 달성하도록 합니다.

내부화한다는 게 무슨 뜻인가요?

사회(외부)가 부담하던 비용을 원인을 제공한 경제주체(내부)가 부담하도록 하는 거야.

환경오염 같은 부정적 외부효과에는 정부의 개입이 필요합니다. 하지만 아예 금지를 해버리면 모든 경제활동이 중단될 것입니다.

공장 폐수 배출 금지!

공장 문 닫으라는 거야?

이때 세금을 부과하면 기업은 생산으로 인한 이익과 오염 정화에 들어가는 비용을 모두 고려하게 되고, 이익과 비용의 최적점에서 생산 규모를 결정하겠죠.

폐수의 오염도와 배출량 만큼 세금을 부과한다.

오염시키는 만큼 내 비용이잖아. 되도록 덜 배출하면서 생산할 수 있는 방법을 찾아야겠어.

한편 긍정적 외부효과를 유발하는 재화나 서비스의 경우엔 보조금 등을 지급하여 더 생산되도록 유도합니다.

전기차 구입에는 보조금이 나와요.

그럼 전기차로 살게요.

이렇게 정부는 조세와 보조금 등으로 외부효과에 대응하여 시장의 실패를 조정해 나가는 것입니다.

탄소배출을 크게 줄였어. 뿌듯해.

위이이잉~

정부실패

시장실패를 정부가 어떻게 해결하는지 살펴봤는데요. 그럼 정부의 개입이 항상 좋은 걸까요?

음, 그렇진 않을 것 같아요.

정부도 실패할 때가 있지 않나요?

맞아. 정부실패도 있어.

정부실패란 정부가 시장에 개입함으로써 자원 배분의 비효율을 초래하게 되는 것을 가리킵니다. 정부 역시 여러 이유로 목적을 달성하지 못하곤 하죠.

예산낭비

방만경영

관료주의

정부

가장 큰 원인 중 하나로 '주인의 부재'를 들 수 있습니다. 정부의 주인은 국민인데요.

대한민국의 국민인 내가 이 나라의 주인!

정부는 우리 국민을 위해 일해야 돼!

하지만 주인인 국민 개개인은 국가정책을 직접 결정하지 않습니다. 국민을 대리하는 정치인과 관료들이 결정하죠.

투표로 뽑힌 우리 정치인들이 국민을 대리하지.

각 부처 관료도 국민을 대리해 일을 처리한다고 할 수 있지.

○○당 국회의원

□□부 △△국장

문제는 대리인들의 이해관계가 주인과 다를 수 있다는 것입니다.

국민을 위한 정치? 내가 재선돼서 이 권력을 누리는 게 더 중요하지.

주민을 위한 행정? 내가 승진하고 월급 많이 받는 게 더 중요하지.

쿵 짱

이를 **주인-대리인** 문제라고 합니다. 대리인이 주인을 위해 일하는지 감시해야겠지만 감시를 하려면 비용이 들고 모든 걸 감시하기는 어렵습니다.

선거를 통해 바꿀 수 있으니 그나마 다행이긴 하지만…

근본적인 해결책인지는…

코스 정리

정부도 못 미더우면 어떻게 해야 하나요?

뭔가 더 좋은 방법이 없을까요?

외부효과로 인한 시장실패의 경우 시장 내에서 해결하는 방법도 있답니다.

외부효과를 내부화하는 거지.

경제학자 로널드 코스가 제안한 방법이라서 **코스 정리**라고 합니다.

특정 조건을 만족했을 때 시장 내에서 외부효과 문제를 해결할 수 있습니다.

로널드 코스
1991년 노벨 경제학상 수상자

특정 조건이란 다음 2가지를 말합니다.

첫 번째, 낮은 거래비용

두 번째, 완벽한 정보

예를 들어보죠.

저 빌딩이 올라가니 집에 햇빛이 안 들어오네.

이건 일조권 침해야! 항의해야겠어!

인근 주민은 일조권 침해라는 부정적 외부효과를 금액으로 보전받기를 원합니다. 건물주가 원하는 높이로 건물을 짓는 대신 보상을 하는 거래를 할 수 있을 것입니다.

일조권 침해를 이 금액으로 보상하겠습니다.

네. 짓던 거 마저 지으세요.

이러한 거래가 쉽게 이뤄지려면 우선 거래비용, 즉 거래하는 데 수반되는 비용이 낮아야 합니다.

여기선 만나서 논의하고 결정하는 데 드는 비용이 되겠지.

거래비용이 높다면 거래가 이뤄지기 어려울 것입니다.

300만 원 받자고 정식 소송까지 해야 한다고?

오고 가며 스트레스에 소송비가 더 들겠네. 그냥 관두자.

깜짝

두 번째 조건인 완전한 정보는 어떤 의미일까요? 비용과 편익에 대해 서로 완벽히 알고 있어야 한다는 뜻입니다. 그 정보가 완전하지 않다면 거래조건을 합의할 수 없을 테니까요.

일조권 침해액은 300만 원이에요.

음… 그건 좀 비싼 것 같네요.

건물주

20층까지만 올린다고 했을 때 말이지. 혹시 더 높이 올리는 거 아냐?

300만 원 맞아? 창문의 위치와 크기를 정확히 알려줘야 얼마나 가리는지 알 거 아냐.

따라서 양쪽이 모두 외부효과의 비용을 정확하게 알고 있어야 합니다.

위치

창문의 크기

일조시간

빌딩이 있을 때와 없을 때의 차이

계산 결과 300만 원

거래비용이 낮고 서로에게 완전한 정보가 있으면 합의에 이르고 거래가 성사될 수 있습니다.

저희 집 일조권 침해는 금액으로 환산하면 300만 원이에요.

제가 계산하기로도 300만 원이네요. 그럼 합의할까요?

건물주

하지만 대부분의 경우 분쟁 해소 과정에서 소송비용 등 거래비용이 많이 들고, 상호 정보 공유가 잘 되지 않기 때문에 매끄럽게 해결되기는 어렵습니다.

그럼에도 불구하고 코스 정리는 외부효과 문제를 시장 내에서 해결할 실마리를 찾았다는 점에서 의의가 있습니다.

거래비용을 낮추는 제도가 필요하겠네요.

정보를 공유하는 제도도요.

감동이야.

하나를 알려주면 둘을 아는 학생들이 되었네요!

07 | 3분 정리
시장실패와 정부의 개입

요약 노트

시장실패
→ 시장실패란 시장이 제 기능을 하지 못하여 스스로 효율적인 배분을 달성하지 못하는 상황을 말한다.
→ 개별 시장 내에서 효율이 달성되더라도 사회 전체적으로 보았을 때 효율적이지 못한 상황도 시장실패에 해당한다.

독과점과 정보격차
→ 독과점시장의 경우 경쟁균형보다 가격이 높아지고 생산량은 감소해 사회적 후생이 감소하므로 시장실패에 해당한다.
→ 생산자가 제품과 관련한 필수적인 정보를 숨길 경우 소비자는 자신이 지불하는 대가보다 더 적은 효용을 주는 상품을 구매하게 될 수도 있다. 정보격차에 의해 합리적 소비를 할 수 없게 되는 경우이다.

외부효과
→ 외부효과는 경제활동의 영향이 시장 내부의 비용이나 이익으로 계산되지 않고 외부에 전가되는 효과를 가리킨다. 기업이 제품을 생산하면서 또는 소비자가 제품을 소비하면서 발생하는 환경오염이 대표적이다. 이렇게 외부에 비용이 발생하는 경우를 부정적 외부효과라고 한다.
→ 긍정적 외부효과도 존재한다. 양봉업자가 벌을 키우면 주변의 과수원도 수분이 잘 돼 이익이 늘어나는 경우가 대표적이다.

공공재
→ 경합성과 배제성이 없어서 구성원 모두가 소비 혜택을 누릴 수 있는 재화 또는 서비스를 공공재라고 한다.
→ 경합성은 있지만 배제성은 없는 경우를 공유재라고 한다. 배제성이 없는 공유재는 무분별하게 소비될 가능성이 높고 이 경우 자원이 고갈되는 '공유지의 비극'이 발생한다.
→ 공공재를 민간 기업이 공급할 경우 무임승차자(free-rider)의 문제가 발생해 공급 비용을 충당할 수 없게 되고 충분히 공급되지 않는 시장실패가 발생한다. 그렇기 때문에 국방 같은 공공재는 정부에서 공급한다. 정부는 강제로 비용을 징수할 수 있기 때문이다.

정부의 대처
→ 독과점을 통한 과도한 수익성 추구로 인해 공공성을 잃게 되어 시장실패가 예상될 경우 정부가 시장에 개입하게 된다.
→ 소비자와 생산자 간 정보 격차 문제 역시 정부가 정보를 공개함으로써 생산자와 소비자의 정보 격차를 줄일 수 있다.
→ 환경오염 등 부정적 외부효과의 경우 세금을 부과하거나 보조금을 지급해 그 영향을 줄일 수 있다. 부정적 외부효과를 줄이기 위해 부과하는 세금을 '피구세(Pigouvian tax)'라고 한다.

정부실패	→ 정부실패란 정부가 시장에 개입함으로써 자원 배분 비효율이 더 커지는 것을 의미한다.
	→ 정부실패의 대표적인 원인으로 주인-대리인 문제를 꼽을 수 있다. 국가의 주인은 국민이지만 실제로 국가정책을 결정하고 집행하는 이들, 즉 대리인은 정치인과 관료들이다. 이들이 국민의 이익이 아닌 자신들의 이익을 추구할 경우 정부실패가 발생한다.
코스 정리	→ 경제학자 로널드 코스(Ronald Coase)는 외부효과를 시장 안으로 내부화함으로써 문제를 해결할 수 있다고 제안했다. 이를 코스 정리라고 한다.
	→ 코스 정리에 따르면 거래비용이 높지 않고, 정보가 완벽하게 공유되는 경우 시장 내 거래를 통해 외부효과 문제를 해결할 수 있다.

퀴즈

Q1 시장실패와 관련한 설명으로 틀린 것은?

① 시장이 효율적인 자원 배분에 실패하는 경우를 말한다.

② 자연독점은 자연스럽게 발생하는 것이므로 시장실패에 해당하지 않는다.

③ 개별 시장 내에선 효율적이지만 사회 전체적으로 비효율적인 경우도 해당한다.

④ 정보 격차 역시 시장실패를 유발할 수 있다.

Q2 외부효과에 대한 설명으로 틀린 것은?

① 긍정적 외부효과와 부정적 외부효과로 구분할 수 있다.

② 기업의 생산과정에 발생하는 환경오염은 부정적 외부효과이다.

③ 양봉업이 과수원의 수분에 도움을 주는 것은 긍정적 외부효과이다.

④ 개인의 소비는 외부효과를 발생시키지 않는다.

Q3 재화의 속성 중 누군가의 소비가 다른 사람의 소비량을 제한할 수 있는 속성을 _____이라고 한다.

탄소배출권 거래제도

코스의 정리를 활용한 대표적인 예가 바로 탄소배출권 거래제도입니다. 거래할 수 없던 것을 시장에서 거래되도록 함으로써 환경파괴라는 외부효과를 줄이는 제도이니까요. 탄소배출권 거래제도에 따르면 각 국가에 배출 가능한 연간 탄소량이 배정되고, 각국 정부에서는 주요 업체에 배출량을 할당하게 됩니다. 우리나라에는 2015년에 도입되었고, 한국거래소를 통해 탄소배출권이 거래되고 있습니다.

업체의 제조 환경과 제품 특성에 따라 어떤 기업은 탄소배출량을 줄이는 비용이 적게 들고 어떤 기업은 많이 들 수 있습니다. 예를 들어, 매해 탄소를 100만 톤씩 배출하던 A기업과 B기업이 있다고 합시다. 그런데 탄소배출량을 연간 70만 톤으로 제한해서 30만 톤씩 줄여야 하는 상황이 되었습니다. A기업은 탄소배출을 줄이는 데 1만 톤당 3억 원의 비용이 드는 반면, B기업은 1만 톤당 1억 원의 비용이 듭니다. 각각 30만 톤씩 줄인다면 A기업은 90억 원, B기업은 30억 원의 비용을 쓰게 될 것입니다. 총 60만 톤을 감축하는 데 120억 원의 비용이 들겠죠.

그런데 배출권 거래제도가 있으면 할당량보다 더 많은 감축을 한 기업이 추가 감축량만큼 배출권을 팔 수 있게 됩니다. 감축 비용이 적은 B기업이 배출량을 100만 톤에서 40만 톤으로 줄였다고 합시다. 이 경우 추가 감축량 30만 톤에 대해선 배출권을 판매할 수 있게 됩니다. 1만 톤당 1억 원씩 30억 원의 비용이 들었으므로 B기업은 그 가격은 받으려고 할 것입니다. 한편 자체적으로 30만 톤을 감축하려면 90억 원의 비용이 드는 A기업은 B기업에 30억 원을 주고 배출권을 사는 것이 비용을 줄이는 길이므로 그렇게 할 것입니다. 두 기업을 합쳐서 60만 톤을 감축했다는 결과는 같지만 비용은 120억 원에서 60억 원으로 줄어들게 됩니다.

이렇게 탄소배출권 거래제도를 도입하면 더 적은 비용으로 탄소배출을 줄일 수 있습니다. 또한 추가 감축량을 판매해 매출을 올릴 수 있기 때문에 기업이 좀 더 효율적으로 감축하는 기술을 개발할 유인도 생깁니다. 탄소배출권은 국내 기업 간뿐만 아니라 국제적으로도 거래되며 더 효율적인 탄소배출 감소에 기여하고 있습니다. 코스가 내놓은 아이디어가 국제적으로 실현되어 효과를 거두고 있는 것이지요.

08

PSYCHOLOGY

게임이론

나의 선택이 너의 선택에 달려 있을 때

· 게임이론의 게임
· 전략과 상호작용
· 일상 속 전략적 사고
· 케이크 자르기 게임
· 내시균형
· 과점시장의 게임
· 용의자의 딜레마

게임이론의 게임

게임이론에서의 게임은 '전략적 상호작용'을 지칭합니다.
즉, 게임이론은 '소수의 경제주체 사이에서 일어나는
전략적 상호작용'을 연구하는 학문이죠.

소수의 경제주체 간
전략적 상호작용

소수의 경제주체들

모든 상황을 예상하여
세운 행동계획

게임이론은 특히 과점시장을 분석할 때 도움이 됩니다.

과점시장은 소수의
경제주체가 상호작용하는
대표적인 시장이죠.

우리가 쓰는 제품 중에 과점시장에서 공급되는 게 많습니다.
따라서 과점시장을 분석하는 것은 매우 중요하죠.

과점시장이
생각보다 많네.

이러한 게임이론이 중요한 이유는 게임이론이 제시하는
사례를 인간관계에도 대입해볼 수 있기 때문입니다.

어떻게
자르지?

너만 큰 거
안 가져가면 돼.

전략과 상호작용

게임이론의 '게임'을 '전략적 상호작용'이라고 했는데요.

전략?
상호작용?

그럼 전략은 무엇이고, 상호작용은 무엇일까요?

먼저 여러분은 '게임' 하면 뭐가 떠오르나요?

네 차례야

꼬응

롤! 배그! 메이플! 마인크래프트요!

바둑, 체스, 보드게임도 있어요.

그중에서 바둑을 예로 설명해볼까요?
우리는 바둑을 둘 때 상대의 수에 따라 내가 다음에 어떻게 둘지를 생각합니다.

자, 내 수는 이거다.

게임이론에서는 모든 경제주체가 자신에게 닥칠 수 있는 모든 상황에 대해 미리 행동 계획을 세워놓는다고 가정하는데요.

상대방이 여기로 들어오면 A포석으로!

상대방이 저기로 들어오면 B포석으로!

모든 경우의 수에 대비책을 세워놓는다!

이런 계획의 집합을 '전략'이라고 합니다.

이미 전략은 완벽하다!

씨익~

빨리 둬라.

그리고 '상호작용'이란 각자의 행동이 서로에게 영향을 주는 것을 말합니다.

자, 여기다!

앗, 내 돌이 잡아먹히잖아.

탁

어떤 종류의 게임이든 혼자서 하는 게임은 없습니다. 즉, 상호작용이 있는 것이죠.

싱글 플레이만 할 수도 있지 않나요?

사실 싱글 플레이도 엄밀히 따지면 컴퓨터라는 플레이어와 상호작용하는 것입니다.

내가 너 이김

상호작용은 서로에게 영향을 미칩니다. 게임에서는 유닛의 상실이나 피해로 표현되곤 하죠.

우와, 내 유닛 다 녹네.

과점시장의 상호작용은 어떨까요? 한 기업의 가격이나 생산량 변동이 다른 기업의 매출과 이윤에 영향을 미치는 방식으로 나타납니다.

내가 정한 가격과 생산량이 너한테 영향을 미친다.

완전경쟁시장에서는 고려할 필요가 없는 이 상호작용이 게임이론을 복잡하면서도 재미있게 만드는 요소가 됩니다.

완전경쟁시장에선 똑같은 제품을 만드는 수많은 경쟁자가 있으니 내 결정이 시장에 영향을 미칠 수 없어.

소비자 또한 주어진 시장가격에 따라 사거나 사지 않거나 할 뿐이지.

이러한 상호작용은 시장뿐만 아니라 우리 일상과도 관련이 있습니다!

모두가 상호작용?

내 주변의 인간관계를 생각해봅시다. 가정, 학교, 직장에서 사람들 사이에 끊임없는 상호작용이 일어나고 있습니다.

가족

학교

나

직장

일상 속 전략적 사고

일상에선 어떤 사람을 이기려고 전략까지 세우진 않을 것 같아요.

전략을 세운다는 게 잘 이해가 안 돼요.

다음 예를 생각해봐.

승패를 나누는 경쟁뿐 아니라 자신의 효용을 위한 계산된 행동도 전략이 됩니다.

[상황] 자율학습 시간에 감독자가 없다.

오늘은 감시하는 선생님이 없네.

선생님이 안 계시면 웹툰을 보는 게 내 전략.

[행동] 웹툰을 본다.

혹시 그럴까 봐 불시에 들이닥치는 게 내 전략이다!

우왓!

[상황] 상사의 기분이 좋지 않다.

지금 가져가면 통과가 안 될 것 같아. 좀 더 이따 결재 받아야지.

[행동] 기다린다.

눈치 보지 말고 결재할 거 있으면 바로 올리세요.

내 전략은 바로바로 검토하는 거라고.

앗, 네.

귀신같이 아시네.

이렇게 상대의 눈치를 보며 계획하고 행동한 적은 누구나 있을 것입니다. 어쩌면 게임이론이야말로 우리 일상과 가장 밀접한 이론이라 할 수 있죠.

우리 모두 전략적인 사람이었구나.

케이크 자르기 게임

게임이론이 어떻게 전략적 행동을 분석하는지 본격적으로 알아보겠습니다.

그러려면 게임이론에서 사용하는 용어들을 배워야 해.

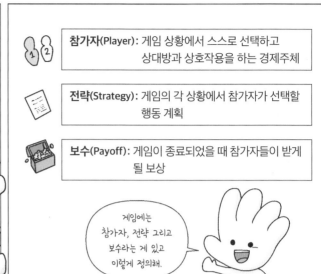

참가자(Player): 게임 상황에서 스스로 선택하고 상대방과 상호작용을 하는 경제주체

전략(Strategy): 게임의 각 상황에서 참가자가 선택할 행동 계획

보수(Payoff): 게임이 종료되었을 때 참가자들이 받게 될 보상

게임에는 참가자, 전략 그리고 보수라는 게 있고 이렇게 정의해.

케이크 자르기라는 간단한 게임으로 알아보겠습니다.

2명의 참가자가 있다고 합시다. 각 참가자의 목표는 보수 극대화입니다.

네가 많이 먹으면 내가 많이 먹을 수 없어.

많이 먹고 싶다. 그런데…

꼬르륵

꼬르륵

케이크를 둘이서 나눠 먹어야 하는데, 둘 다 더 많이 먹으려고 합니다.

이 정도라면 혼자서도 다 먹을 수 있다.

나 역시.

게임의 순서는 이렇습니다. A가 케이크를 두 조각으로 자르면, B가 두 조각 중 한 조각을 먼저 고르는 겁니다.

어떻게 잘라야 내가 더 많이 먹을 수 있지?

어떻게 해야 내가 더 큰 걸 고를 수 있지?

자기가 많이 먹겠다는 생각만으로 크기가 다르게 자른다면 어떻게 될까요?

내가 큰 조각 먹어야지.

선택권이 있는 사람이 큰 조각을 가져갈 것입니다.

큰 거 내 거!

크기가 다르게 자르면 자기에겐 작은 조각이 남게 됨을 알고 나면

다시 하자, 제발!

더 큰 조각이 나오지 않도록 똑같이 반으로 자르려 할 것입니다.

직선으로 정확히 반으로….

그러면 다음 사람이 어느 것을 골라도 둘 다 똑같이 나눠 갖게 되겠죠.

똑같으니 아무거나 하지 뭐. 이거 할게.

정확하네.

왠지 맥빠지네.

결국 이 게임에서는 한쪽이 얻을 수 있는 최대치가 절반이라는 것을 알 수 있습니다.

자르는 건 나지만 조각 선택은 상대방이 먼저 하니까…

케이크를 절반으로 자른다는 전략이 처음부터 바로 나오는 것은 아닙니다. 어떤 생각의 과정을 거쳤는지를 살펴보면 전략의 도출을 이해할 수 있습니다.

A의 선택이 B에게 영향을 미침

대칭에 가까울수록 A의 몫이 커짐

정확히 반으로 자르기 위해 노력함

내시균형

이처럼 전략적 상호작용을 하는 게임에서는 상대방의 보수체계까지 고려하면서 선택을 해야 합니다.

너의 보수체계를 고려할 때 나는 어떤 선택을 해야 하나?

너의 선택에 따라 나의 선택도 달라진다.

상대방의 행동과 상관없이 자신의 보수만 고려해 선택하는 완전경쟁시장과는 다른 상황이죠.

내 효용만 고려해서 살지 말지를 결정하면 돼.

내 이윤만 고려해서 얼마나 생산할지 결정하면 돼.

소비자

생산자

완전경쟁시장에서 형성된 가격과 생산량을 '균형'이라 하듯이 게임에서 예상되는 참가자들의 전략도 '균형'이라고 부릅니다.

게임이론을 연구한 내 이름을 따서 **내시균형**이라고 하지.

와! 노벨상 수상자!

존 포브스 내시
1994년 노벨 경제학상 수상

내시균형의 정의는 이렇습니다.

내시균형(Nash equilibrium)
경쟁자의 대응에 따라 최선의 선택을 하고 나면 서로가 자신의 선택을 바꾸지 않는 균형 상태

음, 잘 모르겠어요. 예를 들어 설명해주세요.

예를 들어, 케이크 자르기 게임에서의 내시균형은 다음과 같습니다.

케이크를 똑같은 크기로 자른다.

큰 조각을 고른다.

이게 균형이라고요?

균형값이 수치가 아니니 낯서네요.

전략과 전략의 조합으로 이뤄진 행동 자체가 균형값이 되는 것이죠.

과점시장의 게임

이제 과점시장에서 게임이론을 어떻게
활용할 수 있는지 알아봅시다.

여긴 마트가
2개밖에 없네.
과점이구면.

대박마트의 사장과 풍년마트의 사장은 최근 생수 가격을 담합하기로 몰래
약속했습니다.

생수는 우리 둘이
정한 가격으로만 파는
겁니다~?

Cheers~

그럼 각각
5,000만 원의 이익을
얻겠군요. 좋습니다.

하지만 둘 중 한쪽이 합의를 깨고 생수
가격을 낮춘다면, 배신한 마트는
9,000만 원, 배신당한 마트는 0원의
이익을 얻게 된다고 가정합시다.

먼저 배신하면
9,000만 원을 벌 수
있는 거잖아.

그리고 양쪽 모두 합의를 깨고 가격경쟁을 할 경우 각각의 이익은
1,000만 원으로 떨어지게 됩니다.

생수
싸게 팝니다!

옆 마트보다 비싸면
환불해드립니다!

가격경쟁을
했더니 이익이
떨어졌어.

게임이론에서 내시균형을 찾기 위해서는 게임 상황을 표에 정리하는 것이 편리합니다.
이 과점시장에서의 게임을 표로 작성하면 아래와 같습니다.

패는
동시에 깐다.

대박마트 \ 풍년마트	담합(가격 유지)	배신(가격 변경)
담합(가격 유지)	(대박) 5,000만 원 (풍년) 5,000만 원	(대박) 0원 (풍년) 9,000만 원
배신(가격 변경)	(대박) 9,000만 원 (풍년) 0원	(대박) 1,000만 원 (풍년) 1,000만 원

먼저 대박마트의 관점에서 따져봅시다.

풍년마트 사장은 순진해서 약속을 지킬 거야.

풍년마트와 대박마트가 모두 담합을 유지할 경우 대박마트의 이익은 5,000만 원입니다.

신뢰의 담합!

+5,000만 원

+5,000만 원

그리고 만약 대박마트만 배신을 선택할 경우 이익은 9,000만 원으로 늘어납니다.

0원

달달하구나. 배신의 맛!

+9,000만 원

아흑, 분하다 분해!

그러므로 풍년마트가 담합을 선택한다는 가정하에 대박마트는 배신을 하는 것이 이득입니다.

5,000만 원을 벌지 9,000만 원을 벌지 생각하면 당연히 9,000만 원이지! 그러니까 배신!

대박마트 입장에선 풍년마트가 배신할 경우도 생각해보아야 합니다.

풍년마트 사장이 순진한 건 맞지만 사람 속은 또 모르는 거니…

대박마트가 가격을 유지해도 풍년마트가 배신을 하면 수익이 없어집니다.

9,000만 원은 잘 쓸게.

이에 맞서 대박마트 역시 배신을 선택할 경우 1,000만 원의 이득은 볼 수 있습니다.

크로스 카운터!

그러므로 대박마트는 배신을 선택하게 됩니다.

0원 버느니 1,000만 원이라도 건져야 하니까…

풍년마트의 관점에서도 대박마트와 동일한 결론을 얻게 됩니다. 두 마트 간의 보수체계가 대칭을 이루고 있기 때문입니다.

너도 어차피 배신할 거잖아.

네가 할 테니 나도 해야지.

두 마트 모두 배신이 유리하다고 생각하므로 '대박마트 배신, 풍년마트 배신'의 결과가 나오게 됩니다.

배신자…

이 결론이 내시균형의 정의와도 맞는지 살펴봅시다.

지금의 배신-배신 상태에서 저만 변경할 기회를 준다고요?

안 바꾸죠. 변경하면 그나마 있던 1,000만 원도 없어지는데…

풍년마트 역시 마찬가지입니다. 따라서 '대박마트 배신, 풍년마트 배신'이 내시균형이 되죠.

같이 담합하는 게 더 좋은 결과를 가져오지만,

그때는 자기만 배신해서 이익을 늘리는 방향으로 선택을 바꿀 수 있으니 그것은 내시균형이 아닙니다.

인간은 무서워.

자신의 이익을 최대화하기 위해 선택했는데 결과적으로 각자 1,000만 원씩 합계 2,000만 원밖에 벌지 못했습니다. 담합했다면 5,000만 원씩 합계 1억 원을 벌 수도 있었는데 말이죠.

1,000만 원씩밖에 못 벌었네요.

그러게요. 우리는 최대한의 이익을 얻으려 했을 뿐인데…

참고로 담합이 더 좋은 결과라는 건 어디까지나 참가자들의 이익만 고려한다고 전제했기 때문입니다.

과점기업의 담합이 사회 전체적으로도 좋은 결과라는 얘기는 아니니 오해하지 마.

용의자의 딜레마

앞의 상황은 유명한 **용의자의 딜레마**를 변형한 것입니다.
두 용의자가 모두 자백을 하지 않는 게 최선이지만,
동료만 자백한다면 자신은 독박을 쓰게 되죠.

상황은 이렇습니다. 두 조직원 A와 B가 가벼운 죄로
체포되었습니다. 경찰은 더 중대한 범죄를 수사중이었는데
그 범죄에 대한 자백을 받아야만 입증할 수 있습니다.

게임을 표로 작성하면 이렇습니다. 같이 침묵을 지키면 가벼운 죄로
6개월만 복역하지만, 한쪽만 자백하면 그 사람은 협력의 대가로
석방되고, 침묵한 사람은 10년을 복역합니다. 만약 둘 다 자백하면
모두 5년씩 복역합니다.

	용의자 B의 침묵	용의자 B의 자백
용의자 A의 침묵	용의자 A, B 각자 6개월씩 복역	용의자 A 10년 복역 용의자 B 석방
용의자 A의 자백	용의자 A 석방 용의자 B 10년 복역	용의자 A, B 각자 5년씩 복역

둘은 서로 격리되어 심문을 받기 때문에 상의할
수 없습니다. 이 상황에서는 상대방이 어떤 선택을
하든 자신은 자백하는 게 유리합니다.

다수의 경제주체가 선택하는 완전경쟁시장에서는
각자의 이기적 선택이 사회적으로도 최선의 결과를
도출했습니다.

하지만 소수의 경제주체가 상호작용하는 경우, 최고의 이익을
추구하는 각자의 선택이 모두의 큰 손해를 가져올 수 있다는
'용의자의 딜레마'는 경제학계에 충격과 과제를 안겨주었습니다.

그런데 실제로는 국가 간 조약도, 담합도 유지될 때가 많습니다. 게임이 1회로 끝나는 것이 아니라 계속 반복되기 때문이죠.

제2차 담합 논의

이걸 또 하네…

앞으로 계속 한다죠?

하하하…

담합 게임이 주기적으로 반복된다면, 담합이 유지될 가능성이 높아집니다.

담합을 하는 게…

장기적으로 유리하니까…

물론 한쪽이 먼저 배신할 가능성은 여전히 존재합니다. 하지만 반복 게임의 경우 상대방의 보복이 뒤따를 수 있다는 걸 고려해야 합니다.

배신한다!

우리가 당하고만 있을 것 같아? 반격이다!

어, 이게 아닌데?

또한 반복 게임에서는 장기적 이익을 고려해 협력하는 게 더 낫다고 생각할 수 있습니다.

이번 분기에 배신하면 9,000만 원을 벌지만 다음 분기, 그다음 분기에 벌 돈을 잃는 게 되잖아.

이번에도 가격 유지하는 거죠?

그럼요.

1회성 게임이냐 반복 게임이냐에 따라 차이가 크네요.

실생활에서는 반복적으로 거래하는 경우가 많으니 서로에게 좋은 결과가 나오도록 협력할 때가 많아지겠어요.

이렇게 게임이론은 과점시장은 물론 개인의 협력과 국가 간 조약까지 많은 분야에 적용할 수 있는 이론이랍니다.

핵심은 과점시장에서 기업의 행동이니 그것만큼은 잘 기억해두세요.

더 복잡하고 흥미로운 게임도 있는데 '더 알아보기'에서 소개할게.

08 | 게임이론

요약 노트

게임이론
→ 게임이론에서 말하는 게임이란 '전략적 상호작용'을 뜻한다. 경제학에서 게임이론은 소수의 경제주체들 간에 일어나는 전략적 상호작용을 연구하는 분야이다.
→ 전략적 상호작용이란 상대방의 행동을 고려해서 자신의 행동을 결정하는 것을 말한다. 즉, 자신의 효용이나 이윤만 고려해서는 어떤 선택이 최선인지 알 수 없을 때 게임이론이 적용될 수 있다.

전략과 상호작용
→ 게임이론에서는 모든 경제주체가 자신에게 닥칠 수 있는 모든 상황에 대해 미리 행동 계획을 세워놓는다고 본다. 이 계획의 집합을 '전략'이라고 한다.
→ '상호작용'이란 각자의 행동이 서로에게 영향을 주는 것을 말한다.
→ 완전경쟁시장에서는 특정한 경제주체의 선택이 시장에 영향을 미칠 수 없다. 반면 과점시장에서는 소수의 기업이 시장 및 다른 기업에 영향을 미치므로 게임이론을 적용할 수 있다.

케이크 자르기 게임과 내시균형
→ '참가자'란 게임 상황에서 스스로 선택을 하고 상대방과 상호작용을 하는 주체를 말한다.
→ '보수'란 게임이 종료되었을 때 참가자들이 받게 될 보상을 말한다.
→ 참가자는 자신의 보수를 최대화하기 위해 다른 참가자의 보수와 전략까지 고려해야 한다.
→ 경쟁자의 대응에 따라 최선의 선택을 하고 나면 서로가 자신의 선택을 바꾸지 않는 균형 상태를 '내시균형'이라고 한다.

과점시장의 게임과 용의자의 딜레마
→ 과점시장에서는 같이 담합을 하는 것이 기업들에게 이익이다. 하지만 한쪽이 담합을 유지할 경우 다른 쪽은 배신을 하는 게 더 이익이다. 따라서 모두 담합 약속을 지키지 않고 배신을 하게 된다.
→ 참가자가 서로 협력을 하는 것이 더 큰 이익을 가져오는 상황에서 한쪽만 배신할 경우 배신하는 이의 보수가 더 커지는 조건이 있다고 하자. 게임이론에 따르면 이 경우 둘 다 배신을 하게 되고 결과적으로 총보수는 줄어든다. 각자 더 많은 보수를 추구하는 합리적 선택을 했음에도 불구하고 보수가 줄어들기 때문에 용의자의 딜레마라고 한다.
→ 게임을 한 번만 할 경우엔 용의자의 딜레마에 빠진다. 하지만 반복적으로 게임을 할 경우엔 상대방의 보복과 장기적인 이익까지 함께 고려하므로 이 딜레마에서 빠져나와 서로 협력하 수 있다.

Q1 게임이론은 _____의 경제주체 사이에서 일어나는 _____을(를) 연구한다.

Q2 게임이론의 용어와 설명을 알맞게 연결하시오.

A. 참가자(Player)   ㄱ. 게임의 각 상황에서 참가자가 선택할 행동 계획

B. 보수(Payoff)   ㄴ. 게임 상황에서 스스로 선택하고 상대방과 상호작용하는 주체

C. 전략(Strategy)   ㄷ. 게임이 종료되었을 때 받게 될 보상

Q3 다음 용의자의 딜레마 상황에서의 내시균형은 무엇인가?

A의 선택지 \ B의 선택지	침묵	자백
침묵	A: 6개월 복역 B: 6개월 복역	A: 10년 복역 B: 석방
자백	A: 석방 B: 10년 복역	A: 5년 복역 B: 5년 복역

균형: A는 _____을 선택, B는 _____을 선택

Q4 다음 중 게임이론과 관련한 설명 중 틀린 것은?

① 게임이론에서는 모든 경제주체가 행동 계획을 세운다고 가정한다.

② 게임이론은 과점시장에서 기업의 행동을 분석하는 데 유용하다.

③ 게임의 균형에서 참가자들의 보수의 합은 최대화된다.

④ 참가자들이 상대방의 대응에 따라 최선의 선택을 한 후 바꾸지 않는 상태가 게임의 균형이다.

역진귀납법으로 알아보는 전략적 사고

다음과 같은 게임을 통해 게임이론의 전략적 사고를 좀 더 깊이 알아보겠습니다.

세뱃돈 게임

"해마다 설날이면 형 윤재와 동생 승재는 집 근처 친척 집에 가서 세배를 드린다. 경제학자 삼촌이 사는 집에 들러 세배를 드린 윤재, 승재 형제는 삼촌으로부터 뜻밖의 제안을 받는다. 먼저 윤재가 세뱃돈을 받겠다고 결정할 경우, 윤재와 승재는 삼촌으로부터 각각 5만 원을 받는다. 만약 윤재가 선택의 권한을 승재에게 양보할 경우, 승재는 두 가지 옵션 중 하나를 선택할 수 있다. 첫째, 윤재 4만 원, 승재 7만 원, 둘째, 윤재와 승재 각각 6만 원이다."

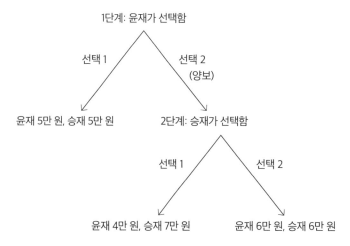

그림 A. 세뱃돈 게임

게임을 그림으로 표현하면 위와 같습니다. 순서가 정해져 있다는 점에서 케이크 자르기 게임과도 유사합니다. 과연 윤재와 승재는 어떤 선택을 하게 될까요? 아마 우리는 다음의 결과를 희망할 것입니다.

"윤재 입장에서는 승재에게 양보할 경우 자신의 세뱃돈이 6만 원으로 늘어날 기회가 있으므로 승재에게 권한을 양보한다. 승재 역시도 형이 자신을 믿고 양보해주었다는 사실을 알기에 (윤재 6만 원, 승재 6만 원)을 고르게 된다."

　하지만 게임이론의 관점에서 볼 때 결과를 이렇게 예상하는 게 맞을까요? 게임이론에서는 모든 참가자가 자신의 보수에만 관심이 있다고 가정합니다. 즉, 모든 참가자는 이기적이며 합리적인 경제주체입니다. 따라서 승재는 자신에게 권한이 주어질 경우 (윤재 4만 원, 승재 7만 원)을 선택할 것입니다. 그리고 이를 모를 리가 없는 윤재는 결정권을 양보하지 않고 (윤재 5만 원, 승재 5만 원)을 선택함으로써 자신에게 더 나은 보수를 얻으려 할 것입니다.[1]

　윤재의 머릿속을 따라가 봅시다. 윤재는 자신의 선택을 결정하기 전에 나중에 발생하는 승재의 선택으로부터 생각을 시작했습니다. 가장 나중의 선택에서 출발해 자신의 선택까지 거슬러 올라가는 과정을 역진귀납법(backward induction)이라고 합니다. 윤재 자신이 양보할 경우, 승재는 분명 (윤재 4만 원, 승재 7만 원)을 선택할 것입니다. 그래서 윤재의 선택지는 사실상 (윤재 5만 원, 승재 5만 원)과 (윤재 4만 원, 승재 7만 원) 중 하나를 고르는 것과 같게 되는 것입니다.

　따라서 이 게임의 내쉬균형은 "윤재는 (윤재 5만 원, 승재 5만 원)을 선택하며, 승재는 (윤재 4만 원, 승재 7만 원)을 선택한다."[2]입니다. 최종 보수(결과)는 (윤재 5만 원, 승재 5만 원)이 됩니다. 이처럼 가능한 결과로부터 상대방의 선택과 자신의 차례에 이르기까지의 과정을 역방향으로 살펴보면, 자신의 선택지는 단순해지며 더 나은 선택을 하는 데 도움이 됩니다. 기회가 된다면 다른 사람과의 게임에서 역진귀납법을 사용해봅시다!

1　이 경우에도 우리는 용의자의 딜레마 현상을 발견할 수 있다. (5만 원, 5만 원)은 가능한 세 결과 중에서 총합이 가장 낮으며, 파레토 개선 (6만 원, 6만 원)이 가능함에도 불구하고 선택되지 않기 때문이다.

2　게임의 결과상 승재의 선택까지 가지 않음에도 불구하고 내쉬균형에 승재의 선택이 포함된 이유는, 내쉬균형의 의미가 게임의 결과가 아닌 균형을 이루는 전략조합을 의미하기 때문이다. 이 균형을 엄밀하게 정의하면 부분게임완전균형(Subgame Perfect Nash Equilibrium)이라고 한다. 자세한 설명은 이 책의 범위를 벗어나므로 생략한다.

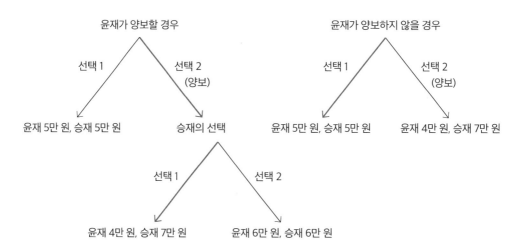

그림 B. 윤재의 전략적 사고

윤재는 승재가 할 선택까지 고려해 가능한 결과들을 비교한다.

09

PSYCHOLOGY

정보경제학

내가 모르는 걸 너만 알 때

- 정보의 중요성
- 정보의 힘
- 도덕적 해이
- 역선택
- 선별하기와 신호 보내기

정보의 중요성

이번 강의가 마지막 미시경제학 강의예요. 이제 절반 온 셈이네요.

벌써라기엔 그동안 쉽지 않았지.

벌써 절반이네.

이번에는 뭘 배우나요?

이번 장에서는 경제활동에서 정보가 어떤 기능을 하는지 살펴보겠습니다. 그리고 정보 비대칭이 가져오는 문제와 그 대응책을 알아볼 것입니다.

이런 것들을 배울 거야.

신호 보내기

도덕적 해이

선별하기

역선택

먼저 경제활동에서 정보가 어떻게 활용되는지 볼까요?.

소비자가 구매를 결정하는 중요한 기준인 WTP, 기억나나요?

Willingness To Pay!

WTP

얼마까지 지불할 의향이 있는가!

만약 공급자가 각 수요자의 WTP라는 정보를 알 수 있다면 상품도 많이 팔면서 이윤도 최대한 얻을 수 있게 됩니다.

넌 이제 사신, 아니 정보신의 눈을 얻었다.

오오~ 이제 모든 소비자의 WTP를 알 수 있는 건가?

이거 얼마죠?

WTP가 9,000원이군.

WTP 9,000원

9,000원입니다.

얼마죠?

10,000원입니다.

WTP 10,000원

10,000원보다 비싸면 안 사려고 했는데 딱 10,000원이네. 희한하네.

소비자에 따라 다른 가격을 책정하는 것을 '가격차별'이라고 하는데요. 공급자가 모든 소비자의 WTP를 알고 있다면 개별 소비자마다 다른 가격을 책정할 것입니다.

이렇게 개별 소비자의 WTP만큼 가격을 매길 수 있다면 시장에서 발생하는 사회적 잉여는 공급자가 모두 차지할 것입니다. 하지만 이런 경우는 불가능하겠죠.

WTP를 알고 있으니 잉여가 다 내 차지야!

근데 이거 꿈인데…

하지만 제한적으로만 WTP를 알아도, 즉 집단에 따라 다른 WTP만 알아도 공급자는 더 많은 이윤을 얻을 수 있습니다.

청소년 할인이 대표적이지. 우리의 WTP는 대체로 성인보다 낮아.

영화관 경영자는 성인 집단과 청소년 집단의 WTP가 다르다는 것을 알고 있으므로 가격을 차별화합니다.

15,000원 정도는 낼 수 있지.

영화 티켓

12,000원 정도면 볼까? 그보다 비싸면 보긴 힘들어.

표를 12,000원에 팔면 성인과 청소년 모두에게 팔 수 있어 매출은 늘 거야. 하지만 성인 소비자는 15,000원이어도 살 텐데 싸게 팔아서 이윤이 줄어드는 건 아쉽단 말이지.

그렇다고 15,000원을 유지해버리면 청소년들은 안 살 거고….

사장 김영화

성인한텐 15,000원에 팔고, 청소년에겐 할인해서 12,000원에 팔면 되지 않을까요?

그러면 성인 고객의 이윤은 유지하면서 청소년 고객 매출이 추가되거든요?

성인 15,000원 청소년 12,000원

맞아! 그러면 되겠구나.

정보의 힘

이런 **가격차별**은 기업에 도움이 되지만 소비자에게도 나쁘지 않답니다.

기업은 더 많은 소비자에게 팔 수 있어서 좋고~

우리는 기존 가격으론 못 샀던 상품을 소비할 수 있게 돼서 좋고~

한편 기업 간의 경쟁에서도 정보는 매우 중요합니다. 시장 점유율을 유지하기 위해선 경쟁 기업의 판매 가격을 빠르게 알아내야만 하죠.

여기 안 가?

건너편 마트가 더 싸더라고.

대형마트는 경쟁 업체의 가격을 빠르게 알아내기 위해 최저가 보증제를 내세우기도 합니다.

최저가 보증!! 라 마트보다 비싸다면 차액을 보상해드립니다.

싸다싸 마트

이런 이벤트를 하다니 자신감이 넘치는데?

이는 소비자를 이용하여 경쟁업체의 가격 변동을 빠르게 파악하기 위한 마트의 전략으로 볼 수 있습니다.

옆 마트에서는 25,000원인데요?

알겠습니다, 고객님.

매대에 24,900원으로 표시하세요.

게임 상황에서도 참가자들에게 주어진 정보가 다르면 게임의 결과가 전혀 달라질 수 있습니다.

제2회 한 명이 케이크를 두 조각으로 자르고, 다른 한 명이 선택하는 게임
※두 명이서 다 먹어야 함

이번에도 내가 먼저 잘라야지.

우수가 게임을 시작하기 전에 밥을 많이 먹어서 평소와 달리 1/8만큼 먹었을 때 효용이 최대가 되는 상황을 생각해볼까요?

밥 먹은 지 얼마 안 돼서 조금밖에 못 먹을 거 같네.

빵빵

슬기가 우수의 새로운 효용함수를 모른다면 절반으로 자를 것입니다.

딱 반으로 잘라야 내가 최대치를 얻겠지.

하지만 슬기가 우수의 새로운 효용함수를 안다면 1/8과 7/8로 자를 것입니다.

지금 우수는 배부르니까 작은 조각을 선택하겠지?

우수는 1/8 조각으로도 최대 효용을 얻으므로 작은 조각을 선택할 것입니다.

아는 것이 힘이다!

난 이 정도가 좋아.

일부 경제주체만 알고 있는 사적 정보로 인해 발생하는 정보의 격차를 경제학에서는 비대칭 정보라고 합니다.

내가 배부르다는 건 나만 아는 '사적 정보'인데 어떻게 알았지?

넌 티가 나.

배만 봐도···

비대칭 정보가 경제에 미치는 영향은 매우 다양한데, 그중 대표적인 것으로 도덕적 해이와 역선택을 꼽을 수 있습니다.

먼저 보험시장을 예로 도덕적 해이(moral hazard) 문제를 알아보도록 하겠습니다.

모럴해저드

들어봤지?

사람들은 왜 보험에 들까요?

혹시 몰라서요!

사고가 났는데 돈이 없으면 서러워서요!

도덕적 해이

잘 알다시피 사람들은 만약에 일어날 수도 있는 사고에 대비하기 위하여 보험에 가입합니다.

보험은 불확실성을 줄이기 위한 서비스 상품입니다!

A 질환에 걸릴 위험이 1%인데, 예상 치료액은 1억 원이라고 가정하고 기댓값을 계산해봅시다.

> 1%(질환에 걸릴 확률) × (−1억 원)
> +
> 99%(질환에 걸리지 않을 확률) × 0원
> =
> −100만 원

걸릴 확률은 1%이고 1억 원의 비용이 든다라…

그럼 기댓값은 −100만 원이네.

대부분의 사람들은 만에 하나 병에 걸렸을 때 1억 원의 손해가 발생할 수 있다는 사실을 두려워합니다.

A 질환 보험!
보험료 110만 원에 치료비 전액 보장!

와! 저건 꼭 가입해야 해!

그래서 기댓값보다 보험상품이 10만 원 더 비쌈에도 불구하고 보험에 가입하고자 합니다. 혹시라도 병에 걸려서 1억 원을 쓰게 될 불확실성을 해소하는 효용이 10만 원보다 크기 때문입니다.

1억 원에 대한 걱정은 덜었으니까 만족해!

반대로 보험회사는 우수 씨의 불확실성을 떠맡게 되었으니 손해를 보는 것은 아닐까요?

보험에 가입한 많은 사람 중에서 1%만 발병을 하므로 보험사는 수익을 올릴 수 있지.

100명 가입 × 110만 원 = 1억 1,000만 원
1명 발병 × 보험금 지급 = 1억 원
수익 = 1,000만 원

여기까지만 보면 소비자와 보험회사 모두 이익을 얻었으므로 문제가 없어 보입니다. 하지만 문제는 보험 가입 이후 발생합니다.

술 많이 마시면 A 질환 걸릴까 봐 걱정된다면서?

얼마 전에 보험 가입했거든. 걱정 좀 덜었으니 마음껏 마시려고.

건배~

보험회사는 평균 발병률 1%에 기반해 보험 상품을 설계합니다. 그런데 보험에 가입했다고 해서 평소보다 건강 관리를 소홀히 하게 된다면 발병률이 높아지게 되죠.

이러한 가입자들의 행동 변화로 인해 발병률이 변하고 보험사는 손해를 보게 됩니다.

이상하다. 보험금 받으러 오는 사람이 예상보다 많네.

사평 보험

아니, 보험에 가입했다고 해서 건강 관리를 안 하다니….

건배!

하하하!

이럴 수가….

계약 후에 일어나는 이러한 행동 변화를 **도덕적 해이**라고 합니다.

사장님, 보험금 지급이 예상보다 2배 늘어서 2억 원이 됐습니다.

가입자들의 도덕적 해이 때문에 망하게 생겼어.

도덕적 해이 현상은 소비자뿐만 아니라 기업 활동에서도 관측됩니다.

이 펀드는 저희 최고 전문가들이 철저히 관리, 운영하는 상품이니 믿으셔도 돼요.

그럼 가입할게요.

펀드 판매율 100% 달성! 보너스다!

여기 투자하는 건 좀 위험하지 않을까?

어차피 고객들은 잘 모르고 상품은 이미 다 팔렸는데 뭐. 대충 하자고.

정부의 도덕적 해이는 없을까요? 6장에서 공부했던 정부 조직의 주인-대리인 문제를 도덕적 해이의 한 사례로 볼 수 있습니다.

비용이 너무 많이 드는 정책이라고? 괜찮아, 내 돈 아니야.

내 임기 동안만 사건 안 터지면 괜찮아!

이것들을 어떻게 하지?

도덕적 해이란 말에는 '도덕'이란 말이 들어 있지만 이 문제를 개인의 도덕성 문제로만 접근해서는 안 됩니다.

부도덕한 사람이 도덕적 해이를 보이는 것 아닌가요?

보통 부도덕한 사람일수록 심각한 도덕적 해이를 보이긴 할 겁니다. 그러나 중요한 점은 도덕적 해이는 정보 격차로 인해 발생한다는 사실입니다.

내가 뭘 해도 쟤들은 알 수가 없어.

그렇다면 도덕적 해이는 어떻게 줄일 수 있을까요?

탐정을 붙여서 감시…?

흥신소?

그것도 한 가지 방법이 될 수 있어.

정기적으로 재산 현황을 보고해야 하네. 비리를 저지르면 안 되겠구나.

정치인

감사원이 정기 감사를 하니까 뒤통수가 따갑네.

공무원

또한 숨은 행동을 하는 사람에게도 일부 책임을 지게 해서 도덕적 해이를 줄일 수 있습니다.

이제부터 A질환은 7,000만 원까지만 보장합니다.

병에 걸리면 3,000만 원은 내가 내야 하잖아? 건강 관리도 해야겠네.

보상을 주는 것도 하나의 해결책이 될 수 있습니다.

3년 이상 무사고 운전자에게는 보험료를 줄여줍니다!

3년 무사고 15% 할인

오, 좋은 혜택! 그럼 조금만 더 신경 써서 운전해볼까?

역선택

이번엔 비대칭 정보가 만드는 또 다른 문제점인 **역선택** 문제를 살펴보겠습니다.

역선택의 가장 대표적인 예는 중고차 시장입니다.

중고차는 주행 이력, 사고 여부에 따라 품질 차이가 큰데 소비자는 그걸 알기가 매우 어렵습니다.

이렇게 차의 상태를 숨기고 파는 일이 많이 발생하면 소비자들은 중고차를 불신하게 됩니다.

이렇게 시장에 불신이 퍼지면 좋은 품질의 중고차도 낮은 평가를 받게 됩니다.

이 상태가 지속되면 좋은 품질의 차를 지닌 차주는 중고차 시장에 차를 내놓지 않게 됩니다. 제 값을 받지 못하니까요.

선별하기와 신호 보내기

이러면 중고차 시장에는 결국 나쁜 차만 남게 됩니다.

역선택으로 인해 불량품만 남게 된 시장을 '레몬 시장'이라고 하는데 중고차 시장이 대표적인 레몬 시장이죠.

미국인들이 불량품을 '레몬(Lemon)'이라는 은어로 부르는 데서 유래한 거야.

찌릿찌릿

이런 문제를 해결할 방법은 없나요?

있죠. 먼저 **선별하기**라는 방법을 사용할 수 있습니다. 관찰되는 다른 정보를 이용하여 사적 정보를 추론한 후 걸러내는 것입니다

중고거래 사이트의 판매자 평점이 그런 방식입니다.

얘기한 거랑 너무 다르잖아. 평점 낮게 줘야겠네.

꼬질꼬질

평점은 그 자체로 물건의 품질에 대한 정보는 아니지만 품질을 추론할 수 있게 해주죠.

판매자 평점

목동 멋쟁이님의 평점
★ ★ ★ ★ ☆

사고 싶은 물건인데 판매자 평점이 너무 낮네. 걸러야겠다.

보손보손
☆ ☆ ☆ ☆ ☆
우수 셀러!

선별하기는 보험시장에서도 활용됩니다. 자동차 보험사들은 나이에 따라 다른 보험료를 책정하죠.

나이가 어릴수록 사고 확률이 높거든.

만 26세 미만: ~40%까지 할증
만 24세 미만: ~100%까지 할증

개개인의 운전 성향은 알기 어려운 정보이지만 나이는 관찰되는 정보이므로 선별의 용도로 사용할 수 있습니다.

전 21살이지만 운전은 51살처럼 하는데… 저한테까지 보험료를 비싸게 받을 필요가 없다고요.

그럴 수 있지만 매번 운전하는 걸 감시해서 검증할 순 없으니까요. 연령대에 따른 평균적인 성향 정보를 이용할 수밖에 없습니다.

선별하기 외에 **신호 보내기**라는 방법도 있습니다.
판매자가 자신의 사적 정보를 간접적으로 알리는 것이죠.
중고차라면 품질보장으로 신호 보내기를 할 수 있습니다.

저거 진짜예요?

품질보증기간 1년
수리비 보상

A중고차

네. 저희 매장에서 구매하신 차가 1년 내에 고장이 날 경우 보상해드립니다.

신호 보내기는 비용이 드는 행위입니다. 하지만 품질에 따라 비용의 차이가 발생한다는 점이 결정적이죠.

우리 차는 실제로 품질이 좋으니까 보증 기간 동안 고장 날 확률은 낮아.

A중고차

따라하고 싶지만 우리 차들은 고장 날 확률이 높아서 못하겠네.

B중고차

일부 경제학자는 대학졸업장도 신호 보내기의 일종으로 보기도 합니다.

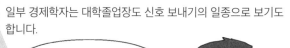

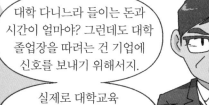

대학 다니느라 들이는 돈과 시간이 얼마야? 그런데도 대학 졸업장을 따려는 건 기업에 신호를 보내기 위해서지.

실제로 대학교육 자체가 능력을 배양한다기 보단 원래 유능했던 사람들의 신호 보내기에 불과해.

물론 반론도 있습니다.

NO!

단순히 신호 보내기를 위해 대학을 가는 게 아니야. 대학교육이 능력을 더 키워주는 효과도 분명 있어.

사실 가장 중요한 건 실제 업무 능력입니다. 그걸 쉽게 알 수 있는 방법이 부족하다 보니 대신 대학 졸업장이 신호로 활용되는 것이죠.

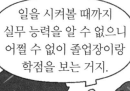

일을 시켜볼 때까지 실무 능력을 알 수 없으니 어쩔 수 없이 졸업장이랑 학점을 보는 거지.

시켜만 주십쇼. 제 능력을 보여 드리겠습니다.

경제학에서 다루는 정보가 우리의 취업에도 연결되는군요.

경제학이 이렇게나 실생활과 맞물려 있었네요.

그렇죠? 앞으로 배울 거시경제학에선 더 실감하게 될 거예요. 어서 가볼까요?

가자~

09 | 정보경제학

요약 노트

정보의 중요성과 힘

→ 공급자가 같은 상품을 공급하면서 소비자에 따라 다른 가격을 책정하는 것을 가격차별이라고 한다.

→ 만약 공급자가 각 수요자의 지불의향가격(WTP)을 알 수 있고 그 가격에 팔 수 있다면 공급자는 최대한의 이윤을 얻을 수 있을 것이다.

→ 공급자가 개별 소비자의 WTP를 모르고 집단 간 차이만 안다고 해도 가격차별을 통해 이윤을 늘릴 수 있다. 성인과 청소년의 WTP 차이를 이용해 청소년에게 할인가로 공급하는 경우가 대표적이다.

→ 청소년 할인의 경우 공급자는 청소년 대상 매출을 늘릴 수 있고, 청소년은 기존에는 소비하기 어려웠던 재화를 소비할 수 있게 된다.

→ 사적 정보는 일부 경제주체만 알고 있는 정보를 말한다. 만약 상대방의 사적 정보를 알 수 있다면 그 정보를 이용해 자신의 이익을 늘릴 수 있다.

→ 일부 경제주체만 알고 있는 사적 정보로 인해 발생하는 정보의 격차를 비대칭 정보라고 한다. 비대칭 정보가 경제에 미치는 영향으로는 '도덕적 해이'와 '역선택'이 있다.

도덕적 해이

→ 정보의 격차가 있는 비대칭 정보 상황에서 일방이 자신의 이익을 위해 행동을 바꾸는 것을 도덕적 해이라고 한다.

→ 질병보험의 경우 보험회사는 사람들의 평균적인 발병률을 알고 있을 뿐 피보험자의 개인적 행동에 대한 정보는 없다. 이 경우 피보험자는 보험에 가입한 후 전보다 건강 관리를 소홀히 하는 행동 변화를 일으킬 수 있다.

→ 도덕적 해이를 막기 위해서는 정보의 격차를 줄이거나, 비대칭 정보를 이용해 숨은 행동을 한 사람에게 책임을 부과하는 장치를 마련해야 한다.

역선택

→ 역선택은 구매자와 판매자 간 정보 비대칭으로 인해 질 나쁜 물건만 시장에 남게 되는 현상을 말한다. 역선택으로 불량품만 남게 된 시장을 '레몬 시장'이라고 한다.

→ 상품에 대한 정보 비대칭이 클 경우 판매자는 실제 상품의 질과 상관없이 자신의 상품이 고품질이라고 속일 수 있다. 이 경우 실제로 고품질 상품을 파는 판매자보다 저품질 상품을 파는 판매자가 더 큰 이익을 얻게 된다. 또한 소비자는 품질을 신뢰할 수 없으므로 되도록 낮은 가격에 사려고 한다. 따라서 고품질 상품 판매자는 판매를 꺼리게 되고 시장에는 저품질 상품만이 남게 된다.

선별하기와 신호 보내기	→ 역선택 문제를 해결하기 위해 선별하기나 신호 보내기를 활용할 수 있다. → '선별하기'는 관찰되는 다른 정보를 이용하여 사적 정보를 추론한 후 걸러내는 방법이다. 중고거래 사이트의 판매자 평점이 대표적인 예이다. 상품에 대한 직접적 정보는 아니지만 상품의 질을 추측할 수 있게 하는 다른 정보에 해당한다. → '신호 보내기'는 판매자가 자신의 사적 정보를 간접적으로 알려주는 것이다. 일정 기간 품질 보증을 하고 무상 수리를 약속하는 것이 대표적이다. 고품질 상품의 판매자는 품질 보증을 해도 손해가 적을 것이며, 저품질 상품의 판매자는 품질 보증을 할 경우 판매 후 큰 손실이 발생할 것이다. 이와 같은 비용 차이 때문에 품질 보증이라는 신호 보내기는 상품의 질에 대한 정보를 간접적으로 전달한다.

퀴즈

01 다음 중 도덕적 해이에 대한 설명으로 틀린 것은?

① 보험에 가입한 후 건강 관리를 소홀히 하는 것은 도덕적 해이에 해당한다.

② 도덕적 해이는 상대방의 행동에 대한 정보를 파악하기 어렵다는 점 때문에 발생한다.

③ 소비자와 기업 간 발생하는 문제이므로 정부에는 적용되지 않는다.

④ 숨은 행동을 하는 사람에게 결과에 대한 책임을 일부 지도록 함으로써 도덕적 해이를 줄일 수 있다.

02 역선택은 판매자가 알고 있는 상품의 품질을 구매자는 알 수 없기 때문에 발생한다. 구매자가 다른 정보를 이용해 품질에 대한 정보를 추론하고 저품질의 상품을 걸러내는 것을 ＿＿＿＿＿＿＿＿(이)라고 한다. 한편 판매자가 직접 품질을 추론할 수 있는 정보를 드러내는 것을 ＿＿＿＿＿＿＿＿(이)라고 한다.

광고라는 신호 보내기

광고는 비대칭 정보 상황에서의 신호 보내기라고 할 수 있습니다. 광고가 신호 보내기로서 효과적으로 작동하려면 다음 두 가지 조건이 필요합니다. 첫째, 광고 비용이 들어야 합니다. 비용이 들지 않는다면 모두가 광고를 할 것이고, 그렇게 되면 광고를 하는 기업은 하지 않는 기업과 다르다는 신호를 보낼 수 없기 때문입니다. 둘째, 더 좋은 제품을 판매하는 기업이 그렇지 않은 기업보다 광고를 함으로써 얻는 이익이 커야 합니다. 그래야만 좋은 제품을 파는 기업이 광고를 할 가능성이 높아지기 때문입니다.

예를 들어, 제품은 훌륭하지만 널리 알려지지 않아서 판매가 저조한 기업이라면 광고를 통해 매출을 크게 증진시킬 수 있을 것입니다. 반면 품질이 떨어지는 기업이라면 광고를 보고 구매한 소비자들이 한번 사서 써본 후 더 이상 구입하지 않을 가능성이 높기 때문에 광고로 인한 매출 증대 효과가 크지 않을 것입니다. 이런 상황에서는 좋은 제품을 파는 기업이 그렇지 않은 기업보다 광고를 할 유인이 큰 것이지요.

이러한 조건이 충족된다면 광고는 제품의 품질이 좋다는 정보를 제공하는 신호로 작동합니다. 설사 광고 안에 품질에 대한 이야기가 없다고 하더라도 말이죠. 비용을 들여 광고를 했다는 것 자체가 차별적인 품질을 알려주는 신호가 되는 것입니다.

어떤 경제학자는 대학 졸업장도 신호 보내기의 일종으로 봅니다. 대학 진학을 선택한 사람들이 그렇지 않은 사람보다 더 유능하다는 신호를 보내기 위해 대학 졸업장이 쓰인다는 것이죠. 이러한 관점에 따르면 대학을 문제없이 빨리 졸업할 수 있는 능력을 가진 사람들은 비싼 등록금을 감수하면서 진학을 선택하고, 졸업할 능력이 부족한 사람들은 대학에 다니는 비용을 지불하기보다는 취업을 선택합니다. 즉, 등록금을 지불하고 얻은 대학 졸업장이 자신의 능력을 광고하는 기능을 하는 셈입니다.

물론 대학 교육은 그 자체로 생산성 지표를 높이는 것으로 알려져 있습니다. 하지만 대부분의 사람들이 대학에 진학해 최종학력만으로 서로의 능력을 가늠하기 어려운 사회에서는 대학 졸업장이 신호 보내기 기능을 하지 못할 것입니다. 대학 졸업과 관련한 가설들은 정보경제학의 관점에서 개인의 진학을 다르게 해석할 수 있다는 시사점을 줍니다.

10
ECONOMICS

거시경제학의 세계

숲을 바라보는 경제학

· 거시경제학이란
· 대공황
· 케인즈의 분석과 해결책
· 거시경제학의 기초 개념
· 거시경제학의 연구 주제

거시경제학이란

지난 강의까지는 개별 경제주체의 행동과 개별 시장의 가격 결정 원리 등 미시경제학을 공부했습니다.

이제부터는 더 넓은 영역에서 경제를 이야기해볼까 합니다. 바로 거시경제학입니다.

거시경제학은 개별 경제주체가 속한 국가 전체의 경제, 그리고 국가들이 모여 있는 세계의 경제 문제를 다룹니다.

거시경제학 강의, 강행 결정

토론 프로그램에서 경제 문제를 놓고 전문가마다 의견이나 분석이 조금씩 다른 걸 본 적이 있을 겁니다. 심지어 해결책이 정반대인 경우도 있죠.

거시경제학은 복잡하기도 하고 정답이 명확히 정해져 있지 않기 때문에 학자 간에도 주장이 크게 갈리는 경우가 많습니다.

이제 거시경제학을 공부해 나가면 큰 흐름과 관련된 경제 변수들도 이해할 수 있게 될 겁니다.

금리나 환율 변동에 대해서요?

물가나 실업률에 대해서도요?

그럼요.

그리고 왜 거시경제학에선 학자마다 의견이 다른지도 알 수 있죠.

우리가 서로 다른 말을 하는 이유가 있어.

처음에 언급했던 것처럼 미시경제학과 거시경제학은 경제학을 이루는 두 기둥입니다.

경 제 학

미시경제학

거시경제학

그런데 경제학이라는 학문이 처음부터 이런 구도로 체계화된 것은 아닙니다.

원래 경제학은 상품의 가격은 어떻게 결정되는지, 시장의 자동 조절 기능이 어떻게 작동되는지를 주로 연구했어.

나 때는 말이야~ 거시경제학이란 건 없었어~

경제학 발전 초기의 주된 관심사는 미시경제학에 집중돼 있었습니다. 거시경제학 이론은 1930년대 이후에야 정립되죠.

그것을 알려주마

그런데 말입니다. 왜 1930년대일까요?

이 시기에 매우 충격적인 사건, 세계적으로 경제가 급격히 침체하는 **대공황**이 발생했기 때문입니다.

대공황

대공황 당시의 상황을 알아봅시다.

1929

1929년 말부터 그동안 사람들이 믿었던 경제상식과는 거리가 먼 현상이 나타나기 시작했어요.

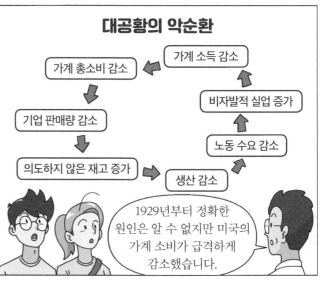

대공황의 악순환

가계 소득 감소 → 가계 총소비 감소 → 기업 판매량 감소 → 의도하지 않은 재고 증가 → 생산 감소 → 노동 수요 감소 → 비자발적 실업 증가 → 가계 소득 감소

1929년부터 정확한 원인은 알 수 없지만 미국의 가계 소비가 급격하게 감소했습니다.

상품이 팔리지 않아 재고가 쌓여만 가니 기업은 생산을 줄이기로 결정합니다.

더 만들어서 뭐 하나…

살 사람도 없어.

생산량이 줄면 필요한 노동자도 덜 필요하죠. 그래서 기업은 노동자를 해고하게 됩니다.

이 라인은 이제 안 돌립니다. 집에 가세요.

Go home.

갑자기요?!

이로 인해 가계 소득을 책임지던 많은 이들이 실업자가 되었습니다. 소득이 없으니 가계 소비는 더 줄어들었죠.

잭, 너무 오래 쳐다보는구나.

다른 가족들도 생각해야지!

미국에 웬 굴비가…

꼬르륵…

이 악순환은 1929년부터 1933년까지 총 4년간 이어졌습니다. 그 결과 미국 국내총생산(GDP)의 30% 이상이 감소했죠.

사람들이 소비를 안 해! 생산량을 줄이고 고용은 더 줄이자!

직장에서 잘려서 돈이 없어. 그러니 소비를 줄이자!

4년간 반복

그렇다면 4년 동안 정부와 경제학자들은 대체 뭘 했을까요? 왜 이 악순환을 4년 동안 방치하다시피 한 걸까요?

시장은 놔두면 균형으로 돌아가는 거 아냐?

왜 계속 악화되는지 원인을 모르겠어.

규탄한다

바글바글

시끌시끌

대공황 이전에는 고전학파 경제학자들이 경제학의 주류는 이루고 있었습니다.

경제학을 정립한 우리가 발전시킨 학파이지.

애덤 스미스

데이비드 리카도

당시 고전학파의 관점을 대표하는 이론이 바로 **세의 법칙**(Say's Law)입니다.

공급은 스스로 수요를 창출한다는 법칙이지.

장 바티스트 세

세의 법칙에 따르면, 기업이 상품을 생산하면 소비자는 그만큼 소비를 하므로 시장은 늘 수요와 공급이 일치하게 됩니다.

신제품 민트초코 크림빵이 나왔습니다.

이런 결과가 나오기 위해서는 물가와 임금 등 가격 변수들이 신축적으로 변화에 빠르게 적응해야 합니다.

수요가 부족하면 가격이 떨어져 수요가 늘어나고

민트초코 크림빵 사세요. 단돈 500원! 눈물의 대할인!

500원이라고? 대박!

실업자가 늘어나면 임금을 내려 고용률을 회복할 수 있을 것이라고 생각했습니다.

오늘부터 일당을 낮춥니다.

임금을 내렸으니 굳이 해고할 필요까진 없겠구먼.

우리 집에 안 가도 돼요?

일당
15만 원
↓
8만 원

케인즈의 분석과 해결책

하지만 대공황 당시의 경제 지표는 고전학파의 예상과는 전혀 다른 방향으로 움직이고 있었습니다.

경제학자 존 메이너드 케인즈는 대공황을 바라보며
기존 경제학의 가정에 의문을 품었습니다.

고전학파의 가정에 따르면 재고가 늘어나면 가격이
내려가서 소비를 유도해야 합니다. 하지만 기업은 가격을
낮추기보단 생산량을 줄였습니다.

또한 기업이 임금을 낮추기보단 노동자 수를 줄였다는
사실에 케인즈는 한 번 더 놀라게 됩니다.

고민 끝에 케인즈는 '가격은 생각보다 잘 움직이지
않는다'는 결론을 얻게 되었습니다.

가격이 경직적일 경우 갑작스런 변화에 적응하지 못하고
시장은 스스로 균형을 찾기 어려워집니다. 케인즈는
이 과정에서 불황과 실업 등이 발생할 수 있다고 봤습니다.

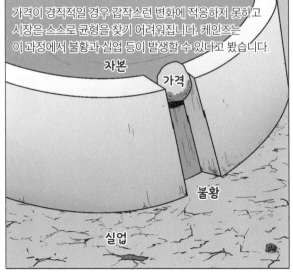

케인즈는 적극적으로 자신의 분석과 해결책을
제시했고, 『고용, 이자율, 화폐에 관한 일반이론』(1936)
이라는 책으로 정리했습니다.

만성적인
경기침체의 원인은
수요부족입니다!

케인즈는 해결책으로 수요확장 정책을 제시하며 정부의 적극적
역할을 강조했습니다. 그리고 1933년에 미국 대통령으로 취임한
프랭클린 루즈벨트는 그의 의견을 받아들입니다.

케인즈 양반,
진단을 아주
잘 하는구먼.

프랭클린 루즈벨트

루즈벨트 대통령은 대대적인 정부지출을 통해 경기를
부양시키는 '뉴딜정책'을 펼칩니다.

이와 같은 케인즈의 생각을 바탕으로 새로운
경제학파가 탄생했는데 이를 '케인즈학파'라고
합니다.

시장이 불균형을
이룰 때 정부가 적극적인
지출로 수요를 창출해

경제 전반에
활력을 불어넣어야
합니다.

그러면
케인즈학파가
맞고, 고전학파는
틀린 거네요?

꼭 그렇지는 않습니다.
일반적으로 단기에는 케인즈
학파의 관점이, 장기에는
고전학파의 관점이
맞는다고 봅니다.

단기

장 기

즉, 단기에 가격 경직성이
있다 해도 장기엔 시장의 조정
기능이 작동하고 수요와 공급의
원리에 의해 균형을 되찾는다고
보는 것이죠.

물론 그때까지
얼마나 걸리는지, 정부의
개입이 얼마나 효과적인지에
대해선 학자마다
의견이 달라.

이걸
신고전파 종합
이라고 합니다.

거시경제학의 기초 개념

지금까지 거시경제학의 등장 배경을 살펴보았는데요. 이제 거시경제학을 공부하기 위한 기초 개념을 알아보겠습니다.

거시경제학의 기초 개념

3강과 4강에서 배운 수요와 공급은 개별 상품에 대한 것이었죠?

거시경제학에서는 나라 전체 수요와 공급으로 확대됩니다.

수요 공급 → 총수요 총공급

그래서 앞에 '총(aggregate)'이 붙는 거군요.

수요와 공급처럼 총수요와 총공급의 균형도 있습니다. 균형에서의 생산량이 '균형 국내총생산'이고, 가격은 '균형 물가'가 됩니다. 미시경제학과 거시경제학의 그래프를 비교해보면 어떤 점이 다른지 알 수 있습니다.

미시에선 세로축이 개별 상품의 가격이었는데 거시에선 모든 상품의 가격에 해당하는 물가수준으로 바뀌었네요.

P 가격 / 공급 S / 수요 D / 수량 Q

P 물가 수준 / 총공급 AD / 총수요 AD / 국내총생산 Y

가로축은 모든 상품을 합한 것이라 할 수 있는 국내총생산으로 바뀌었고요.

한 국가의 총생산이라 함은 곧 GDP지.

국내총생산은 국내에서 만들어진 재화 및 서비스의 최종가치의 총합을 말합니다. 즉, GDP죠.

국내총생산
=
Gross
Domestic
Product

경제정책은 일반적으로 경제성장을 목표로 삼게 되는데요. 경제성장은 국내총생산을 늘리는 것이고, 이 그래프로 표현하자면 균형점에서의 Y가 좀 더 오른쪽으로 가도록 하는 것입니다.

영차! Y야, 늘어나라~!

정부

기업

거시경제학의 연구 주제

11강에서는 총수요와 총공급에 대해서 더 자세히 알아볼 겁니다. 특히 총수요는 여러 가지 요소로 구성된답니다.

여기에 해외 부문이 추가됩니다.

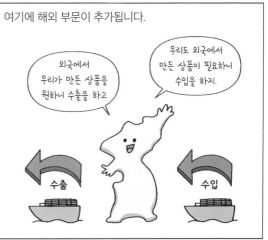

12강에서는 화폐시장을 알아봅니다.

또한 중앙은행과 시중은행의 상호작용을 통해 화폐량이 결정되는 원리에 대해 알아볼 것입니다.

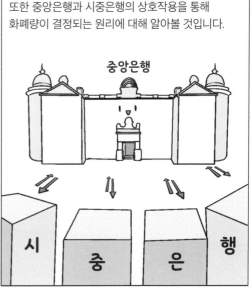

13강에서 알아볼 주제는 각종 경제 문제를 해결하기 위한 정부의 재정정책과 통화정책의 차이입니다.

그리고 정책 실효성을 둘러싼 고전학파와 케인즈학파 간의 논쟁을 통해 어떤 정책이 더 바람직한지 고민해보고자 합니다.

14강에서는 앞에서 봤던 총수요-총공급 그래프의 균형점에 초점을 맞춰볼 것입니다.

> 균형 총생산이 줄어들면 생산이 저하되어 실업이 늘어나는데요.
>
> 이로 인한 실업의 유형과 사회적 비용, 실업률과 고용률 등의 통계에 대해 알아봅시다.

그리고 균형 물가수준이 변할 경우 나타나는 문제를 살펴보겠습니다.

15강에서는 거시경제학의 궁극적 목표라 할 수 있는 경제성장을 다룰 것입니다.

> 우리가 경제학을 공부하는 이유 중 하나!
>
> '어떻게 하면 더 잘 살 수 있을까'에 대한 답을 찾아봐요!

경제를 성장시키는 요인과 지속적인 경제성장을 위한 방법을 알아보겠습니다.

> 국가 간 경제 발전의 격차에 대해서도 간단히 논의해보겠습니다.

마지막 16강에서는 한 국가에 한정했던 것에서 논의를 넓혀 국제무대에서 국가 간 일어나는 경제 문제를 다루겠습니다.

국가 간 무역은 어떻게 왜 이루어질까? 무역의 이득은 뭘까?

환율은 무역과 어떤 관계이고 우리 삶에 어떤 영향을 미칠까?

최근 미국과 중국 간 무역 분쟁에 관한 뉴스가 많은데, 국가마다 어떤 이득과 손해가 발생하기에 치열한 다툼이 벌어질까요?

이렇게 경제 뉴스에 나오는 문제들을 해결할 단서를 찾아봅시다.

궁금한 이야기들이긴 한데 제가 다 이해할 수 있을지…

벌써 겁먹은 거야? 같이 힘내 보자고.

우리 사회 문제와 직결된다고 생각하면 더 잘 이해할 수 있을 거예요.

그럼 이제 본격적으로 거시경제학의 세계로 들어가볼까요?

거시경제학의 세계

네!!

가자!!

10 | 3분 정리
거시경제학의 세계

요약 노트

거시경제학
→ 거시경제학에서 다루는 핵심 주제는 실업, 금리, 인플레이션, 경제성장 등이다.
→ 거시경제학은 개별 경제주체가 속한 국가 전체의 경제나 국가들이 모여 있는 세계의 경제 문제를 다루는 분야이다.
→ 경제학 발전 초기에 주된 관심사는 미시경제에 집중돼 있었으나 1930년대 세계적인 대공황을 계기로 거시경제학이 정립되었다.

대공황
→ 1929년 말, 알 수 없는 이유로 미국의 가계 소비가 급감하면서 대공황이 시작됐고 미국뿐만 아니라 전 세계 경제가 큰 침체에 빠졌다.
→ 다음과 같은 악순환 때문에 대공황은 수년 동안 지속되었다. 1929년부터 1933년까지 4년간 미국 국내총생산(GDP)의 30% 이상이 감소했다.
가계 총소비 감소 → 기업 판매량 감소 → 의도하지 않은 재고 증가 → 생산 감소 → 노동 수요 감소 → 비자발적 실업 증가 → 가계 소득 감소 → 다시 가계 총소비 감소.
→ 대공황 이전까지는 고전학파의 관점이 경제학의 주류였다. 대표적으로 기업들이 상품을 생산하면 소비자들은 그만큼 소비를 하므로 시장은 늘 수요와 공급이 일치하게 된다는 '세의 법칙(Say's Law)'이 있다. 하지만 대공황 시기 현저한 공급과잉과 수요부족이 나타나면서 고전학파의 주장이 의심을 받게 된다.

케인즈의 분석과 해결책
→ 고전학파는 일시적으로 수요와 공급이 불일치하더라도 가격의 신축적인 변화를 통해 균형을 되찾는다고 보았다. 하지만 기업은 제품의 가격을 낮추기보단 생산량을 조절했다. 노동의 가격인 임금 역시 쉽게 조정되지 않아 고용량이 유지되지 않고 해고가 늘어났다.
→ 영국의 경제학자 존 메이너드 케인즈(John Maynard Keynes)는 가격이 경직성 때문에 경제가 균형을 되찾는 데는 긴 시간이 소요된다고 보았다. 따라서 정부지출을 통해 총수요를 늘려서 대공황의 악순환에서 벗어나야 한다고 주장했다.
→ 미국 대통령 프랭클린 D. 루즈벨트(Franklin D. Roosevelt)는 케인즈의 의견을 받아들였고, 대대적인 정부지출을 통해 경기를 부양시키는 '뉴딜 정책'을 펼쳐 대공황에 대처했다.

거시경제학의 기초 개념	→ 대공황에 대한 해결책을 찾는 과정에서 국가 경제 전체의 수요와 공급 문제를 고려하게 되었고, 이때부터 본격적으로 거시경제학이 경제학의 전면에 등장 하게 되었다.
	→ 거시경제학에서는 개별 시장이 아닌 국가 전체의 수요와 공급, 즉 총수요와 총공급을 다룬다. 개별 시장의 수요와 공급에서 핵심 요인이 가격과 수량이라 면, 총수요와 총공급의 핵심 요인은 물가수준과 국내총생산이다.

퀴즈

01 대공황과 관련된 설명으로 맞는 것을 고르시오.

① 미국은 1929년부터 1933년까지 4년간 GDP의 30% 이상이 감소했다.

② 실업률의 증가로 발발하였다.

③ 미국 정부는 즉각적으로 재정 정책을 펼쳤으나 효과가 없었다.

④ 임금이 하락하면서 고용이 회복되었다.

02 다음 중 거시경제학에서 주로 다루는 주제가 아닌 것은?

① 화폐수요와 이자율의 관계

② 정부지출과 총수요의 관계

③ 인플레이션과 실업

④ 세금 부과로 인한 사중손실 발생

국가 경제를 나타내는 지표 - GDP, GNP, PPP

한 나라의 경제 규모는 그 나라가 한 해 동안 새로 만들어낸 가치의 합으로 계산합니다. 이를 나타내는 개념으로 국민총생산(GNP)과 국내총생산(GDP)이 있습니다. 20세기에는 GNP를 주로 사용했는데, 이 경우 한국 내에서 외국인이 생산한 가치는 한국 GNP에 포함되지 않습니다. 대신 외국에서 한국인이 생산해낸 가치는 한국 GNP에 포함됩니다.

하지만 점점 많은 노동자와 자본이 국경을 넘나들게 되면서 국적이라는 기준이 적합하지 않게 되었습니다. 실제로도 어떤 국적을 지닌 사람이 생산하느냐보다 어디서 생산되느냐가 더 중요하기도 했고요. 그래서 21세기부터는 국경을 기준으로 하는 GDP를 쓰는 것이 일반화되었습니다. 한국 내에서 생산된 것이라면 한국인이 만든 것이든 외국인이 만든 것이든 한국의 경제 규모 계산에 포함되는 것이죠.

국민의 소득 수준을 나타낼 때는 이 GDP를 인구수로 나누어 1인당 GDP를 계산해 기준으로 삼습니다. 한국은 1인당 GDP가 2018년에 3만 달러를 돌파했으며, 2022년에는 3만5천 달러를 넘었습니다.

최근에는 PPP라는 지표도 사용되고 있습니다. PPP는 구매력평가 지수를 기반으로 계산한 국내총생산입니다. 그 나라의 물가수준까지 반영해서 얼마나 상품을 구매할 수 있는지를 평가한 것입니다. 예를 들어, 똑같이 1인당 GDP가 3만 달러인 나라라 해도 물가가 더 싼 나라의 구매력이 더 높을 것입니다.

PPP를 인구수로 나누면 1인당 PPP가 됩니다. IMF의 추정에 따르면 2022년 한국의 1인당 PPP는 53,051달러입니다. 1인당 PPP로 계산하면 대만이 68,730달러로 한국보다 높고, 일본은 48,814달러로 한국보다 낮습니다. 하지만 PPP는 구매하는 재화의 품질을 나타내주지 못한다는 단점이 있습니다. 또한 다양한 재화의 구매가 가능한 선진국끼리 비교할 때는 적합하지만, 시장에서 구할 수 있는 재화의 종류가 한정된 후진국의 상황을 나타내기에는 부적절하다는 비판도 있습니다.

11

ECONOMICS

총수요와 총공급 모형

국민경제의 균형이 결정되는 원리

- 총수요의 구성
- 가계의 소비지출
- 기업의 투자지출
- 정부지출과 순수출
- 총수요곡선
- 총공급곡선
- 국민경제의 균형
- 스태그플레이션

총수요의 구성

앞에서 잠깐 살펴봤던 총수요곡선과 총공급곡선을 좀 더 자세히 알아볼까요?

총수요(AD)곡선과 총공급(AS)곡선

먼저 총수요란 한 나라 안에서 생산된 재화와 서비스에 대한 수요를 모두 더한 것을 말합니다.

총수요 = 소비지출 + 투자지출 + 정부지출 + 순수출

이렇게 구성돼.

각 경제주체의 지출이 총수요를 구성한다고 생각하면 됩니다.

옷과 음식이 필요해.

가계

설비 투자를 해야 해.

기업

도로를 깔고 다리를 지어야 해.

정부

당신들 물건을 사고 싶어.

외국

그런데 왜 '소비'가 아니라 '소비지출'이죠?

좋은 지적입니다. 둘은 미묘하게 다른데요.

소비
구매한 재화를 사용하며 효용을 느낌

소비지출
돈을 지불하고 재화를 구매함

총수요를 말할 때는 소비가 아니라 소비지출이 맞는 개념입니다. 하지만 굳이 구분하지 않고 표현할 때도 많습니다.

그러니까 '지출'을 빼고 말해도 틀린 건 아니야.

소비지출은 가계의 소비 활동으로 인해 지출하는 모든 비용을 말하며, 총수요의 50% 이상을 차지합니다.

통신 서비스

헤어숍 커트

핸드폰

식사

재킷

내가 소비활동으로 이루어진 인간이라니…

가계의 소비지출

소비지출을 결정하는 요인은 많으나 대표적으로 4가지를 꼽습니다.

그중 첫 번째 요인은 가처분소득!

가처분소득

한계소비성향

재산

물가수준

처분가능소득 이라고도 해.

근로자의 경우 월급에서 세금과 4대 보험료 등을 내고 남은 소득이 가처분소득입니다.

월급: 200만 원	
세금 등: 50만 원	가처분소득: 150만 원

나 사회초년생 직장인!

내 가처분소득은 150만 원!

내 소비 규모는 가처분소득의 수준에 따라서 결정되지.

하지만 가처분소득이 높은 사람이라고 꼭 소비를 더 많이 하는 것은 아닙니다.

은퇴 직전의 이사 A씨
월 가처분소득 1,000만 원,
소비 250만 원

자식들도 다 결혼시키고 돈 쓸 데도 별로 없어.

30세 과장 B씨
월 가처분소득 400만 원,
소비 350만 원

인생은 즐겨야 제맛. 이번에 차도 새로 바꿨어.

A씨의 가처분소득이 더 많지만 소비는 B씨가 더 많이 하죠. 개인 성향에 따라 소비 크기는 달라질 수 있습니다.

두 번째 요인은 한계소비성향입니다.
가처분소득이 한 단위 늘어날 때 그중 소비지출에 쓰이는 정도를 말합니다.

'한계'가 나오면 변화의 비율을 생각하랬지? 여기선 가처분소득이 늘어날 때의 소비 변화율이라 생각하면 돼.

$$한계소비성향 = \frac{증가한\ 소비량}{증가한\ 소득량} = \frac{7}{10} = 0.7$$

월급이 10만 원 올랐네! 3만 원은 저축하고 7만 원은 소비해야지~

이 사람의 한계소비성향은 0.7인 거지.

소비에 영향을 주는 세 번째 요인은 재산입니다.

재산의 변화, 즉 부동산, 주식, 채권, 귀금속 등 보유 자산의 등락은 소비에 영향을 줍니다.

소득이나 재산이나 비슷해 보이지만 둘의 특성은 다릅니다. 유량이냐 저량이냐의 차이가 있죠.

유량(flow)
기간을 잡아서 흐름을 측정하는 변수

저량(stock)
특정 시점에서의 양을 측정하는 변수

네 번째 요인은 물가수준입니다. 물가가 오른다는 것은 화폐의 가치가 떨어진다는 뜻이기도 합니다.

물가수준의 변동이 화폐가치도 변동시키고 소비에도 영향을 줍니다. 그 밖에도 이자율, 미래소득에 대한 기대 등 다양한 요인이 소비수준에 영향을 줄 수 있습니다.

기업의 투자지출

이제 총수요를 구성하는 두 번째 요소인 기업의 **투자**에 대해 알아보겠습니다.

여러분이 생각하는 투자는 무엇이 있을까요?

주식 투자요!

부동산 투자요!

총수요를 구성하는 투자는 기업이 자본재를 구매하는 것 등을 가리킵니다. 우리가 흔히 말하는 투자와는 개념이 다르죠.

저기 기계 하나 더 놓고, 라인도 더 깔자.

부동산이나 주식 거래 등 시세차익을 얻기 위한 행위는 부가가치를 창출하지 못하므로 총수요를 구성하는 투자는 아니야.

기업이 새로 공장을 짓거나 기계를 도입하는 것은 국민경제에 자본을 축적하는 일이기도 하죠.

혹시 생산함수에서 나왔던 그 자본(K)인가요?

카페의 커피머신 같은 거?

그렇습니다. 그때는 가게 하나를 운영했지만

여기서는 국가 전체의 관점에서 보는 거죠. 투자는 미래 생산성을 높이기 위해 자본을 축적하는, 매우 중요한 일입니다.

카페 주인	공장장	국가
커피 머신 한 대 더 들여야지.	기계를 더 사야지.	경제의 미래가 밝구나.

투자는 소비에 비해선 국내총수요에서 차지하는 비중이 작습니다.

지출항목별 국내총생산(2020년 OECD 기준)
총 1조 6,300억 달러

민간소비지출 약 7,600억 달러

그 외 약 300억 달러

정부지출 약 2,700억 달러

기업투자 약 5,700억 달러

하지만 투자는 단기적인 경기변동을 일으키는 주원인이 되기 때문에 중요성은 매우 높습니다.

소비의 흐름은 대체로 안정적인 경향이 있어.

소비자

반면 기업의 투자는 경제 상황에 따라 변동성이 크지.

기업가

투자를 결정하는 데 영향을 끼치는 중요한 요인으로 이자율이 있습니다.

최신 설비를 들이면 매출이 매년 5억 원씩 늘어나겠군. 새 설비를 사려면 100억 원을 빌려야 하고, 이자율이 3%니까 매년 내야 할 이자는 3억 원이야.

기업은 투자로 인한 미래 수익과 이자라는 비용을 비교하게 됩니다.

비교해보니 2억 원 이익이니 투자하는 걸로 결정.

추가매출
수익 2억 원
이자 3억 원

그런데 이자율이 올라 이자 비용이 커지면 예상 수익이 낮아져서 투자에 부정적으로 작용합니다.

이자율이 4%가 됐다고? 그럼 이자로 4억 원씩 내야 하니까 수익은 1억 원이잖아?

이러면 투자하기가 좀…

수익 1억 원
이자 4억 원

돈을 빌려서 투자하는 경우가 아니라 해도 마찬가지입니다.

100억 원이 있는데 설비 투자를 할까?

응? 이자율이 꽤 올랐네. 그럼 불확실한 투자를 하느니 은행에 넣어두고 확실한 이자를 받는 게 낫지.

설비투자

은행이자

하지만 모든 투자 행위가 미래수익을 정확히 계산하여 이루어진다고 볼 수는 없습니다. 기업가에게는 미래를 보는 혜안이나 직감도 중요합니다.

반도체에 집중적으로 투자해.

경쟁자들이 강력하고 위험 부담도 큽니다.

그래도 해야 돼.

그래서 케인즈는 투자는 객관적 요인에 의해 결정되는 게 아니라 기업가의 '야성적 감각(Animal Spirit)'에 의해 이뤄지는 것이라고 주장하기도 했죠.

투자는 계산이 아니라 감각이야.

정부지출과 순수출

세 번째 총수요 구성요소는 **정부지출**입니다. 정부는 공공 서비스와 공익 사업을 위해 다양한 재화와 서비스를 구입합니다.

필요한 게 많아!

국방/치안
교육/과학
교통/건설
고용/복지

정부지출은 소득수준이나 이자율 등 특정한 경제 요인에 의해 결정되는 게 아니라 정치적으로 결정된다는 점에서 민간 부문의 소비나 투자와 다릅니다.

특정한 경제 요인의 함수로 나타낼 수 없지.

정부지출은 그냥 정부가 결정하는 거야.

마지막으로 **순수출**은 수출에서 수입을 뺀 값을 말합니다.

총수요에서 차지하는 비중은 비교적 작지만 영향력이 미미한 것은 결코 아닙니다.

우리나라는 무역 대국 아닌가요?

그런데도 순수출이 작나요?

수출액과 수입액을 합하면 GDP의 80%를 넘을 정도로 무역액이 크죠. 하지만 순수출은 수출액에서 수입액을 뺀 것이니까요.

순수출에는 다양한 요인이 영향을 미칩니다. 예를 들어, 타국의 소득이 늘어나면 수요가 늘면서 수출이 늘어납니다.

경제가 발전하고 소득도 늘었으니 수입품도 많이 필요해.

중국에서 많이 사가네? 대중 무역흑자가 ㅗ00억 달러를 넘는구나.

또한 환율도 큰 영향을 미칩니다. 대체로 환율 상승은 수출에는 유리하고 수입에는 불리합니다.

수출 주력회사 | 1달러당 1,100원 → 1,200원 | 수입 주력회사

2,200원짜리 우리 제품이 2달러에서 1.83달러가 됐어. 해외 시장에서 싸졌으니 더 많이 사가겠네.

우리 상품은 해외에서 사와야 하는데 환율이 올라서 비싸졌어.

총수요곡선

총수요의 각 구성요소를 살펴보았으니, 모든 요소를 합친 총수요곡선도 살펴봅시다.

미시경제학의 수요곡선처럼 우하향하는 모양이네요.

총수요곡선

세로축의 P는 개별 상품의 가격이 아니라 물가수준이에요.

가로축은 개별상품의 생산량 Q 대신 국민경제의 산출량인 Y로 바뀌었어.

앞에서 배운 바에 따르면 물가가 오르면 소비가 줄어듭니다.

즉, 물가(P)와 총수요의 산출량(Y)은 서로 반대로 움직이는 관계이므로

총수요곡선은 우하향하는 것입니다.

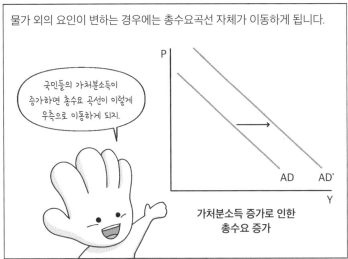

물가 외의 요인이 변하는 경우에는 총수요곡선 자체가 이동하게 됩니다.

국민들의 가처분소득이 증가하면 총수요 곡선이 이렇게 우측으로 이동하게 되지.

가처분소득 증가로 인한 총수요 증가

소득이 늘면 소비를 많이 하니까 수요가 증가하는 거구나.

정부지출이 늘어도 총수요곡선은 우측으로 이동합니다.

정부지출을 늘리면, 총수요도 증가하고, 국내총생산도 늘어나는 거지!

정부

총수요 **GDP**

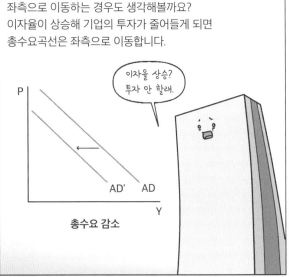

좌측으로 이동하는 경우도 생각해볼까요? 이자율이 상승해 기업의 투자가 줄어들게 되면 총수요곡선은 좌측으로 이동합니다.

이자율 상승? 투자 안 할래.

총수요 감소

총공급곡선

이번엔 총공급을 살펴볼까요?

한 나라의 모든 기업이 생산하려고 하는 재화와 서비스의 총량을 총공급이라고 합니다.

총공급

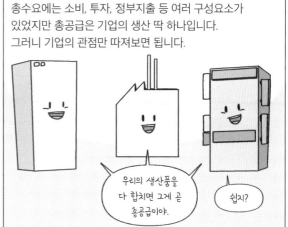

총수요에는 소비, 투자, 정부지출 등 여러 구성요소가 있었지만 총공급은 기업의 생산 딱 하나입니다. 그러니 기업의 관점만 따져보면 됩니다.

우리의 생산품을 다 합치면 그게 곧 총공급이야.

쉽지?

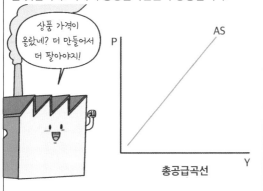

물가가 오르면 기업의 생산은 어떻게 변할까요? 파는 물건의 가격이 오른 셈이니 더 많은 물건을 만들고자 할 것입니다. 따라서 총공급곡선은 우상향합니다.

상품 가격이 올랐네? 더 만들어서 더 팔아야지!

AS

P

총공급곡선

Y

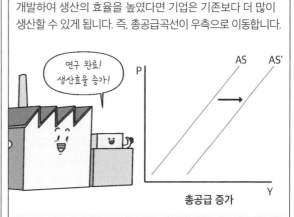

물가 외 요인도 알아봅시다. 만약 기업이 새로운 기술을 개발하여 생산의 효율을 높였다면 기업은 기존보다 더 많이 생산할 수 있게 됩니다. 즉, 총공급곡선이 우측으로 이동합니다.

연구 완료! 생산효율 증가!

AS AS'

P

총공급 증가

Y

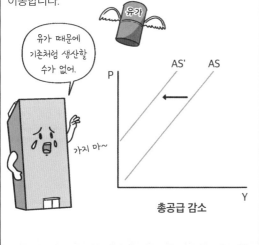

반면 전쟁이나 유가 파동 등으로 원자재 수입에 문제가 생기면 총공급은 줄어들고, 총공급곡선이 좌측으로 이동합니다.

유가

유가 때문에 기존처럼 생산할 수가 없어.

가지 마~

AS' AS

P

총공급 감소

Y

물가 변동에 따른 총공급곡선 내에서의 이동

P

Y

국제 유가 변동, 신기술 개발 등으로 인한 총공급곡선 자체의 이동

P

Y

총공급곡선 역시 여러 가지 요인으로 움직일 수 있다는 점을 기억하기 바랍니다.

국민경제의 균형

이제 총수요와 총공급이 만나는 균형에 대해 알아볼 차례가 되었네요. 여기 두 곡선이 교차하는 점을 국민경제의 균형이라고 합니다.

균형에서는 물가수준이 여기가 되고

국내총생산이 여기가 되는 거네요.

국민경제를 이렇게 총수요곡선과 총공급곡선으로 설명하는 모형을 AD-AS 모형이라고 합니다.

GDP와 물가를 중심으로 국민경제를 살펴보는 모형이지.

다른 모형 (IS-LM 모형 등)도 있지만 우린 AD-AS 모형을 가지고 알아볼 거야.

이 균형은 외부의 충격이 없는 한 그대로 유지되는 성질을 갖습니다.

그 말은 충격이 있으면 바뀌기도 한다는 거네요?

네. 그럼 외부의 충격이 균형을 어떻게 변동시키는지 알아볼까요?

정부가 대규모 공공사업을 벌인다면 어떻게 될까요?

정부지출 증가에 따른 총수요곡선 이동

정부지출의 증가는 총수요를 증가시키기 때문에 총수요곡선이 우측으로 이동합니다.

새 AD곡선과 AS곡선은 B점에서 만납니다. 국내총생산(Y)이 늘고 물가(P)도 올랐죠.

GDP가 늘었다. 성공!

GDP   물가

하지만 물가가 오른 상황이 지속되면 생산요소의 가격도 상승하게 됩니다.

물가가 올랐으니 임금도 올려달라!

설비 가격도 올랐네.

노동자   기업가

이는 기업의 공급에 부담으로 작용해서 총공급곡선이 좌측으로 이동하게 됩니다.

교차점이 B에서 C로 바뀌었네요.

처음과 비교해 물가만 오르고 국내총생산은 원래대로 돌아왔네요.

정부정책에 따라 A → B → C로의 변화가 있었지만 Y는 그대로죠?

근본적인 경제 역량의 변화 없이 정부지출로만 늘어난 것이기 때문입니다.

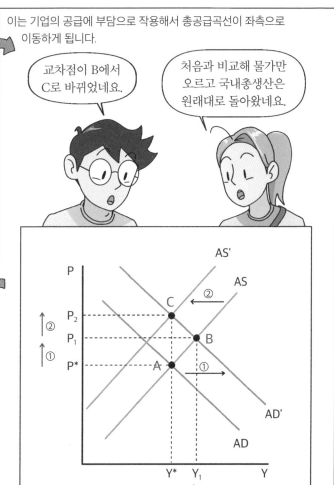

정부지출을 늘려서 잠깐 더 힘을 낼 수는 있어도 임시방편인 것이지요.

힘내!

해냈다! 이게 내 실력인가?

그래서 시간이 지나면 원래대로 돌아옵니다.

이제 혼자 들어볼래요?

으~ 못하겠어요.

AD-AS 모형으로 살펴본 바에 따르면 정부지출을 통한 총수요 증진 정책은 일시적으로 국민소득을 상승시키는 효과가 있습니다.

효과

안녕히 계세요, 여러분~

하지만 시간이 지나면서 효과가 없어지죠.

이 일시적 상승효과에 대해서는 학파별로 이견이 있습니다.

정부의 재정정책은 소용이 없거든.

충분히 효과가 있는 정책이거든.

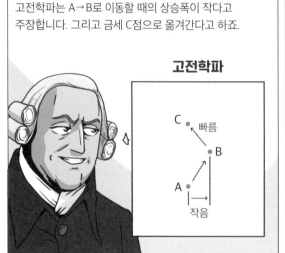

고전학파는 A→B로 이동할 때의 상승폭이 작다고 주장합니다. 그리고 금세 C점으로 옮겨간다고 하죠.

고전학파

C
빠름
B
A
작음

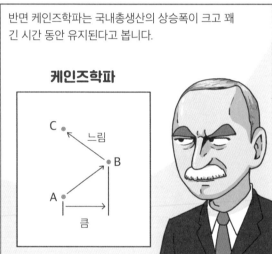

반면 케인즈학파는 국내총생산의 상승폭이 크고 꽤 긴 시간 동안 유지된다고 봅니다.

케인즈학파

C
느림
B
A
큼

이런 상반된 주장에 대해선 13강에서 더 자세히 알아보겠습니다.

학파 간 이견이 두드러진다는 게 거시경제학의 특징이지.

교수님, 그런데 경제정책이 재정정책만 있나요?

통화정책이란 것도 들어본 것 같은데.

맞아요. 중앙은행이 활용하는 통화정책도 있어요. 그건 12강에서 알아볼 겁니다.

스태그플레이션

끝으로 **스태그플레이션**에 대해 알아보죠.
중동에서 전쟁이 발발하여 원유 수입이 어렵게 되었다고
가정해보겠습니다.

세계 유가는 천정부지로 치솟고, 원유를 수입해서 쓰는
우리나라로서는 상당히 힘든 상황이 될 것입니다.

큰일이다!
생산비용이 늘어서 수익이
감소하겠어.

기업

다른 조건이 동일한 경우, 유가의 급격한 상승은
총공급곡선을 좌측으로 이동시킬 것입니다.

새로운 균형에서
물가는 상승하고
국내총생산은
감소합니다.

**원유 가격 상승에 따른
균형의 변화**

국민소득이 줄어드는 경기침체를 스태그네이션,
물가수준이 상승하는 것을 인플레이션이라고 하는데
둘이 같이 닥쳐오는 상황인 것이죠.

스태그네이션 (stagnation)	인플레이션 (inflation)
국민소득이 줄어드는 경기침체	물가수준이 올라가는 경기침체

소득이 줄어서
소비를 할 수가
없어.

물가가 너무
올라서 소비를
못 해.

이렇게 스태그네이션과 인플레이션이 동시에 발생하는
것을 '스태그플레이션'이라 합니다.

스태그플레이션   엎친 데 덮친다

인플레이션   스태그네이션

이는 주로 부정적인 공급 충격으로 인해 발생합니다.
현실 경제에서 이러한 문제가 발생하게 되면,
기업과 가계는 큰 충격을 받게 될 뿐만 아니라,
정부도 매우 난감한 상황이 됩니다.

이런 경제 위기를
헤쳐나갈 방법을 고민하는 게
거시경제학의 임무 중
하나입니다.

앞으로
더 자세히
살펴볼게요.

11 | 3분 정리
총수요와 총공급 모형

**총수요의
구성**

→ 총수요는 한 나라 안에서 생산된 재화와 서비스에 대한 수요를 모두 더한 것이다. 가계, 기업, 정부, 외국 등 각 경제주체의 지출이 총수요를 구성한다. 정리하면, 총수요 = 소비지출 + 투자지출 + 정부지출 + 순수출이다.

→ 총수요에서 소비지출은 가계의 소비 활동으로 인해 지출하는 모든 비용을 말하며, 총수요의 50% 이상을 차지한다.

→ 소비는 구매한 재화를 사용해서 소비자가 효용을 느끼는 것을 가리킨다면, 소비지출은 돈을 지불하고 재화를 구매하는 것을 가리킨다. 따라서 총수요의 구성요소를 가리킬 때는 '소비지출'이라고 해야 정확하지만 '지출'을 생략하고 '소비'라고 표현하는 경우도 많다.

**가계의
소비지출**

→ 가계의 소비지출을 좌우하는 대표적인 요인으로 가처분소득, 한계소비성향, 재산, 물가수준이 있다.

→ 가처분소득은 총소득에서 세금과 4대 보험료 등을 내고 남은 소득을 말한다. 한계소비성향은 가처분소득이 한 단위 늘어날 때 소비지출에 쓰이는 정도를 말한다. 재산은 부동산, 주식, 채권, 귀금속 등 보유 자산을 말한다. 가처분소득이 많을수록, 한계소비성향이 높을수록, 재산이 많을수록 소비지출도 커진다.

→ 물가수준의 변화 역시 소비에 영향을 준다. 일반적으로 물가가 오르면 소비지출은 줄어든다.

**기업의
투자지출**

→ 투자지출은 기업이 자본재를 구매하거나 공장을 짓고 기계를 도입하는 것 등을 가리킨다.

→ 투자는 소비에 비해 국내총수요에서 차지하는 비중은 작다. 하지만 소비에 비해 변화가 크기 때문에 단기적인 경기변동을 일으키는 주원인이 되고는 한다.

→ 기업은 투자를 결정할 때 미래 수익과 이자율을 비교하므로, 이자율은 투자를 좌우하는 핵심 요인이다. 이자율이 낮으면 투자가 늘어나고, 이자율이 높으면 줄어든다.

→ 한편 케인즈는 기업가의 '야성적 감각(animal spirit)', 즉 주관적 요인이 투자를 좌우한다고 주장했다.

정부지출과 **순수출**	→ 정부는 공공 서비스와 공익 사업을 위해 다양한 재화와 서비스를 구입하는데 이를 정부지출이라 한다. 정부지출은 다른 경제적 요인에 의해 좌우된다기보다는 정부의 선택에 따라 결정된다.
	→ 순수출은 수출에서 수입을 뺀 값을 말한다. 타국 국민의 소득이 증가하면 타국의 수요가 증가하면서 순수출이 늘어난다. 또한 환율 상승은 수출에 유리하고 수입에 불리하므로 환율 상승 역시 순수출을 증가시킨다.
총수요곡선과 **총공급곡선**	→ 총수요와 총공급은 P-Y 평면에 곡선으로 나타낼 수 있다. 세로축 P는 물가수준, 가로축 Y는 국민 경제의 산출량, 즉 국내총생산(GDP)이다. 총수요곡선은 AD, 총공급곡선은 AS로 표기한다.
	→ 총수요곡선은 미시경제학의 수요곡선처럼 우하향하는 모습을 보인다. 물가와 총수요량은 서로 반대로 움직이기 때문이다.
	→ 물가 외의 요인이 변하면 총수요곡선 자체가 좌우로 이동하게 된다. 예를 들어, 이자율이 상승해서 투자지출이 줄어드는 경우에는 좌측으로 이동하고, 정부지출이 늘어 국내총생산이 늘어나면 우측으로 이동한다.
	→ 총공급의 구성요소는 기업의 생산이다. 기업은 물가가 오를수록 더 많은 물건을 공급하려 하기 때문에 총공급곡선은 우상향하는 모습을 보인다.
	→ 새로운 기술을 개발하여 생산의 효율을 높였다면 총공급곡선은 우측으로 이동하며, 전쟁이나 유가 파동 등으로 원자재 수급에 문제가 생기면 총공급곡선은 좌측으로 이동한다.
국민경제의 **균형**	→ 국민경제를 총수요(AD)곡선과 총공급(AS)곡선으로 설명하는 모형을 AD-AS 모형이라고 한다. 이 모형에 다르면 총수요곡선과 총공급곡선의 교차점이 국민경제의 균형이다. 이 균형은 외부의 충격이 없는 한 그대로 유지된다.
	→ 정부가 정부지출을 늘리면 총수요곡선이 이동하며, 새 교차점에서 물가는 오르고 국민총생산은 늘어난다. 하지만 뒤이어 생산요소의 가격도 상승하므로 총공급곡선이 좌측으로 움직이게 된다. 그리하여 물가는 더 오르고 국민총생산은 감소한다.
	→ 정부지출 증가의 효과에 대해 고전학파와 케인즈학파 사이에 의견 차이가 있다. 고전학파는 총수요곡선 이동에 의한 국내총생산 상승폭이 작고, 뒤따라 총공급곡선이 빠르게 좌측으로 이동하므로 국내총생산 증가가 유지되는 기간도 짧다고 본다. 반면 케인즈학파는 국내총생산의 상승폭이 크고 상당 기간 유지된다고 본다.

스태그플레이션

→ 국민소득이 줄어드는 경기침체를 스태그네이션(Stagnation)이라 하며, 물가수준이 지소적으로 상승하는 현상을 인플레이션(Inflation)이라고 한다.

→ 스태그플레이션(Stagflation)은 스태그네이션과 인플레이션이 동시에 발생하는 것을 가리킨다. 원자재 가격 인상 등 주로 공급 충격으로 발생하며, 가계와 기업이 모두 사정이 어려워지고 정부도 대응하기 어렵다.

퀴즈

01 다음과 같은 충격이 발생할 경우 곡선이 어떻게 이동할지 그려보고 물가수준(P)과 국내총생산(Y)이 어떻게 변할지 쓰시오.

1) 가계의 소비지출이 증가함

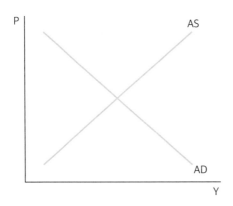

P는 _____하고, Y는 _____한다.

2) 기업의 투자지출이 감소함

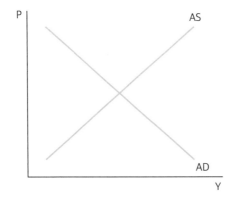

P는 _____하고, Y는 _____한다.

02 가계의 소비지출 관련한 설명 중 틀린 것은?

① 가처분소득이 증가하면 소비지출도 증가하는 경향이 있다.

② 가처분소득이 많은 사람은 가처분소득이 적은 사람에 비해 항상 소비지출이 많다.

③ 한계소비성향은 소득이 한 단위 늘어날 때 소비지출이 증가하는 정도를 말한다.

④ 일반적으로 물가가 오르면 소비지출은 줄어든다.

03 기업의 투자지출과 관련한 설명 중 맞는 것은?

① 투자는 소비에 비해 총수요에서 차지하는 비중이 작다.

② 기업이 자사주를 매입하는 것은 투자지출에 해당한다.

③ 케인즈는 투자가 이자율에 의해 좌우된다고 보았다.

④ 이자율이 낮으면 투자도 감소한다.

04 총수요-총공급(AD-AS) 모형에 관한 설명으로 틀린 것은?

① 가로축 Y는 국민 경제의 산출량(Yield)을 가리킨다.

② 물가가 오르면 수요량이 줄기 때문에 총수요곡선은 우하향한다.

③ 물가 외 요인의 변동은 곡선 자체의 이동으로 반영된다.

④ 총공급곡선은 기업의 생산과 해외로부터의 수입으로 구성된다.

05 일반적으로 경기가 호황일 때는 물가가 상승하며, 불황일 때는 물가가 하락한다. 그런데 불황인데도 불구하고 물가가 상승하는 경우도 있다. 이렇게 경기침체(stagnation)와 인플레이션(inflation)이 동시에 발생하는 현상을 _____이라고 한다.

물가의 측정과 활용

이번 강의에서 우리는 총수요-총공급 모형을 접했습니다. 가로축은 산출량(Y), 세로축은 물가수준(P)이었죠. 미시경제학에서의 P가 특정 상품의 가격을 이른다면, 거시경제학에서의 P는 전반적인 재화와 서비스의 가격수준을 가리킵니다.

우리는 일상생활에서 '물가'라는 단어를 자주 쓰지만 그게 정확히 무엇의 가격이냐고 묻는다면 딱 꼬집어 말하기 어려울 것입니다. 그래서 뉴스나 기사를 보면 '물가지수'라는 말이 나오는데 이는 물가의 움직임을 보다 정확하게 설명하기 위한 개념입니다. 물가지수(price index)는 기준이 되는 한 시점에서의 가격수준을 100으로 놓고, 현재와 기준 시점 간 재화와 서비스의 가격수준을 비교하여 계산하는 지수를 이릅니다. 예를 들어 2020년 1월 당시의 물가수준을 100으로 정한 뒤, 2022년 1월의 물가수준이 110으로 측정되었다면, 2년 동안 우리나라의 물가는 10% 상승했다고 말할 수 있습니다. 우리에게 익숙한 소비자물가지수는 통계청에서, 국내에서 생산하는 기업이 국내(내수)시장에 출하하는 상품의 종합적인 가격수준을 보는 생산자물가지수는 한국은행에서 매월 조사하여 발표합니다.

우리가 사용하는 재화와 서비스의 전반적인 가격수준을 측정하려면 물가를 측정하는 품목이 다양해야겠지요? 2022년 기준 소비자물가지수는 약 450여 개의 품목에 대하여, 생산자물가지수는 890여 개의 품목에 대하여 조사한 후 측정됩니다. 또한 가격지수를 만들 때는 품목별 가격 변동을 동일한 수준으로 고려하지 않고 품목이 소비자에게 갖는 중요도를 반영하여 가중치(weight)를 부여합니다. 예를 들어, 곡식의 가격이 변동하였을 때 쌀이나 밀가루 가격의 변동이 녹두나 귀리 가격의 변동보다 우리의 소비에 미치는 영향이 더 높겠죠.

물가지수의 활용은 매우 다양합니다. 다음 강의에서 살펴보겠지만, 중앙은행은 통화정책을 시행하는 과정에서 물가지수의 움직임을 늘 살펴봅니다. 정부가 국민에게 지급할 연금이나 보조금 규모를 계산할 때, 향후 세금이 얼마나 들어올지 예측할 때도 물가지수를 고려해야 하지요. 기업에서도 제품의 가격설정은 물론 근로자(노조)와의 임금협상을 위해서도 물가지수를 활용할 수 있습니다.

12

ECONOMICS

화폐, 이자율, 은행

돈의 수요와 공급 그리고 은행이 하는 일

- 통화량 지표
- 화폐수요
- 화폐공급
- 예금창조
- 중앙은행의 통화량 조절
- 중앙은행의 기준금리 조정
- 미국의 중앙은행

통화량 지표

이번 강의에서는 화폐와 화폐시장 그리고 은행의 역할과 기능에 대해 알아보겠습니다.

먼저 화폐 얘기부터 해볼까요?

화 폐

인간은 다양한 화폐를 사용해왔고 현재도 새로운 화폐가 등장하고 있습니다. 그렇다면 어디서부터 어디까지가 경제학에서 말하는 화폐일까요?

화폐의 범위를 정의해야 화폐의 양,

즉 **통화량**을 측정할 수 있습니다.

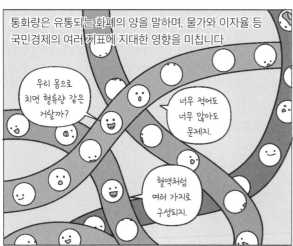

통화량은 유통되는 화폐의 양을 말하며, 물가와 이자율 등 국민경제의 여러 지표에 지대한 영향을 미칩니다

우리 몸으로 치면 혈류량 같은 거랄까?

너무 적어도 너무 많아도 문제지.

혈액처럼 여러 가지로 구성되지.

한국은행

우리나라의 중앙은행인 한국은행에서는 '통화량'의 지표를 공식화하여 공개하고 있습니다.

통화량 지표

아래를 볼까요?

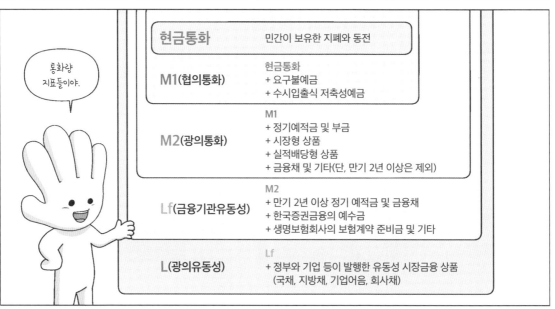

통화량 지표들이야.

현금통화	민간이 보유한 지폐와 동전	
M1(협의통화)	현금통화 + 요구불예금 + 수시입출식 저축성예금	
M2(광의통화)	M1 + 정기예적금 및 부금 + 시장형 상품 + 실적배당형 상품 + 금융채 및 기타(단, 만기 2년 이상은 제외)	
Lf(금융기관유동성)	M2 + 만기 2년 이상 정기 예적금 및 금융채 + 한국증권금융의 예수금 + 생명보험회사의 보험계약 준비금 및 기타	
L(광의유동성)	Lf + 정부와 기업 등이 발행한 유동성 시장금융 상품 　(국채, 지방채, 기업어음, 회사채)	

현금통화란 **중앙은행**이 발행하여 시중에 유통되는 돈입니다. 즉, 민간이 가진 지폐와 주화 등을 가리키죠.

현금, 즉 캐시(cash)지.

M1은 현금통화와 은행의 요구불예금, 수시입출식 저축성예금을 포함한 통화입니다. '협의(좁은 의미)의 통화'라고도 합니다.

요구불예금이란 요구가 있을 때 언제든지 지불 가능한 예금을 말해.

M2는 M1에 2년 미만의 금융상품까지 포함한 것으로 '광의(넓은 의미)의 통화'라고도 합니다.

M1과 M2가 가장 대표적인 통화량 지표야.

Lf는 M2에 만기 2년 이상 금융상품까지 합한 것입니다. 금융기관유동성 지표라고 하죠.

그리고 L은 Lf에 정부와 기업 등이 발행한 유동성 시장금융상품을 포함합니다.

광의유동성 지표라고도 합니다.

이렇게 통화량의 개념과 종류를 정립한 뒤, 시대 상황에 맞게 통화량 지표를 선택해왔지.

1979년까지는 경제 규모가 작아서 M1을 지표로 삼았지만, 경제성장과 금융시장 구조의 다변화 때문에 이젠 Lf까지 통화량 지표로 사용하고 있어.

통화량 M1
=
현금 + 요구불예금 + 수시입출식 저축성예금

우리는 논의를 단순하게 하기 위해 M1을 통화량 기준으로 잡고 설명하겠습니다.

화폐수요

통화량의 기준을 정했으니 이제 화폐에 대한 수요와 공급을 알아볼 차례입니다.

사람들은 왜 화폐를 갖고 싶어할까요?

음, 요새는 화폐 안 들고 다니는데요.

전 다 체크카드로 쓰는데.

앞서 말했듯이 M1에는 요구불예금과 수시입출식예금도 포함됩니다. 체크카드나 신용카드는 그 통장의 돈이 빠져나가는 것이니까 결국 화폐를 쓰는 셈이죠.

체크카드

신용카드

결국은 예금통장의 돈이 나간다고.

카드를 쓰기 위해 통장에 돈을 넣어놓는 것도 화폐 보유라 할 수 있지.

이렇게 소비를 위해 화폐를 보유하는 것을 거래적 동기라고 합니다. 그 외에 예비적 동기와 투기적 동기도 있습니다.

하나씩 알아볼까요?

거래적 동기
예비적 동기
투기적 동기

거래적 동기는 일상생활에서의 다양한 소비 욕구를 위해 화폐를 보유하려는 동기를 말합니다.

잔액 부족이네요.

앗, 네…

통장에 돈 좀 더 넣어 놔야겠다.

이러한 화폐수요는 소득수준이 높고 소비성향이 높을수록 증가하며, 물가수준에 따라서도 영향을 받습니다.

물가가 올라서 뭐든 사려면 돈이 더 들잖아…!

두 번째로 뜻하지 않게 현금이 필요할 때를 대비하여 화폐를 보유하려는 것을 예비적 동기라고 합니다.

언제 갑자기 현금을 쓸 일이 생길지 모르니 비상금 정도는 준비해놔야지.

부조금이라든가…

마지막은 투기적 동기인데 말 그대로 투기를 목적으로 화폐를 보유하려는 동기입니다.

이거 사두면 엄청 오를 것 같은데. 적금 깨고 주식 투자를 할까?

투기적 동기는 이자율에 민감하게 반응합니다.

주식투자 수익률이 이자율만큼도 안 나와!

이자율이 높으면 은행에 저금하고 이자를 받는 게 나을 수 있죠.

달리 말하면 이자율이 높을수록 현금 보유에 따른 기회비용이 커진다고 말할 수 있습니다.

이자율↑ = 투기적 수요↓

이자율이 높으니 적금만 들어놔도 쏠쏠하겠어.

0%대 이자라니? 주식이나 채권을 사야겠어.

이자율↓ = 투기적 수요↑

반대로 이자율이 낮으면 현금으로 투자 기회를 노리는 게 나을 수 있습니다.

정리하면 화폐수요는 물가수준, 소득수준, 이자율 등의 영향을 받습니다. 이 중에서 가장 주목해야 할 변수는 바로 이자율입니다.

화폐 수요 = f(이자율, 그 외 요인들)

이자율

중앙은행

정책적으로 통제하기가 가장 쉽기 때문이지.

이자율과 화폐수요는 반비례하므로 양자의 관계는 이렇게 우하향 그래프로 나타냅니다

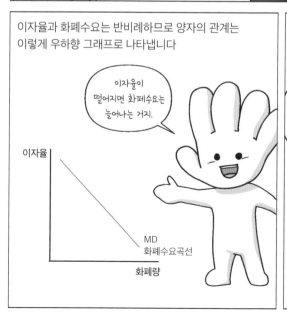

이자율이 떨어지면 화폐수요는 늘어나는 거지.

이자율

MD 화폐수요곡선

화폐량

이자율 외의 다른 요인이 변할 경우에는 화폐수요곡선 자체가 이동합니다.

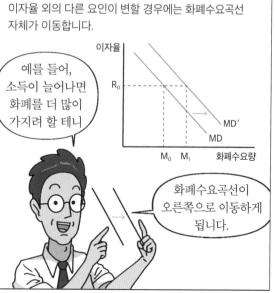

예를 들어, 소득이 늘어나면 화폐를 더 많이 가지려 할 테니

이자율

R_0

MD'

MD

M_0 M_1 화폐수요량

화폐수요곡선이 오른쪽으로 이동하게 됩니다.

화폐공급

이제 화폐공급도 알아야겠죠? 화폐공급은 중앙은행에 의해 독점적으로 이뤄집니다.

어? 수직선이네요?

화폐공급량이 중앙은행에 의해 결정된다고 보면 공급곡선은 이렇게 됩니다.

실제로는 더 복잡해서 우상향하지만 여기선 논의를 단순화하기 위해 중앙은행에 의해 결정되는 수직선이라고 가정할게요.

화폐공급곡선 MS
이자율
화폐공급량

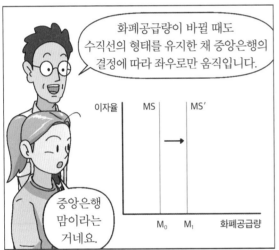

화폐공급량이 바뀔 때도 수직선의 형태를 유지한 채 중앙은행의 결정에 따라 좌우로만 움직입니다.

중앙은행 맘이라는 거네요.

이자율
MS   MS'
M₀   M₁   화폐공급량

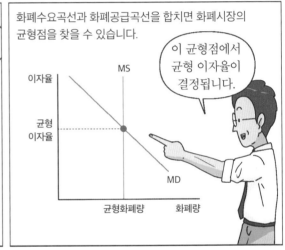

화폐수요곡선과 화폐공급곡선을 합치면 화폐시장의 균형점을 찾을 수 있습니다.

이 균형점에서 균형 이자율이 결정됩니다.

이자율
MS
균형 이자율
MD
균형화폐량   화폐량

이때 사람들의 소득수준이 높아진다면 균형 이자율은 어떻게 바뀔까요?

화폐수요 곡선이 우측으로 이동하고 이자율은 높아지겠네요!

이자율
MS
R₁
R₀
MD   MD'
화폐량

소득이 늘었으니 거래적 동기에 의한 화폐 수요가 늘어납니다.

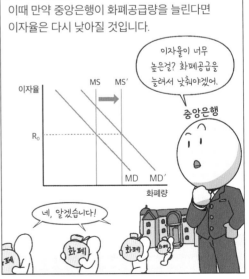

이때 만약 중앙은행이 화폐공급량을 늘린다면 이자율은 다시 낮아질 것입니다.

이자율이 너무 높은걸? 화폐공급을 늘려서 낮춰야겠어.

중앙은행

이자율
MS   MS'
R₀
MD   MD'
화폐량

네, 알겠습니다!

이제 중앙은행으로부터 공급된 돈이 어떻게 유통되는지를 알아보죠.

돈을 많이 풀었으면 좋겠다. 부자 되게.

그런다고 네가 부자가 되진 않아.

중앙은행이 공급한 돈이 곧바로 민간에 유통되는 것은 아닙니다. 우리가 한국은행으로부터 직접 돈을 받지는 않죠.

그러고 보니 나 한국은행 계좌 없네.

그런 건 원래 없어.

뭔 소리니?

한국은행

그렇다면 한국은행의 화폐는 어떻게 유통되는 것일까요? 바로 시중은행을 통해서입니다.

저축이나 대출을 받는 과정에서 화폐유통이 이루어지는 거지.

자금의 공급과 수요를 중개하기 때문에 시중은행을 '간접금융 중개기관'이라고도 합니다!

은행 입장에서 자금 공급자가 은행에 돈을 맡기는 것을 '수신(受信)'이라고 합니다.

이자까지 얹어서 돌려줄 것을 믿고 맡겨요.

사평은행

네, 수신했습니다!

반대로 은행이 자금 수요자에게 돈을 빌려주는 것을 '여신(與信)'이라고 합니다.

이자도 잘 낼 테니 빌려주세요!

사평은행

네, 믿겠습니다. 여기 돈이요.

'간접'에는 자금 공급자와 자금 수요자 간 거래를 대신 처리해준다는 의미가 담겨 있습니다. 당사자 간 직접 금융거래를 할 때 발생하는 거래비용을 줄여주면서 그 대신 예대마진을 챙기는 것이죠.

예대마진 2%가 내 수익!

이자율 3%로 맡아드릴게요.

이자율 5%로 대출해드릴게요.

예대마진
예금과 대출 과정에서 얻는 차익

대부분의 시중은행은 이런 식으로 수익을 냅니다.

예금창조

은행은 화폐를 유통하면서 **예금창조**를 합니다.

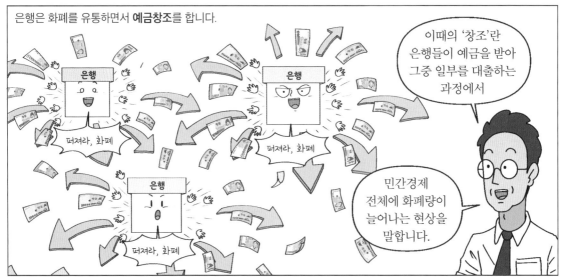

이때의 '창조'란 은행들이 예금을 받아 그중 일부를 대출하는 과정에서

민간경제 전체에 화폐량이 늘어나는 현상을 말합니다.

중앙은행이 공급한 화폐는 먼저 시중은행에 들어갑니다.

내가 시중은행에 돈을 빌려주는 게 화폐를 공급하는 거지.

또는 국공채을 매입하거나 외환을 매입하면서 그 대가로 화폐를 내놓지.

시중은행은 중앙은행으로부터 받은 화폐를 바탕으로 금융중개를 통해 수익을 얻습니다.

잘 부탁드립니다.

자자~ 여러분~ 민간경제에 많이들 풀어주세요~

예대마진 챙기러 갑시다!

은행은 예금을 바탕으로 대출을 시행하는 한편 인출을 대비해 **지급준비금**도 보유해야만 합니다.

적금 해지하러 왔어요.

지급준비금이란 예금주들이 돈을 찾으려 할 때 지급하기 위해 준비해두는 돈입니다.

이럴 때 말이죠.

한편 중앙은행은 법으로 규정된 지급준비금의 기준을 시중은행에 공지하며, 이를 법정 지급준비율이라고 합니다.

법정 지급준비율(예시) 10%

최소 이 비율만큼은 준비해놓으세요!

네!

이제 예금과 대출을 거치며 화폐량이 어떻게 늘어나는지 살펴봅시다. 중앙은행이 공급한 돈 100만 원을 가진 1번 은행이 있습니다. 1번 은행은 지급준비급으로 10만 원을 보관하고 90만 원을 대출합니다.

A가 90만 원 중 70만 원을 2번 은행에 예금했다고 합시다.

지급준비금을 제한 돈을 대출하는 과정에서 민간경제에 다시 돈이 공급됩니다.

이런 연쇄과정을 정리하면 이렇습니다.

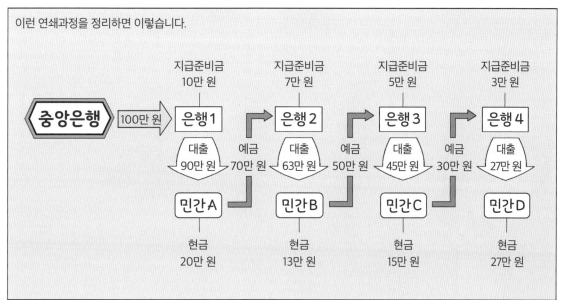

앞에서 중앙은행이 민간에 최초로 공급한 돈 100만 원이 화폐공급량입니다.

국내에서 사용되는 돈은 전부 내가 만들어. 내가 만든 돈은 특별하니까 그냥 '돈'이 아니라 '본원통화'라고 해.

내가 만든 본원통화를 민간경제에 푸는 거지!

중앙은행

이렇게 중앙은행이 유통한 본원통화 100만 원은 민간경제를 돌면서 양이 늘어납니다.

은행1
은행2
은행3

M1을 기준으로 한다면 통화량은 시중에 있는 현금과 예금의 합으로 구성됩니다.

내 기준의 통화량 구성은 이래.

현금   예금

이에 따라 통화량을 계산하면 민간이 가진 현금 75만 원, 예금 250만 원으로 총 325만 원이 되는 것을 알 수 있습니다.

현금 20만 원   현금 13만 원   현금 15만 원   현금 27만 원

민간 A   민간 B   민간 C   민간 D

합계 75만 원

예금 100만 원   예금 70만 원   예금 50만 원   예금 30만 원

은행1   은행2   은행3   은행4

합계 250만 원

중앙은행이 공급한 100만 원이 325만 원으로 늘어난, 이 마법이 바로 시중은행들이 예금으로 받은 돈을 대출해주는 과정에서 생긴 '창조' 현상입니다.

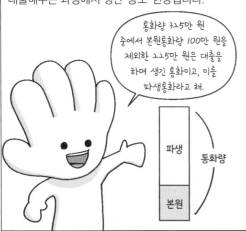

통화량 325만 원 중에서 본원통화량 100만 원을 제외한 225만 원은 대출을 하여 생긴 통화이고, 이를 파생통화라고 해.

파생

본원

통화량

이러한 의미에서 예금창조는 다른 말로 신용창조라고도 합니다. 예금과 대출이라는 '신용의 주고 받음'으로 생겨나기 때문입니다.

통화량은 제가 공급하는 본원통화와

시중은행의 예금창조 과정에서 파생되는 통화로 구성됩니다.

통화량 = 본원통화 + 파생통화

중앙은행의 통화량 조절

그렇다면 중앙은행은 민간경제에 유통되고 있는 통화량을 어떻게 조절할 수 있을까요?

중앙은행이 통화량을 관리하는 방법은 크게 3가지입니다.

1) 공개시장운영
2) 중앙은행 여수신제도
3) 지급준비율정책

첫 번째, **공개시장운영**은 우리나라를 비롯해 주요 선진국에서 가장 많이 사용하는 방법입니다.

공개시장은 국공채 또는 기타 유가증권이 자유롭게 거래되는 시장을 말하는데요.

국가가 발행하는 채권(국채)이 거래되는 시장이라고 생각하면 돼.

채권

공개시장 매입은 중앙은행이 공개시장에서 민간이 보유하고 있는 국채를 사들이는(매입) 것입니다.

중앙은행

국채를 사들이고 그 대가를 지불하면서 민간에 돈이 풀리고 통화량이 증가해!

공개시장 매각은 중앙은행이 보유하고 있는 국채를 민간에 파는(매각) 것입니다.

중앙은행 통화량

국채를 팔면 시중의 돈이 나에게 들어오기 때문에 통화량은 감소해!

민간

채권

두 번째, **중앙은행 여수신제도**는 중앙은행이 시중은행에 돈을 빌려주는 제도를 말합니다. 이 제도의 이자율을 조정해서 화폐량에 영향을 줄 수 있습니다.

시중은행 여러분, 저에게 돈을 빌릴 때 적용되는 이자율을 올리겠습니다.

중앙은행

이자율

비싸니까 조금만 빌려야지.

○○ 은행

더 조금 빌리게 되니 통화량이 줄겠네.

□△ 은행

세 번째, **지급준비율정책**은 시중은행의 예금 대비 준비금을 비율을 통해 통화량을 조절하는 방법입니다.

지급준비율을 10%에서 15%로 올리겠습니다!

중앙은행

10%
15%

돈을 더 준비해 놓아야 하니 대출은 줄여야겠네.

○○ 은행

△△ 은행

중앙은행의 기준금리 조정

한편 중앙은행은 주기적으로 **기준금리**를 조정하는 역할도 하고 있습니다.

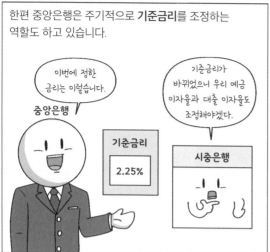

기준금리를 조정하는 목적은 경기를 관리하기 위함입니다. 경기가 나빠지면 소비가 줄어들고 기업은 투자를 주저하게 되는데요.

이럴 때 기준금리를 인하하면 가계의 부담이 낮아지고, 기업도 투자 자금을 대출받기 쉬워지는 효과가 있어 경기 회복을 기대할 수 있습니다.

반면 경기가 너무 좋아서 과열되면 물가가 오르고 주식과 부동산 시장에 거품이 발생할 수 있습니다.

이런 위험을 방지하고자 할 때 기준금리를 인상하면 과열된 경기를 진정시킬 수 있습니다.

미국의 중앙은행

참고로 미국의 중앙은행은 **연방준비제도**(Federal Reserve System)라고 합니다. 미국의 기준금리는 여기서 정해지죠.

연준의 금리 변경은 미국 경제뿐만 아니라 세계 경제에도 큰 영향을 끼칩니다.

대부분의 나라는 미국의 기준금리 변동을 따라갑니다.

세계의 경기 조정에 발을 맞추는 의미도 있고요. 미국이 금리를 올리는데 금리를 그대로 유지하면 외화가 빠져나가기 때문이죠.

미 연준은 경제 침체기에 금리를 낮추고 돈을 풀어서 소비와 투자를 촉진합니다.

그리고 경기가 너무 과열돼 인플레이션이 우려될 때 금리를 높이고 화폐량을 줄입니다.

12 | 3분 정리 화폐, 이자율, 은행

요약 노트

통화량 지표
→ 통화량은 유통되는 화폐의 양을 말한다. 통화량을 측정하는 방식에는 여러 가지가 있으며, 한국은행에서 규정하고 있는 통화량 지표는 다음과 같다.

현금통화: 민간이 보유한 지폐와 동전

M1(협의통화): 현금통화 + 요구불예금 + 수시입출식 저축성예금

M2(광의통화): M1 + 정기 예적금 및 부금 + 시장형 상품 + 실적배당형 상품 + 금융채 및 기타(단, 만기 2년 이상은 제외)

Lf(금융기관유동성): M2 + 만기 2년 이상 정기 예적금 및 금융채 + 한국증권금융의 예수금 + 생명보험회사의 보험계약 준비금 및 기타

L(광의유동성): Lf + 정부와 기업 등이 발행한 유동성 시장금융 상품(국채, 지방채, 기업어음, 회사채)

화폐수요
→ 사람들이 화폐를 보유하려 하는 것을 화폐수요라 하며 화폐수요의 동기로는 크게 세 가지가 있다. 거래적 동기는 소비를 하기 위해 화폐를 보유하는 것이다. 예비적 동기는 갑작스럽게 현금이 필요한 때를 대비하여 화폐를 보유하려는 동기이다. 투기적 동기는 이익 획득의 기회에 대비하여 화폐를 보유하려는 동기이다. 주식에 투자하기 위해 주식계좌에 돈을 보유하는 것이 대표적이다.

→ 이자율이 높을수록 현금 보유의 기회비용이 커지므로 화폐수요와 이자율은 반비례한다.

화폐공급
→ 화폐공급은 중앙은행에 의해 독점적으로 이뤄진다.

→ 한국은행의 화폐는 시중은행을 통해서 유통된다.

→ 자금 공급자가 은행에 돈을 맡기는 것을 '수신'이라고 하며, 반대로 은행이 자금 수요자에게 돈을 빌려주는 것을 '여신'이라고 한다. 은행은 자금 공급자와 수요자를 중개하는 역할을 하며, 예대 마진을 통해 수익을 낸다.

예금창조
→ 예금창조란 은행들이 예금을 받아 그중 일부를 대출하는 과정에서 민간 경제 전체에서 화폐량이 늘어나는 현상을 말한다. 시중은행이 민간에 대출한 돈은 지급준비금을 제외하고 다시 은행에 입금이 되며, 그 예금에서 다시 지급준비금을 제외하고 대출이 된다. 이 과정을 거치며 처음 공급된 통화보다 더 많은 통화가 시중에 유통된다.

중앙은행의 통화량 조절	→ 중앙은행은 공개시장운영, 중앙은행 여수신제도, 지급준비율정책을 활용해 통화량을 조절할 수 있다.
	→ 공개시장은 국공채 또는 기타 유가증권이 자유롭게 거래되는 시장을 말한다. 중앙은행이 민간이 보유한 국채를 매입하면 통화량이 증가하고, 매각하면 통화량이 감소한다.
	→ 중앙은행 여수신제도는 중앙은행이 시중은행에 돈을 빌려주는 제도를 말한다. 빌려줄 때의 이자율을 조정해서 화폐량에 영향을 줄 수 있다.
	→ 지급준비율정책은 지급준비율을 올리거나 내림으로써 통화량을 조절하는 것이다.
중앙은행의 기준금리 조정	→ 중앙은행을 경기와 물가를 관리하기 위해 기준금리를 조정한다.
	→ 경기가 침체하면 기준금리를 인하한다. 그러면 가계의 이자 부담이 낮아지고 기업의 투자가 촉진돼 경기회복을 유도할 수 있다.
	→ 경기가 과열되면 기준금리를 인상한다. 가계의 이자 부담 증가로 소비가 줄고 기업의 투자가 감소해 경기를 진정시킬 수 있다.
미국의 중앙은행	→ 미국의 중앙은행은 연방준비제도(Federal Reserve System)라고 한다.
	→ 연방준비제도의 금리 변경은 미국 경제뿐만 아니라 세계 경제에도 큰 영향을 끼친다. 타국의 중앙은행도 외화 유출을 막기 위해서 미국 연준의 금리 변동에 맞춰 금리를 변동하는 경향이 있다.

퀴즈

Q1 통화량 및 이자율에 대한 설명 중 틀린 것은?

① 이자율이 낮을수록 현금 보유의 기회비용은 낮아진다.

② 지급준비율이 낮아지면 통화량은 늘어난다.

③ 중앙은행이 처음 공급한 돈을 협의의 통화라고 한다.

④ 미국의 중앙은행은 연방준비제도이며, 연준의 기준금리 변경은 다른 나라의 금리 정책에도 영향을 미친다.

통화승수 계산하기

예금창조는 대출로 민간에 유통된 돈이 다시 예금으로 돌아오고, 그 예금이 다시 대출이 되는 과정에서 이뤄집니다. 본문에서는 이 과정이 4번까지 이뤄지는 것을 예로 들었는데요. 실제로는 거기서 끝나지 않고 다시 예금과 대출이 반복됩니다. 또한 꼭 대출받은 사람이 예금할 필요도 없습니다. 대출을 받은 사람은 그 돈으로 생활에 필요한 재화를 구입할 것이고, 판매자는 받은 대금을 은행에 예금할 것입니다. 즉, 중간에 상품거래가 발생하고 돈의 주인이 바뀌더라도 최종적으로 은행에 예금으로 돌아오게 됩니다. 따라서 은행이 예금으로 받은 돈 중 지급준비금을 제외한 금액은 모두 대출금으로 나갔다가 다시 은행에 예금된다고 할 수 있습니다.

따라서 최초에 한국은행으로부터 시중은행에 전달된 본원통화를 H, 지급준비율을 r이라고 할 때 총예금액은 다음과 같다고 할 수 있습니다. 지급준비율을 제한 비율 (1-r)만큼 대출하고, 그 돈이 다시 예금되어 또 지급준비율만큼 제하고 대출을 하니까요.

$$H + (1-r)H + (1-r)^2 H + (1-r)^3 H + \cdots$$

이 식은 무한등비급수이며, 무한등비급수를 구하는 공식은 다음과 같습니다.

$$\frac{a}{1-r} \quad (a는 첫째 항, r은 공비)$$

총예금액에서 첫 항은 H이고, 공비는 (1-r)이며, n은 무한대이므로, 위 식에 대입해서 합을 구하면 다음과 같습니다.

$$\frac{H}{1-(1-r)} = \frac{H}{r}$$

따라서 만약 지급준비율이 10%라면 r=0.1이며, 위 식에 대입하면 10H, 즉 본원통화의 10배로 늘어난다는 결과가 나옵니다. 즉, 1/r만큼 늘어나는 것이죠.

현재 우리나라의 지급준비율은 7%이며, 이 경우 약 14.3배로 늘어납니다. 지급준비율이 낮을수록 더 많이 늘어날 것입니다. 이것이 바로 예금창조이며, 예금창조의 크기를 나타내는 수치 1/r을 통화승수(money multiplier)라고 합니다.

13

ECONOMICS

경제학의 학파와 정책 논쟁

재정정책과 통화정책 그리고 학파 간 논쟁

· 거시경제학의 학파
· 고전학파와 케인즈학파
· 통화주의 학파
· 새고전학파
· 새케인즈학파
· 혼합 정책

거시경제학의 학파

고전학파와 케인즈학파

고전학파는 애덤 스미스의 이론을 토대로 해서 대공황 전까지 경제학의 주류를 이뤘던 학파를 말합니다.

> 우리는 시장의 자율적 조정 기능을 신뢰하고 정부의 개입에 비판적이지.

> 신축적인 가격에 의해 생산량이 조정돼서 시장은 금세 균형을 찾게 돼.

간단히 복습해 볼까?

애덤 스미스

데이비드 리카도

따라서 고전학파는 만성적 경기 불황은 일어날 수 없다고 생각했습니다. 하지만 대공황의 현실은 달랐죠.

> 물건을 많이 만들었는데 안 팔려!

대공황

> 직장에서 잘려서 쓸 돈이 없어!

> 이 현상을 설명할 수가 없어!

기업가

고전학파 경제학자

노동자

이때 등장한 사람이 바로 존 메이너드 케인즈였습니다. 케인즈는 가격이 경직적이기 때문에 시장의 자율적 조정이 바로 이뤄지지 않는다고 보았습니다.

> 공급과잉일 땐 물건값이 떨어져야 수급 균형이 맞는데, 그런 가격 조정은 빠르게 이뤄지지 않아.

존 메이너드 케인즈

케인즈는 수요가 부족할 때 정부가 나서서 총수요를 늘려야 한다고 주장했고, 미국의 루즈벨트 대통령은 이 의견을 받아들여 '뉴딜정책'을 시행했습니다.

> 정부가 공사를 발주해서 수요를 창출하도록.

> 사람들도 고용하고.

이렇게 케인즈학파는 대공황 이후 수십 년 동안 경제학계의 주류가 되었습니다.

> 그리고 앞서 언급했듯이 고전학파와 케인즈학파의 대립도 다음과 같은 합의를 이루면서 마무리됩니다.

> 1. 케인즈의 이론은 고전학파의 시장균형 이론을 전면적으로 부정하는 것이 아니라 그 이론에 가격의 경직성 같은 가정을 추구한 것이다.

> 2. 케인즈의 이론은 현실 경제의 위기에 대처하는 정책을 제안하는 측면에서는 고전학파의 이론보다 유용하다.

> 이런 합의를 내가 **신고전파 종합**이라고 명명했지.

폴 새뮤얼슨

이분은 저명한 케인즈학파 경제학자야.

통화주의 학파

케인즈식 재정정책으로 경제가 잘 관리되는
듯하다가 새로운 위기가 닥치게 됩니다.

위기는 예기치 못한
곳에서 오는 법이지!

흐에엑!

위기

1970년대 오일쇼크가 터지고 물가가 지속적으로 상승하면서
인플레이션이 일어납니다. 하지만 케인즈식 재정정책은
인플레이션에 효과가 없었죠.

중동에서 전쟁 발발

원유 가격 급등

원유가
오르니 물가가 다
뛰고 있어.

OIL

WARNING

케인즈학파의 해법이 통하지 않는 가운데 밀턴
프리드먼으로 대표되는 통화주의 학파가 등장합니다.

늘어난 통화량이
인플레이션을 유발한
거야.

인플레이션 등
경제 문제의 원인이
통화량에 있다고 봐서
통화주의 학파라고
불렀어.

프리드먼으로 대표되는 통화주의 학파는 고전학파처럼
시장의 자율적 조정 기능을 신뢰했습니다.

방만한 재정정책은
물가 인상만 유발할 뿐
별 효과가 없어.

정부의 간섭은
별 소용이 없어.

고전학파의
명맥을 잇는 말이지?

그런데 왜
재정정책이 별
효과가 없다는
거죠?

단기에는
효과가 있는 것
아니었나요?

구축효과 때문에
정부지출을 늘린 만큼의
정책 효과가 나타나지
않을 수 있는데요.

구축효과?

'구축'은
몰아낸다는
뜻이야.

구축 효과
(crowding out effect)
정부지출의 증가가
이자율 상승을 통해
민간의 투자를
위축시키는 현상

수요 부족으로 인한 경기침체 → 정부의 지출 증가 → 총수요 증가

케인즈학파가 주장하는 확장적 재정정책의 전달경로를 살펴봅시다.

정책의 효과가 실물경제에 파급되는 경로를 전달경로라고 해.

소비지출 + 투자지출 + 정부지출 ⬆ + 순수출 = 총수요 ⬆

정부지출은 총수요의 구성요소 중 하나니까 정부지출이 늘면 총수요도 증가하겠네요.

그래. 정부지출을 늘리면 총수요가 증가하고 국민총생산도 증가한다니까!

하지만 정부가 쓰는 돈은 어디서 나지?

케인즈

프리드먼

정부가 지출을 늘리려면 국채를 발행해야 합니다.

3년만기 국채입니다. 연이자 3%.

말하자면 대부자금 시장에서 자금을 빌리는 거야.

정부라는 큰손 때문에 대부자금 시장에서 수요가 증가하고, 자금을 빌리는 가격, 즉 이자율이 오르게 됩니다.

돈 좀 빌려 쓸게요. 이전처럼 3% 되나요?

국채 사는 데 써서 여유자금이 별로 없어요. 이자를 더 받아야겠네요.

국채를 사는 건 정부에 돈을 빌려주는 걸 의미해.

그런데 투자지출과 이자율이 어떤 관계였죠?

이자율이 오르면 투자지출은 줄어드는 관계였어요!

이자율

투자지출

이자율 상승을 고려한다면, 정부지출을 늘려도 투자지출은 줄어들기 때문에 효과가 상쇄되어 총수요는 기대한 만큼 늘지 않게 됩니다.

이만큼 썼는데 저것밖에 안 는다고?

소비지출 + 투자지출 ⬇ + 정부지출 ⬆ + 순수출 = 총수요 ⬆

우리가 투자을 줄였거든.

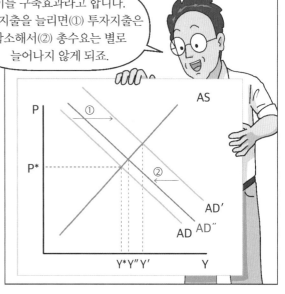

이를 구축효과라고 합니다. 정부지출을 늘리면① 투자지출은 감소해서② 총수요는 별로 늘어나지 않게 되죠.

이런 이유로 통화주의 학파는 정부의 정책 사용에 부정적이었습니다.

꼭 정책을 써야 한다면 준칙에 따른 통화정책이 그나마 낫다고 봤죠.

왜 그랬죠?

준칙에 따른다는 게 뭔가요?

먼저 화폐의 유통속도를 구하는 이 식을 살펴볼까요?

$$화폐의 유통속도\ V = \frac{P(물가수준) \times Y(산출량)}{M(통화량)}$$

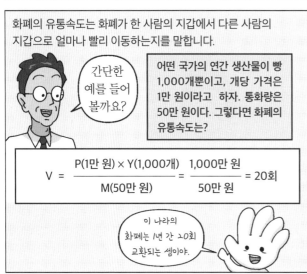

화폐의 유통속도는 화폐가 한 사람의 지갑에서 다른 사람의 지갑으로 얼마나 빨리 이동하는지를 말합니다.

간단한 예를 들어 볼까요?

어떤 국가의 연간 생산물이 빵 1,000개뿐이고, 개당 가격은 1만 원이라고 하자. 통화량은 50만 원이다. 그렇다면 화폐의 유통속도는?

$$V = \frac{P(1만\ 원) \times Y(1,000개)}{M(50만\ 원)} = \frac{1,000만\ 원}{50만\ 원} = 20회$$

이 나라의 화폐는 1년 간 20회 교환되는 셈이야.

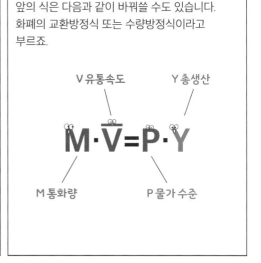

앞의 식은 다음과 같이 바꿔쓸 수도 있습니다. 화폐의 교환방정식 또는 수량방정식이라고 부르죠.

V 유통속도　　　　Y 총생산

$$M \cdot V = P \cdot Y$$

M 통화량　　　　P 물가 수준

통화주의 학파는 이 식에서 화폐의 유통속도가 일정하다고 보았습니다.

이 식에서 유통속도(V)가 일정하고 생산량(Y)에 변화가 없다면 화폐량(M)을 늘릴 경우 물가수준(P)만 올라가게 됩니다.

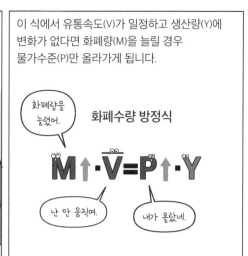

하지만 경제성장에 따라 국내총생산은 조금씩 증가합니다. 따라서 그에 맞춰 통화량을 일정하게 조금씩 늘려주면 물가안정에 도움이 됩니다.

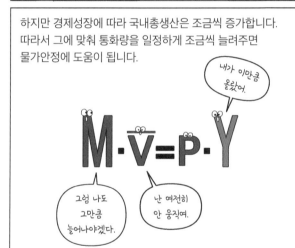

그러므로 경제성장률이라는 기준에 맞춰 조금씩 화폐량을 늘려나가는 정책이 가장 적절하다는 것이죠.

이러한 준칙에 따른 화폐정책은 세계 중앙은행들의 물가관리정책에 많은 영향을 주었답니다.

케인즈식 재정정책이 오일쇼크와 인플레이션 대처에 실패하고 통화주의 학파가 부상하면서 고전학파의 가정을 따르는 학자들은 더욱 힘을 얻게 되었습니다.

새고전학파

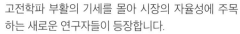

고전학파 부활의 기세를 몰아 시장의 자율성에 주목하는 새로운 연구자들이 등장합니다.

우리는 케인즈학파와 달라.

근데 옛 고전학파와도 다르지.

로버트 루카스

토머스 사전트

거시경제학은 이때까지만 해도 엄밀한 수학적 분석이나 통계학적 증명보다는 직관에 의존한 논리 분석에 가까운 연구가 대부분이었습니다.

하지만 우리는 거시경제학에 미시적 분석과 엄밀한 수학을 도입했어.

미시적 분석을 도입했다는 게 무슨 뜻인가요?

우리가 앞에서 미시경제학을 배울 때 개별 경제주체의 선택을 분석했었죠?

거시경제학에서도 개별 경제주체의 선택을 고려해 작은 현상에서부터 논리를 쌓아나가기 시작했다는 것입니다.

개별 경제주체의 합리적 기대를 고려해 정책 효과를 분석했지.

그래서 우리를 '합리적 기대학파' 라고도 해.

합리적 기대란 예를 들면 이렇습니다.

…한 정책을 발표합니다.

정부의 정책이 바뀌었네. 그럼 나도 행동 방침을 바꿔야겠다.

'LIVE

정부

사람들의 기대까지 고려하면 정부 정책은 처음에 의도했던 효과를 거두기 어렵습니다.

우좌좌로 피하는 패턴이라고? 그럼 나도 그렇게 공격하마.

공격 패턴을 바꿨어? 그럼 나도 방어 패턴을 바꾸면 되지.

슉

슉

슉

쏙

쏙

새케인즈학파

새고전학파는 합리적 기대와 미시적 기초라는 무기로 경제 학계를 휩쓸었고 다시 고전학파가 승리하는 듯했습니다.

경제학이 더 엄밀한 학문이 되는 데 우리가 큰 기여를 했지.

이제 직관만으로 거시경제를 논할 순 없을걸?

수학적 증명으로 무장한 새고전학파의 논리 앞에서 케인즈학파는 숨을 죽일 수밖에 없었습니다.

자~ 니들도 증명해보라고~

두고 보자…. 우리도 미시적 분석도 하고, 수학적으로도 증명해내겠어!

결국 케인즈에 동의하는 학자들도 미시적 분석으로 가격 경직성을 설명하게 되었습니다. 이들을 새케인즈학파라고 합니다.

우리도 개별 경제주체의 행동으로부터 가격 경직성을 설명할 수 있어!

폴 크루그먼

새케인즈학파 학자인 그레고리 맨큐는 가격이 그때그때 수시로 변동할 수 없는 이유를 미시적으로 설명했습니다.

원자재가 인상으로 가격을 올려야 하는데….

가격표

조금 오른 걸로 바꾸기엔 메뉴 새로 인쇄하는 비용이 더 들겠는걸. 그냥 놔두자.

왜 가격이 올랐죠?

그게 저기…

5.350원

게다가 손님들한테 일일이 설명하다 보면 그 시간과 비용이 더 아까워.

이렇게 가격을 바꾸면 메뉴판 교체 비용, 소비자의 불만에 대응해야 하는 비용 등 다양한 비용이 발생합니다.

이런 걸 '메뉴비용'이라고 하지. 가격 변동으로 인한 이익보다 메뉴비용이 크다면 기업은 가격을 고치지 않는 게 합리적이야.

그레고리 맨큐

혼합 정책

이렇게 미시적 분석을 통해 새케인즈학파는 가격이나 임금이 경직적이라는 설명을 하며 그들의 주장을 탄탄하게 다졌습니다.

저희가 그걸 상세히 증명했습니다.

가격은 경직적이라고….

미시적 분석

새고전학파의 방법론을 배워서 잘 써먹은 거네요.

적에게서도 배울 것은 배운다는 건가….

이처럼 거시경제학은 학자들의 논쟁과 합의의 과정을 거치면서 발전해왔습니다.

그리고 어떤 정책이 더 나은지에 대해 계속 토론이 이어지고 있어.

근데 여러 정책의 장점을 살려서 같이 쓸 수는 없는 건가요?

맞아요. 재정정책, 통화정책, 둘 다 쓰면 안 되나?

좋은 지적이에요! 재정정책과 통화정책을 함께 사용해 구축효과를 줄일 수 있습니다.

재정정책

통화정책

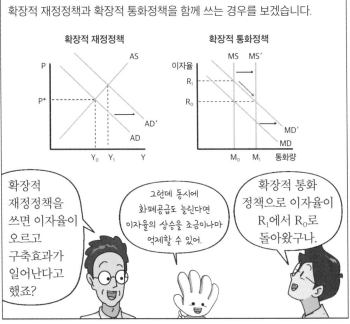

확장적 재정정책과 확장적 통화정책을 함께 쓰는 경우를 보겠습니다.

확장적 재정정책을 쓰면 이자율이 오르고 구축효과가 일어난다고 했죠?

그런데 동시에 화폐공급도 늘린다면 이자율의 상승을 조금이나마 억제할 수 있어.

확장적 통화정책으로 이자율이 R_1에서 R_0로 돌아왔구나.

학파 간 논쟁과 합의를 보며 우리가 얻을 수 있는 교훈은 시대 상황에 따라 융통성 있는 정책을 펼쳐 경제 안정화를 도모해야 한다는 것입니다.

결국은 국민의 행복이 목표란 말씀이죠.

경제에는 여러 요인이 영향을 미치기 때문에 항상 올바른 절대적인 정답은 없습니다.

시장 자율이 최고야!

그게 아닌가?

정부의 재정정책이 해결책이야!

산업혁명 시대 | **대공황 시대** | **뉴딜정책 시대**

하나의 해결책이 나오더라도 새로운 위기를 맞으면 다른 해결책이 필요해지죠.

재정정책이 안 통하네. 통화정책이 중요해!

둘 다 쓰는 건 어때?

재정 정책

통화 정책

오일쇼크 시대 | **복잡한 현대사회**

최근에는 2008년 글로벌 금융위기가 경제학에 또 다른 과제를 안겨주었죠.

이런 일이! 그동안 금융시장 문제를 간과했습니다.

부딪히는 문제는 바뀌어가고 있지만 경제학은 끊임없이 국민의 소득을 안정적으로 증진시키고 위기를 막는 방법을 찾기 위해 노력하고 있습니다.

국부를 늘리자!

공황을 해결하자!

그럼 다음 강의에서는 국민에게 가장 큰 타격을 주는 거시경제 현상, 즉 실업과 인플레이션에 대해 살펴보겠습니다!

네~!

13 | 경제학의 학파와 정책 논쟁

요약 노트

거시경제학의 학파

→ 거시경제학은 학파 간 대립과 논쟁을 통해 발전해왔다.

→ 대표적인 학파들의 출현 순서는 고전학파 → 케인즈학파 → 통화주의 학파 → 새고전학파 → 새케인즈학파이다.

고전학파와 케인즈학파

→ 고전학파는 애덤 스미스의 이론을 토대로 시장의 자율적 조정 기능을 신뢰한 학파이다.

→ 케인즈학파는 고전학파와 달리 가격의 경직성 때문에 시장의 자율적 조정에 한계가 있다고 생각하며 정부 개입의 필요성을 주장하는 학파이다.

→ 고전학파와 케인즈학파의 대립은 신고전파 종합으로 마무리된다. 그 내용은 다음과 같다.

1. 케인즈의 이론은 고전학파의 시장균형 이론을 전면적으로 부정하는 것이 아니라 그 이론에 가격의 경직성 같은 가정을 추가한 것이다.

2. 케인즈의 이론은 현실 경제의 위기에 대처하는 정책을 제안하는 측면에서는 고전학파의 이론보다 유용하다.

통화주의 학파

→ 대공황 후 케인즈식 재정정책으로 경제를 관리할 수 있다는 인식이 뿌리내린다. 하지만 1970년대 오일쇼크로 인한 인플레이션 위기에 재정정책은 효과를 내지 못했다. 이런 상황에서 밀턴 프리드먼으로 대표되는 통화주의 학파가 등장한다.

→ 정부지출의 증가가 이자율 상승을 일으켜 민간의 투자를 위축시키는 현상을 구축 효과라고 한다. 통화주의 학파는 구축 효과로 인해 재정정책은 별 효과를 내지 못한다고 보았다.

→ 통화주의 학파는 화폐의 유통속도가 일정하다고 보았다. 이를 화폐의 교환방정식 MV=PY에 대입하면, 국내총생산에 변화가 없는 상태에서 화폐량만 늘릴 경우 인플레이션이 발생하게 된다.

→ 통화주의 학파는 시장의 자율성을 중시하고 인위적인 정부의 개입에 반대했다. 다만 꼭 정책을 사용해야 한다면 통화정책이 낫다고 보았다. 경제성장 속도에 맞추어 일정한 속도로 조금씩 화폐량을 늘리면 물가안정에 도움이 되기 때문이다. 이를 준칙에 따른 화폐정책이라고 한다.

새고전학파	→ 1970년대 시장의 자율성을 강조하는 고전학파의 관점에 미시적 분석 방법을 도입해 경제 현상을 분석하는 학파가 출현하게 된다. 개별 경제주체의 합리적 기대를 고려했기 때문에 '합리적 기대학파'라고 불렸으며, 이후 새고전학파라고 불리게 된다.
	→ 정부가 정책을 내놓으면 경제주체는 합리적 기대에 기반해 행동을 수정하게 된다. 따라서 행동이 바뀌기 전의 상황을 가정해 수립한 정책은 원래 의도했던 효과를 발휘하기 어렵다.
새케인즈학파	→ 케인즈의 가정에 동의하는 학자들도 미시적 분석 방법을 활용하게 된다. 개별 경제주체의 합리적 선택으로 가격의 경직성을 설명하는 메뉴비용이 대표적이다.
	→ 케인즈학파의 전통을 계승하면서 미시적 분석 방법을 도입한 학파를 새케인즈학파라고 한다.
혼합정책	→ 확장적 재정정책을 사용할 때 확정적 통화정책도 함께 사용할 경우 이자율의 상승을 억제할 수 있다. 이러한 혼합정책의 사용으로 구축효과를 방지하고 재정정책의 효과를 높일 수 있다.
	→ 거시경제학은 기존의 방식으로 해결되지 않는 경제 위기가 닥칠 때마다 새로운 관점과 해결책을 내놓았다. 해결책은 여러 학자와 학파의 논쟁과 합의를 통해 발전해왔다. 이러한 역사는 경제 상황에 따라 융통성 있는 정책을 펼쳐 경제 안정화를 도모해야 한다는 교훈을 준다.

퀴즈

01 경제학의 학파에 대한 설명으로 맞는 것은?

① 고전학파는 애덤 스미스가 살아있던 18세기 동안에만 존속하였다.

② 케인즈의 이론은 고전학파의 이론을 전면적으로 부정하는 것이었다.

③ 밀턴 프리드먼은 통화주의 학파를 대표하는 학자이다.

④ 새고전학파는 미시적 분석을 중시한 반면 새케인즈학파는 그러지 않았다.

글로벌 금융위기와 미국의 양적완화 정책

2008년 글로벌 금융위기가 발생하기 이전 미국 경제는 안정적인 모습을 보였습니다. 지속적인 경제성장과 저금리로 주택과 주식 등 자산 가격이 상승세를 보이는 가운데, 금융회사들은 고위험-고수익 금융상품을 만들었습니다. 대표적으로 서브프라임 모기지(sub-prime mortgage)는 신용도가 낮은 사람에게 높은 이자로 주택담보대출을 제공하는 상품입니다. 주택가격이 상승하고 있었기 때문에 이런 대출 상품을 판매할 수 있었죠. 금융회사들은 이 대출을 채권화한 뒤 다른 금융사에 재판매하는 방식으로 높은 수익을 거두었습니다.

금융위기는 이러한 고수익-고위험 금융상품을 많이 매입한 금융회사들이 상품의 부실화로 인해 발생한 손실을 감당하지 못하는 과정에서 발생했습니다. 주택가격이 떨어지자 대출을 받은 사람들이 상환을 하지 못하게 된 것이죠. 대형 금융기관의 연이은 파산으로 시장에는 불안 심리가 가득했고, 기관들은 서로를 불신하여 거래하기를 꺼리게 되면서 돈의 흐름이 멈춰버렸습니다. 금융시장이 자체적으로 해결할 수 없을 정도로 자금난이 심각해지자 미국의 중앙은행인 연준이 나서게 됩니다.

금융위기 극복을 위해 시행된 대표적인 통화정책으로 양적완화 정책이 꼽히는데요. 양적완화 정책은 금리가 이미 매우 낮아 추가적으로 인하하기 어려운 상황에서 통화량을 늘리기 위해 중앙은행이 적극적으로 채권을 매입하는 정책을 이릅니다. 12강에서 배운 통화정책인 공개시장운영에 따르면, 중앙은행은 통화량을 늘리기 위해 주로 단기국채를 매입합니다. 그러나 양적완화 정책이 시행되면서 연준은 자금 부족에 시달리는 금융기관을 적극적으로 지원하기 위해 장기국채를 비롯해 부동산대출관련 채권, 회사채 등 다양한 종류의 채권을 매입했습니다. 이런 식으로 시장에 자금을 빠르게 공급해주는 것이죠.

양적완화 정책으로 인해 금융시장에는 자금 흐름에 여유가 생기게 되었고, 경기회복에 대한 기대가 높아지면서 소비와 투자가 늘어나게 되었습니다. 이처럼 양적완화 정책 덕에 급한 불을 끌 수 있었다는 긍정적인 평가도 있지만, 통화량이 너무 늘어나 인플레이션에 대한 우려 역시 커졌습니다. 미국의 양적완화 정책은 2014년으로 종료되었으나, 2020년 코로나19 사태를 맞으며 미 연준은 다시 한동안 양적완화를 지속했습니다.

14

ECONOMICS

실업과 인플레이션

국민에게 가장 고통스러운 경제 현상

· 고통지수
· 실업의 고통
· 실업률의 측정
· 실업이 발생하는 이유
· 인플레이션이 발생하는 이유
· 초인플레이션과 디플레이션

고통지수

지금까지 거시경제학의 기본 모형인 총수요-총공급,

그리고 재정정책 및 통화정책에 대한 이야기를 주로 했습니다. 어땠나요?

거시경제학이 현실 경제와 밀접하다는 건 이해했는데요.

저희 평소 고민에 비하면 거시경제학은 너무 큰 세상의 일인 것 같아요.

여러분이 요즘 고민하는 게 뭔가요?

취업이 고민이죠.

물가가 오르다 보니 생활비 걱정도 돼요.

배달음식을 너무 많이 시켜 먹었나?

그런 고민도 다 경제학의 주제예요.

이번 강의에서는 우리가 좀 더 체감할 수 있는 실업과 인플레이션을 살펴보겠습니다.

실업   **인플레이션**

경제 위기가 발생하면 사람들의 생활수준이 저하됩니다. 특히 실업과 인플레이션은 우리 삶을 더욱 고통스럽게 하죠.

실직해서 돈도 없는데

물가마저 올라버리면…

경제학자 아서 오쿤은 **고통지수**라는 지표를 고안했는데, 이는 실업률과 인플레이션율을 단순합산한 것입니다.

그만큼 이 2가지가 사람들에게 큰 고통을 유발한다는 거야.

아서 오쿤

고통지수 = 실업률 + 인플레이션율

그래서 어느 정부든 고용과 물가안정을 경제정책의 주요목표로 두고 있습니다.

정부

국민을 위해 실업률을 낮추고 물가를 안정시켜야 해.

실업의 고통

앞에서 배웠던, 국민경제의 균형을 나타내는 총수요-총공급 모형을 다시 한 번 볼까요?

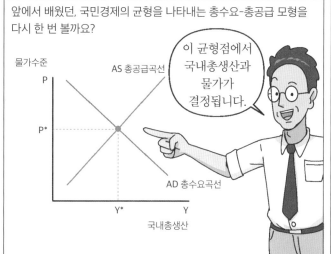

그런데 총수요가 줄어들거나 총공급이 줄어들면 국내총생산도 감소합니다.

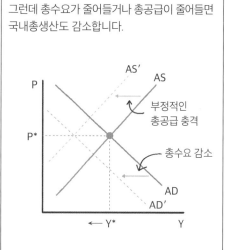

국내총생산의 감소는 가계의 소비지출과 기업의 생산이 줄어든다는 뜻입니다.

기업은 생산을 담당하던 인력을 줄이게 되는데 이는 자연스럽게 실업자 증가로 이어집니다.

실업은 개인에게 큰 고통을 주는 문제일 뿐 아니라 소비도 침체하게 만듭니다.

또한 생산활동을 하지 않는 사람이 많아지는 것은 인적 자원의 낭비이며, 그에 따라 정부의 세수도 감소하게 됩니다.

소비 감소, 생산 감소 → 세수 감소

실업률의 측정

그런데 여러분, **실업률**을 어떻게 측정하는지 아나요?

전체 인구 중 실업자 비율 아닌가요?

성인 인구 중 아닐까?

이 표로 정확히 알아볼까요?

내가 확대해줄게.

고용 관련 통계에서는 인구를 다음과 같이 분류합니다.

```
                                           일하고
                            근로의사         있음  ── 취업자
                            있음    경제활동
                 15세 이상 ─┤       인구     일하고
      근로능력    인구       근로의사        있지 않음 ── 실업자
      있음                   없음    비경제활동 ── 학생
전체 인구 ─┤                         인구      ── 주부
      근로능력    15세 미만                    ── 구직 단념자
      없음        인구                         ── ⋮
```

먼저 전체 국민을 근로능력 유무에 따라 나눕니다. 15세 이상은 근로능력이 있다고 봅니다.

난 13살이지만 힘이 세서 일할 수 있어요.

아동노동은 금지란다.

엄마 설거지나 도와주지?

15세 이상 인구는 근로의사 유무에 따라 다시 경제활동인구와 비경제활동인구로 나뉩니다. 학생, 주부 등은 근로의사가 없는 것으로 보기 때문에 비경제활동인구로 분류됩니다.

우린 학업에 종사 중이니까….

가정주부의 가사노동은 경제활동에 포함되지 않아.

주부도 근로자로 봐야 한다는 의견이 있긴 하지만 아직은 비경제활동 인구로 분류되고 있어.

취업을 포기한 구직단념자 역시 경제활동인구에서 빠지게 됩니다.

어차피 계속 떨어지는데 지원해봤자 뭐하나? 이제 아무것도 안 할래.

힘내세요.

그리고 경제활동인구는 취업자와 실업자로 구성되죠.

난 취업자이니 당연히 경제활동인구에 들어가고….

실업자 역시 일을 할 수 있고 일하려는 의사도 있으므로 경제활동인구야.

응? 나는 왜 경제 활동인구로 분류되지?

실업률은 다음과 같이 정의됩니다. 즉, 15세 이상의 근로의사를 가진 사람 중 일하지 않는 사람의 비율입니다.

$$실업률 = \frac{실업자\ 수}{경제활동인구}$$

우리나라의 실업률은 4%가 채 안 됩니다.

우와~ 생각보다 낮네요.

한국은 실업률이 낮은 편이지만 비경제활동인구가 많다는 문제가 있습니다.

2022년 7월 기준

비경제활동인구: 약 1,595만 명 > 실업자: 약 85만 명

비경제활동인구가 실업자보다 18배 이상 많네요!

특히 2021년에는 구직단념자가 62만 명을 넘어 역대 최다를 기록했습니다.

근로능력이 있는 사람들의 노동력이 활용되지 않는 건 문제네요.

경제의 활력도 떨어질 거고요.

맞아요. 실업률이 낮다고 해서 안심할 게 못 되는 이유죠.

그래서 최근엔 실업률 외에 **고용률**도 함께 고려하고 있습니다.

$$고용률 = \frac{취업자\ 수}{15세\ 이상\ 인구}$$

실업이 발생하는 이유

그런데 실업은 왜 발생하는 것일까요? 원인은 크게 3가지입니다.

경기적 실업

마찰적 실업

구조적 실업

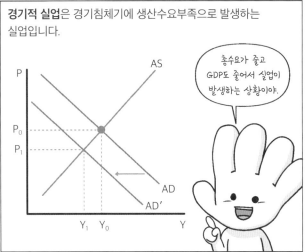

경기적 실업은 경기침체기에 생산수요부족으로 발생하는 실업입니다.

총수요가 줄고 GDP도 줄어서 실업이 발생하는 상황이야.

기업의 생산량이 줄면서 고용도 줄어드는 상황인 거죠.

오늘은 5명만 오세요.

아니, 그것밖에 안 돼?

뭐야? 오늘 일 못해?

요새 경기가 안 좋잖아요.

이때는 정부가 적극적인 총수요 확대정책으로 일자리를 많이 만들어 경기적 실업을 줄일 수 있습니다.

정부가 개입해 수요를 창출하면 해결할 수 있어.

일거리가 없으면 일을 벌이자!

정부

마찰적 실업은 스스로 기존 직장을 퇴사하고 새로운 직장을 구하여 이동하는 과정에서 발생하는 실업을 말합니다.

갑자기 웬 퇴사야?

로또 됐니?

훗

그러게 있을 때 잘 하셨어야죠.

사표

고마워, 김 대리~

마찰적 실업은 본인이 원해서 실업 상태에 있는 것으로 '자발적 실업'이라고도 합니다. 일시적으로 나타나는 실업이므로 경제에 큰 부담으로 작용하지 않습니다.

새 직장을 구했는데 다음 주부터 바로 출근하라니…

여행이라도 가려고 했더니…

마지막으로 **구조적 실업**은 경제 구조가 변화해 사양 산업에서 방출된 노동자들이 신흥 산업으로 신속히 유입되지 못해 발생하는 실업입니다.

이제 봉제는 동남아에서 하기로 해서 아쉽지만 여기는 문을 닫습니다.

네? 평생 이 일만 한 저는 어떡하라고요?

네에?!

다른 일 알아보시는 게…

이는 노동의 부문 간 이동이 제한적이기 때문에 발생합니다.

이 일 해본 적 있어요?

아뇨. 처음부터 배워야 하는데요.

긁적긁적

그럼 바로 채용하긴 곤란한데…

구조적 실업이 해소되지 못한다면 비자발적 실업이 늘어나므로 사회적 비용이 커지게 되죠.

경 최첨단 로봇 공정 도입 축

윙 윙

무슨 일 생기면 노동자부터 피해를 보는 것 같아.

이처럼 구조적 실업은 해결하기 매우 까다롭기 때문에 정부가 나서서 대책을 마련할 필요가 있습니다.

제가 도와드릴게요!

정부

취업교육

좌악!

실업급여

일자리 소개

경제 내에 마찰적 실업과 구조적 실업만 있고 경기적 실업이 없는 상태를 **완전고용**이라고 합니다.

마찰적 실업자의 요구와 기업의 요구를 맞추는 과정에서 생기는 일시적 실업,

그리고 경제구조가 바뀌는 과정에서 발생하는 실업은 불가피하기 때문이죠.

따라서 마찰적 실업률과 구조적 실업률의 합을 '완전고용 실업률' 또는 '자연실업률'이라고도 부릅니다.

정부

그러니까 정부의 목표는 제로(0) 실업률이 아니라 완전고용 실업률이야.

인플레이션이 발생하는 이유

이제 국민의 삶을 위협하는 또 하나의 경제현상, **인플레이션**에 대해 알아보겠습니다.

이렇게 물가가 지속적으로 상승하는 걸 인플레이션이라고 해.

물건의 가격이 오르면 같은 소득으로 살 수 있는 물건이 적어지므로 사람들은 당연히 물가상승을 싫어합니다.

그래서 중앙은행의 최우선 목표는 늘 물가안정!

물가 물가

콰과과곽

물가가 오르면서 임금도 함께 오른다면 큰 문제가 되지 않는다고 생각할 수 있습니다.

1980년대	2020년대
월급 12만 원 → 약 16배	월급 200만 원
짜장면 500원 → 약 16배	짜장면 8,000원

후루룩

쩝쩝

하지만 물가의 상승 폭이나 속도가 지나치면 소득 분배의 왜곡이 일어날 수 있습니다.

열심히 일했는데 월급 상승분이 물가상승을 못 따라가!

아오, 힘빠져

수년 전에 사놓은 위스키를 훨씬 비싸게 되팔 수 있게 됐어. 일도 안 하고 돈 버네!

오예!

그리고 사람들이 화폐보다는 실물을 보유하려 하기 때문에 저축이 줄어듭니다.

은행에 넣어놔 봤자 똥 되니까 찾아서 쓰자.

그럼, 현물이 짱이지!

아, 안 돼~!

은행

또한 인플레이션이 경제의 불확실성을 키우기 때문에 기업의 투자도 위축됩니다.

예측이 어렵네. 당분간 아끼자.

기업

인플레이션은 수요견인 인플레이션과 비용상승 인플레이션으로 나눌 수 있으며 **수요견인 인플레이션**은 총수요가 증가할 때 발생합니다.

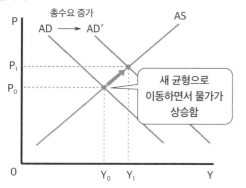

정부지출 증가, 가계 소비 증가 등으로 총수요가 늘어나면서 물가가 상승하는 것이죠.

사람들이 많이 찾으니까 가격을 올리겠습니다. 치킨 한 마리 3만 원!

아니, 그건 좀…

흐에엑

비용상승 인플레이션은 기업이 재화를 생산할 때 드는 비용이 상승해 총공급이 감소하는 경우 나타나는 현상입니다.

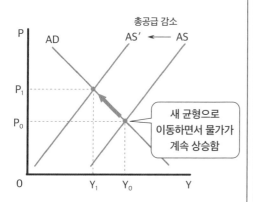

비용상승 인플레이션의 경우 물가상승과 생산감소가 함께 발생하기 때문에 스태그플레이션을 발생시킵니다.

휘발유 2,200원

경유 2,300원

…

요새 국제원유 가격이 올랐다더니…

경기도 안 좋은데 물가까지 오르니 죽을 맛이야.

같은 물가상승이라 해도 두 종류의 인플레이션이 경제에 미치는 영향은 매우 다릅니다.

수요견인 인플레이션일 땐 총생산도 같이 상승하죠.

하지만 비용상승 인플레이션일 땐 총생산이 감소해.

그럼 경우에 따라 대책도 달라질 것 같네요.

어떤 대책을 써야 하나요?

초인플레이션과 디플레이션

수요견인 인플레이션은 정부의 긴축적 재정정책이나 중앙은행의 긴축적 통화정책으로 대응하면 비교적 쉽게 물가를 안정시킬 수 있습니다.

반면 총공급이 감소하여 발생한 인플레이션은 해결이 쉽지가 않습니다.

인플레이션이 수습할 수 없을 정도로 심해지면 **초인플레이션**이라고 하는데요.

전 달과 비교해 물가가 50% 이상 상승하는 경우를 말합니다.

역사적으로 초인플레이션을 경험한 국가 사례를 살펴보면 매월 물가상승률이 300%가 넘기도 했습니다.

이런 초인플레이션 상황에서는 물물교환에 의존하게 되므로 거래비용이 증가합니다.

인플레이션이 참 문제네요.

차라리 물가가 떨어지는 게 낫겠어요.

근데 그게 그렇지가 않아요.

네?

물가가 지속적으로 하락하는 걸 **디플레이션**이라고 하는데요. 인플레이션보다 더 위험할 수 있습니다.

디플레이션
Deflation

물가만 떨어지면 같은 돈으로 더 많은 소비를 할 수 있으니 좋지 않나?

물가가 떨어지면 기업의 이익이 줄어들어. 그러면 고용이 줄고 소득도 줄지.

실업자가 많아지는 거구나.

소득의 감소는 가계의 수요를 감소시키고, 그러면 물건이 안 팔려 기업이 어려워지는 악순환으로 이어집니다.

소득이 적으니 소비를 못 하는 거야.

당신들이 소비를 안 하니 우리도 급여를 적게 줄 수밖에 없어.

가계

기업

인플레이션도 디플레이션도 무서운 거였군요.

물가는 너무 오르지도 내리지도 않는 게 좋다는 거네요.

그래서 나의 제1목표가 물가안정인 거야.

한국은행

우쭈쭈

물가

여기까지 배웠으니 이제 경제를 크게 보는 안목이 좀 생겼을 것 같네요.

다음 장에서는 거시경제 운영의 목표라고 할 수 있는 경제성장에 대해 알아보겠습니다.

우리의 목표도 멀지 않았네요. 전진~!

14 | 3분 정리
실업과 인플레이션

요약 노트

고통지수
→ 국민을 고통스럽게 하는 가장 대표적인 경제 현상은 실업과 인플레이션이다.
→ 경제학자 아서 오쿤이 고안한 고통지수는 실업률과 인플레이션을 합한 수치이다. 그만큼 이 둘은 경제적 고통을 대표한다.

실업의 고통
→ 총수요 또는 총공급이 줄어들면 국내총생산이 감소하고, 가계의 소비지출과 기업의 생산이 감소하면서 고용이 줄어 실업자 증가로 이어진다.
→ 실업은 개인에게 큰 고통을 주는 문제일 뿐만 아니라 소비가 침체하고 정부의 세수도 감소시키는 사회적 문제이다. 또한 일할 능력과 의지가 있는 사람이 생산활동을 하지 못하는 것은 사회적으로 인적 자원의 낭비이다.

실업률의 측정
→ 고용 관련 통계에서는 15세 이상은 근로능력이 있다고 본다. 15세 이상 인구에서 근로의사 유무에 따라 다시 경제활동인구와 비경제활동인구로 나뉜다. 경제활동인구에는 취업자와 실업자가 있다. 비경제활동인구에는 학생, 주부, 구직단념자 등이 포함된다.
→ 실업률은 경제활동인구 중 실업자의 비율이다. 한국의 실업률은 낮은 편이지만 비경제활동인구가 많다는 문제가 있다.
→ 비경제활동 인구가 고려되지 않는 실업률의 한계를 보완하기 위해 고용률 지표도 활용되고 있다. 고용률은 15세 이상 인구 중 취업자의 비율이다.

실업이 발생하는 이유
→ 실업의 유형에는 크게 경기적 실업, 마찰적 실업, 구조적 실업이 있다.
→ 경기적 실업은 경기침체기에 수요 부족으로 발생하는 실업이다. 정부의 총수요 확대정책을 통해 일자리를 늘려 해결할 수 있다.
→ 마찰적 실업은 노동자가 스스로 기존 직장을 퇴사하고 새로운 회사를 구하는 과정에서 발생하는 실업을 말한다. 일시적으로 나타나는 실업이므로 경제에 큰 부담으로 작용하지 않는다.
→ 구조적 실업은 사양 산업에서 방출된 노동자들이 신흥 산업으로 신속히 유입되지 못해 발생하는 실업이다. 노동의 부문 간 이동이 제한적이기 때문에 발생하며 해결이 쉽지 않다.
→ 마찰적 실업과 구조적 실업만 존재한다면 '완전고용'이 실현된 상태라고 볼 수 있다. 정부의 실업률 목표는 0이 아니라 완전고용 실업률이다.

인플레이션이 발생하는 이유	→ 인플레이션은 물가가 지속적으로 상승하는 현상을 말한다.
	→ 인플레이션이 심하면 소득 분배의 왜곡이 생기며, 저축이 줄어들고, 기업의 투자도 위축된다.
	→ 정부지출 증가, 가계의 소비지출 증가 등 총수요가 증가할 때 발생하는 인플레이션을 수요견인 인플레이션이라고 한다.
	→ 원자재 가격 상승 등 기업의 생산비용이 증가해 발생하는 인플레이션을 비용상승 인플레이션이라고 한다.
초인플레이션과 디플레이션	→ 전 달과 비교해 물가가 50% 이상 상승하는 경우를 초인플레이션이라고 한다. 초인플레이션 상황에서는 화폐의 가치가 크게 떨어져 물물교환에 의존하게 되고 거래비용이 증가한다.
	→ 디플레이션은 물가가 지속적으로 하락하는 현상을 말한다.
	→ 물가가 떨어지면 기업의 이익이 줄고 고용도 감소해 가계의 소득과 수요를 감소시킨다. 그리고 수요 감소가 다시 기업의 이익을 감소시키는 악순환이 이어진다.

퀴즈

01 다음 중 실업률 계산 시 실업자에 포함되는 사람은 누구인가?

① 5개월 동안 소득이 없이 입사지원서만 내고 있는 구직자

② 취업을 위해 영어 공부에 매진하고 있는 대학 재학생

③ 개인 소득이 없는 가정주부

④ 중고물품 거래로 용돈을 벌고 있는 14세 중학생

02 _____ 실업이란 경제 구조가 변화해 사양 산업에서 방출된 노동자들이 신흥 산업으로 신속히 유입되지 못해 발생하는 실업을 말한다.

03 _____은(는) 전 달과 비교해 물가가 50% 이상 상승하는 극단적인 물가상승을 일컫는다.

실업과 인플레이션의 관계를 나타낸 필립스 곡선

경제학에서 실업과 인플레이션을 논할 때 언급되는 것 중 필립스 곡선이라는 것이 있습니다. 경제 기사에서도 종종 언급되므로 기사를 꼼꼼히 읽으시는 분들은 보신 적이 있을지도 모릅니다.

필립스 곡선은 영국의 경제학자 윌리엄 필립스(William Phillips)가 제시한 것입니다. 1958년 필립스는 1861년부터 1957년까지의 영국의 경제 데이터를 분석했고, 실업률과 물가상승률 사이에 역(-)의 상관관계가 있음을 발견했습니다. 즉, 실업률이 떨어지면 물가가 오르고, 실업률이 높아지면 물가가 하락한다는 사실을 찾아낸 것입니다.

필립스 곡선은 물가 안정과 고용 안정이라는 두 마리 토끼를 한 번에 잡기 어렵다는 점을 시사합니다. 많은 국가들은 이를 염두에 두고 물가와 고용 간의 균형을 이루기 위해 노력하고 있습니다. 이 원리는 총수요-총공급(AD-AS) 모형으로도 설명이 가능합니다. 총공급이 일정하다고 가정했을 때 총수요가 상승하면 균형 국민소득이 늘어나면서 실업률은 낮아지지만, 물가는 상승한다는 것을 기억할 것입니다.

한편 2020년 코로나19 사태 이후로 이러한 음의 상관관계가 잘 성립되지 않는다는 연구결과가 발표되고 있습니다. 코로나19의 여파로 인해 고용 충격이 발생했는데, 물가가 오르더라도 고용 회복을 기대하기 어렵다는 분석에 힘이 실리고 있습니다.

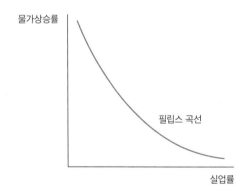

15

ECONOMICS

경제성장과 발전

국민이 더 잘살게 되는 길

- 경제성장
- 경기변동
- 경제발전
- 기술의 진보
- 경제성장의 걸림돌
- 균형성장론과 불균형성장론
- 불균형 해결

경제성장

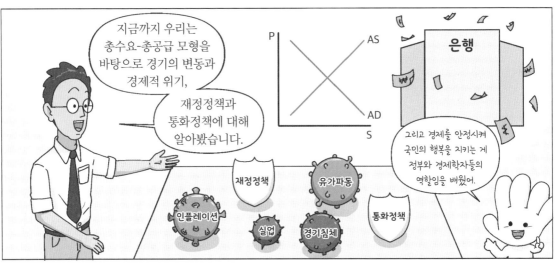

이번에는 더 장기적인 관점에서 국가 경제의 성장과 발전을 얘기해보려 합니다.

국가경제의 성장과 발전이라…

거시경제의 최종목표 같은 느낌이네요.

흔히 국가의 경제수준에 따라 선진국과 개도국을 구분합니다.

선진국 대한민국의 경제지표

GDP
1조 6,000억 달러 돌파

1인당 GDP
3만 5,000달러 돌파

마치 성적표를 보는 기분이야…

그런데 선진국은 처음부터 부유했을까요?
그 나라의 역사를 살펴보면 꾸준히 자본을 축적하고 생산성을 높이는 과정이 있었다는 걸 알 수 있습니다.

이러한 과정을 **경제성장**이라고 합니다. 어떤 국가의 생산과 소득이 지속해서 증가하는 것을 말하죠.

국가의 경제 규모는 국내총생산, 즉 GDP로 나타낼 수 있습니다. GDP는 1년간 한 국가에서 생산된 재화와 서비스의 최종 가치를 모두 합한 것입니다.

IMF 2020년 자료에 따른 GDP

한 국가의 전년도 GDP와 올해 GDP를 비교하면 경제가 얼마나 성장했는지 알 수 있습니다.

아래 표는 가상의 A국의 GDP와 경제성장률을 나타낸 표입니다.

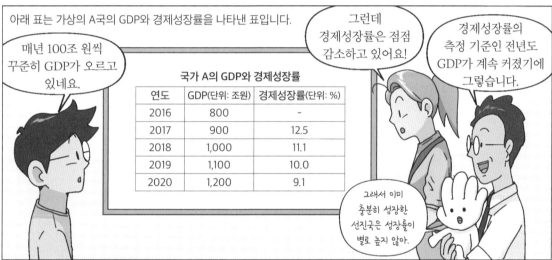

국가 A의 GDP와 경제성장률

연도	GDP(단위: 조원)	경제성장률(단위: %)
2016	800	-
2017	900	12.5
2018	1,000	11.1
2019	1,100	10.0
2020	1,200	9.1

경기가 오르락내리락하는 것을 **경기변동**이라고 하며, 이러한 경기변동은 일정한 주기로 반복되는 경향이 있는데 이를 **경기순환**이라고 한다.

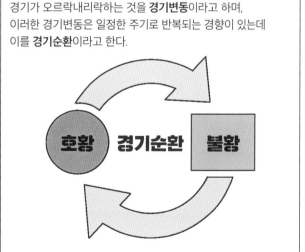

경기변동

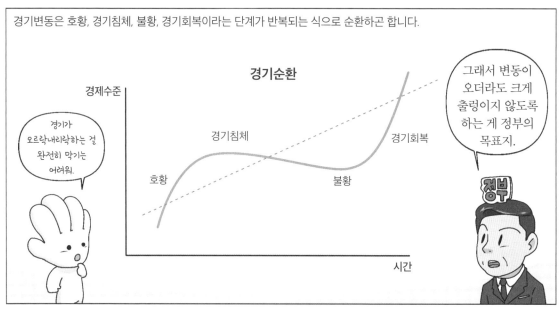

경기변동은 호황, 경기침체, 불황, 경기회복이라는 단계가 반복되는 식으로 순환하곤 합니다.

① **호황기:** 호황기는 소비지출과 투자지출이 늘어나며 물가수준도 상승하는 시기입니다.

② **경기침체기:** 경기침체(후퇴)기에는 소비와 투자가 위축되고, 고용이 줄어들기 시작하며 물가수준은 하락합니다.

③ **불황기:** 실업률은 가장 높고, 물가수준도 가장 낮은 시기입니다.

④ **회복기:** 소비와 투자가 회복되면서 실업률이 떨어지고 물가도 다시 오르는 시기입니다.

이런 경기변동의 원인은 무엇일까요? 우선 소비지출 또는 투자지출의 변화가 영향을 줍니다.

사람들이 돈을 안 써.

대출 여건 변화, 이자율 변동 등 금융 요인도 경기에 영향을 줍니다.

사평은행

요새 대출받기 좋네. 사업을 확장해야겠어.

최근에는 경제주체들이 불확실한 미래를 어떻게 예측하느냐에 따라 경기변동이 일어난다는 주장도 있습니다.

지금 호황은 거품이고 곧 꺼질 것 같아. 주식 투자한 돈은 빼야겠다.

나도 불안한데. 빼야겠다.

너도? 그럼 나도?

다들 그러면 진짜로 호황이 끝난다고.

맙소사

자기충족적 예언인가….

또한 예측하지 못한 외부의 충격 역시 경기변동을 일으킵니다.

에너지 전환 시대를 맞아 천연가스 산업에 투자해야지.

응?

긴급 속보
러시아-우크라이나 전쟁 발발!
천연가스 공급 위기!

투자 취소! 취소!

이렇게 경기 변동이 있기는 하지만 전반적인 추세는 올라가는 게 일반적입니다.

경제의 큰 흐름은 성장에 가까운 거군요.

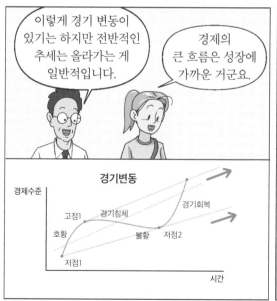

경기변동

경제수준

고점1
경기침체
경기회복

호황
불황
저점2

저점1

시간

주춤할 때도 있지만 생산능력은 점점 커지는 것이죠.

끝없는 내리막인 줄 알았는데 다시 오르막길이네.

산 정상에 다다르기 위한 과정일 뿐이었어.

경제발전

한편 이런 양적 개념의 '경제성장'보다 더 포괄적인 개념이 있습니다.

바로 '경제발전'이지!

성장… 발전…

같은 뜻 아닌가요?

양적인 성장과 함께 고용의 감소 없이 1인당 노동생산성이 향상되거나, 공업화에 의해 산업구조가 재편되고 사회문화적 수준도 나아지는 등 질적 개선까지 이루는 것을 **경제발전**이라고 합니다.

우리나라는 경제성장만 한 게 아니라

경기변동

반도체

기술개발과 첨단산업 육성으로 경제발전도 이뤘지.

한편 경제성장은 수치로 간단명료하게 나타낼 수 있지만 경제발전은 명확히 규정하기가 어렵습니다.

그래서 경제학에선 주로 경제성장, 특히 GDP 증가에 초점을 두기 해.

경제성장 또는 경제발전은 모든 국가의 목표라고 할 수 있습니다. 그런데 경제가 빠르게 성장하고 발전하는 국가와 그렇지 않은 국가의 차이는 무엇일까요?

공부 잘하는 친구는 무슨 비결이 있을까 같은 질문이네요.

그보다는 성적이 많이 오른 친구의 비결은 뭘가가 정확하지 않을까?

좋은 비유네요. 비결을 알고 싶다면 어떻게 해왔는지를 알아보면 되겠죠?

사이먼 쿠즈네츠가 그걸 연구한 사람입니다.

나는 수십 개 국가의 경제발전을 분석했어.

그리고 크게 3가지를 발견했지.

사이먼 쿠즈네츠

첫째, 인구가 늘고 1인당 노동생산성도 크게 증가합니다.

둘째, 경제구조의 변화가 일어납니다. 주력 산업이 농업에서 공업으로 바뀌고, 작은 기업이 큰 기업으로 성장합니다. 또한 농촌에 살던 많은 사람들이 일자리를 찾아 도시로 몰려듭니다.

셋째, 사회경제적 제도와 이념의 변화가 일어나며, 시장과 생산요소의 확보를 위한 대외진출 성향이 뚜렷해집니다.

이렇게 경제성장을 이룬 국가들을 관찰해 경제성장을 설명하는 방법 외에 이론적인 설명도 가능합니다.

기술의 진보

먼저 한 국가가 지닌 생산요소를 살펴봐야 합니다.
만약 이미 자본이 풍부한 나라라면 자본을 더 투입해봤자
생산량이 늘어나는 정도는 미미할 것입니다.

반면 노동이 풍부한 나라라면 자본을 증대시켜야 할
것입니다.

투입된 노동과 자본의 양이 같더라도 기술수준이 높으면
생산량은 늘어납니다.

기술수준을 높이려면 연구개발에 투자해야 합니다.
그래서 정부는 직접 연구개발에 세금을 투입하기도 하고,
연구개발에 힘쓰는 기업에 세금 감면 혜택을 주기도 합니다.

기술 연구 장려가 이윤 추구나 학문 발전만을 목적으로 한 건 아니었네요.

지속적인 경제성장까지 꾀하는 활동인 거군요.

그렇습니다.

생산함수에서 노동과 자본의 성장에는 한계가 있습니다.

인구의 성장에는 한계가 있어.

공장도 이미 많아.

하지만 기술수준은 어떨까요? 과학기술의 한계는 아직 누구도 알 수 없습니다.

과학자의 눈앞에는 미지의 세계가 끝없이 펼쳐져 있어요.

아직도 개발해야 할 기술이 많아!

과학자

공학자

기술은 무한히 발전할 수 있습니다. 그래서 선진국들은 지속적인 경제성장을 위해 과학기술 개발에 투자하는 것이지요.

첨단기술 개발에 투자하는 게 지속적인 성장의 길인 거야.

암, 그렇지.

AMD CEO 리사 수

애플 CEO 팀 쿡

정리하자면 경제성장을 위해서 우선 국가의 자원을 파악하고, 부족한 생산요소를 보충해야 합니다.

자본이 부족하면 자본을, 노동이 부족하면 노동을 보충해야겠군요.

대개 개발도상국은 노동이 풍부하고 자본이 부족하니 해외에서 투자를 받지.

이후 경제성장을 지속하기 위해서는 기술개발도 신경써야 하고요.

어느 나라든 할 수 있을 것 같아요.

방법만 듣고 보면 어렵지 않은데요?

근데 그게 쉽지가 않아.

경제성장의 걸림돌

노동과 자본의 투입, 기술의 진보만 있으면 어느 국가든 경제성장을 이루어낼 것처럼 보입니다.
하지만 여전히 많은 나라가 원활한 경제성장을 하지 못하고 있습니다. 왜 그럴까요?

아프가니스탄

미얀마

예멘

에티오피아

그 이전에 해결해야 할 문제가 있거든.

세계에는 여전히 내전 중인 나라들이 있는데 이렇게 정국이 불안하면 사람들이 안정적으로 생산활동을 할 수 없습니다.

자본을 확충하려면 해외투자도 필요한데 투자도 유치하기가 어렵죠.

저 나라는 너무 위험해.

이 같은 문제가 없다 해도 여러 산업 중 무엇을 발전시켜야 하는지 결정해야 하는 문제가 남습니다.

농업? 제조업? 서비스업?

흐음

경제성장의 단계에 따라 1차, 2차, 3차 산업이 발전하는 게 전형적이긴 한데요.

금융, 서비스 중심의
3차산업

제조업 중심의
2차산업

농림수산업 중심의
1차산업

균형성장론과 불균형성장론

하지만 모든 나라가 이러한 단계로 발전하지는 않기 때문에 각국의 특성에 맞는 경제발전 모델을 찾는 것이 중요합니다.

경제발전을 이뤄내는 길이 하나만은 아니라는 거죠.

학자들 간에도 성장 방법에 대한 견해가 다른데, 크게 2가지로 분류할 수 있습니다.

균형성장론
여러 산업을 골고루 성장시켜야 한다는 견해

불균형성장론
경제발전에 유리한 산업에 먼저 집중적으로 투자해야 한다는 견해

균형성장론을 주장하는 학자들은 다음과 같은 이유 때문에 후진국들이 빈곤의 악순환을 되풀이할 수밖에 없다고 말합니다.

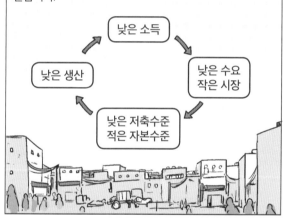

이 악순환의 고리를 끊기 위해선 모든 산업에 골고루 투자하여 산업 간 상호 수요를 만들고 자국 시장의 개발을 확대해야 한다는 것이죠.

골고루 발전시켜서 국내 수요를 키워야지.

한편 후진국은 축적된 기술이나 자본이 없기 때문에 모든 산업을 동시에 성장시키는 것은 거의 불가능하다는 게 **불균형성장론**의 입장입니다.

언제 골고루 하고 있어?

불균형성장론에선 일단 외부로부터의 공급이 쉬운, 해외 원조로 자본을 늘린 후 파급효과가 큰 산업에 집중 투자해 해당 산업의 연관효과로 경제발전을 촉진해야 한다고 주장합니다.

수출 산업 위주로 투자하면서 자본을 축적해야 돼.

불균형성장론에서 경제성장을 이끄는 산업을 **선도산업**이라고 하는데요.

선도산업은 한 경제에서 커다란 연관효과를 지니는 산업을 말합니다.

전방연관효과는 어떤 산업의 발전이 그 산업의 제품을 구매하여 사용하는 다른 산업의 성장과 투자를 유발하는 효과입니다.

후방연관효과는 어떤 산업이 다른 산업의 제품을 중간투입요소로 사용하면서 투자와 성장을 유발하는 효과입니다.

우리나라의 경우 1960년대부터 불균형성장론을 채택했습니다. 국민의 소득수준이 낮아 국내 수요가 매우 작았으므로 중화학공업으로 대표되는 수출산업을 집중적으로 육성해 해외시장을 개척하는 방법으로 총수요를 키워 나갔습니다.

수출주도형 성장전략으로 1960년대부터 연평균 10%에 가까운 고도성장을 기록하며 지금은 세계 10위권 선진국으로 발전했습니다.

불균형 해결

하지만 불균형성장은 산업 간·지역 간 불평등을 초래하기도 합니다.

중화학공업, 수출기업 위주로!

우리 세상이다~!

중화학공업 & 수출기업

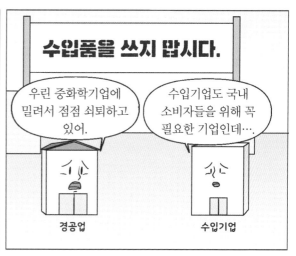

수입품을 쓰지 맙시다.

우린 중화학기업에 밀려서 점점 쇠퇴하고 있어.

수입기업도 국내 소비자들을 위해 꼭 필요한 기업인데….

경공업

수입기업

경제성장도 중요하지만 그 과정에서 발생한 격차와 불균형을 해결하는 것 역시 중요한 과제입니다.

다들 도시로 가버리면 소는 누가 키워?

농촌뿐만 아니라 공업단지가 없는 도시 역시 경제발전에서 소외되기 쉽습니다.

또한 급속한 경제성장 과정에서 노동자들이 착취당하고 희생되기도 합니다.

경제는 성장한다는데 우리는 왜 이렇게 힘들까?

근로기준법을 준수하라!

따라서 지속적인 경제성장을 추구하면서도 불균형 문제를 해소하고자 노력하는 것이 우리에게 주어진 중요한 책무입니다.

경제발전의 성과가 모두에게 돌아갈 수 있도록 해야겠네요.

경제학은 사람을 위해 존재한다는 걸 잊지 말아야겠어요.

15 | 3분 정리
경제성장과 발전

요약 노트

경제성장
→ 국내총생산(GDP)은 한 국가의 경제규모를 나타내는 대표적인 지표이다. 경제 성장의 정도는 전년도 GDP와 올해 GDP를 비교하여 알 수 있고, 이를 경제성 장률이라고 한다.

→ 매년 같은 규모만큼 GDP가 증가할 경우 경제성장률은 점차 감소한다. 경제가 이미 충분히 커진 선진국은 경제성장률이 높지 않다.

경기변동
→ 경기가 오르락내리락하는 것을 경기변동이라고 하며, 이러한 경기변동은 일 정한 주기로 반복되는 경향이 있는데 이를 경기순환이라고 한다.

→ 경기순환의 주기는 호황, 경기침체, 불황, 경기회복이라는 단계로 이루어진다.

→ 경기변동의 주요 원인으로는 소비지출 및 투자지출의 변화, 대출 여건과 이자 율 변동 등이 있다. 전쟁 발발과 같은 외부의 충격도 경기변동을 일으킨다.

→ 경기변동 때문에 특정 시기 경제성장이 멈춘 것처럼 보일 수도 있지만 거시경 제의 장기적인 추세는 성장이다.

경제발전
→ 경제규모의 양적인 성장에 질적인 개선까지 이뤄지는 것을 경제발전이라고 한 다. 고용의 감소 없이 1인당 노동생산성이 향상되고, 공업화에 의해 산업구조가 개편되고, 사회문화적 수준이 향상되는 등의 개선이 동반되는 것을 말한다.

→ 경제학자 사이먼 쿠즈네츠는 수십 개 국가의 경제발전을 분석해 다음과 같은 특징을 발견했다. 첫째, 인구가 늘고 1인당 노동생산성도 크게 증가한다. 둘째, 경제구조의 변화가 일어나 주력 산업이 바뀌고 기업 규모가 커진다. 셋째, 사 회경제적 제도와 이념의 변화가 일어나며 대외진출 성향이 뚜렷해진다.

기술의 진보
→ 경제성장을 Y=A·f(K, L)이라는 생산함수를 바탕으로 설명할 수도 있다. 여기서 A는 기술수준을 의미한다.

→ 생산함수와 한계생산 체감의 법칙을 고려하면 노동이 풍부한 나라에서는 자본 을, 자본을 풍부한 나라에서는 노동을 더 확보해야 생산량을 효과적으로 증대 시킬 수 있다.

→ 투입된 노동과 자본의 양이 같더라도 기술수준이 높으면 생산량은 늘어난다.

→ 노동과 자본 투입량을 늘리는 데는 한계가 있지만 기술은 무한히 발전할 수 있 다. 따라서 지속적인 경제성장을 위해서는 기술수준을 높이기 위한 연구개발 이 필요하다.

균형성장론과 불균형성장론	→ 경제성장을 위해서는 생산요소를 더 투입하고 기술을 개발한다는 명확한 방법이 있는데도 많은 나라들이 원활한 경제성장을 하지 못하고 있다. 내전이나 정국 불안 등으로 안정적으로 생산활동을 하지 못하고 자본 확충도 어려운 경우이다.
균형성장론과 불균형성장론	→ 국가의 성장 방법에는 다양한 견해가 있지만 크게 균형성장론과 불균형성장론으로 분류해볼 수 있다. → 균형성장론자들은 여러 산업을 골고루 성장시켜야 한다고 주장한다. 후진국의 낮은 수요와 작은 시장은 낮은 생산으로 이어질 수밖에 없기 때문에 여러 산업에 골고루 투자해 산업 간 상호 수요를 만들어야 한다는 주장이다. → 불균형성장론자들은 경제발전에 유리한 산업에 먼저 집중적으로 투자해야 한다고 주장한다. 후진국의 경우 축적된 기술이나 자본이 없기 때문에 여러 산업을 고루 성장시키는 게 불가능하고, 파급효과가 큰 산업에 집중 투자해서 경제발전을 촉진할 필요가 있다고 말한다. → 선도산업은 다른 산업과의 연관효과를 지녀서 경제성장을 이끄는 산업을 가리킨다.
불균형 해결	→ 불균형성장론은 산업과 지역 간 불평등을 초래하기도 한다. 과도한 선도산업 지원으로 다른 산업이 몰락할 수 있으며, 노동 착취가 발생하거나 비공업 지역이 경제발전에서 소외되기도 한다. 지속적인 경제발전을 위해선 이러한 불균형도 해소하기 위해 노력해야 한다.

퀴즈

Q1 다음 설명 중 틀린 것은?

① 경제발전은 경제의 양적인 성장과 함께 질적 개선까지 포괄하는 개념이다.

② GDP가 큰 나라는 경제성장률도 높다.

③ 철강 산업의 발전으로 철강을 사용하는 자동차, 조선 산업도 함께 발전하게 되는 것을 전방연관효과라고 한다.

④ 자동차 산업의 발전으로 자동차 생산에 필요한 유리 산업, 타이어 산업도 함께 발전하게 되는 것을 후방연관효과라고 한다.

명목변수와 실질변수

경제학에서 '명목(nominal)'이란 말이 붙으면 물가 변동을 반영하지 않은 것을 말하고, '실질(real)'이란 말이 붙으면 물가 변동을 반영한 것을 말합니다. 예를 들어, 명목임금의 변동은 물가 변동에 대한 고려 없이 단순히 금액의 변화로 측정합니다. 따라서 월급이 200만 원에서 220만 원으로 올랐다면 명목임금은 10% 상승한 것이 되지요. 그런데 그 사이 물가도 10% 상승했다면 어떨까요? 물가가 10% 올랐다는 것을 단순하게 비유하자면, 기존에 200만 원으로 살 수 있었던 물품을 이제는 220만 원을 줘야 살 수 있다는 것이 됩니다. 따라서 명목임금은 올랐지만 실질적으로 소비할 수 있는 양은 늘지 않았고, 실질임금은 그대로라고 할 수 있습니다. 대체로 물가는 상승하기 때문에 명목변수의 증가율에 비해 실질변수의 증가율은 작은 경향을 보입니다.

GDP에도 명목 GDP와 실질 GDP가 있습니다. 명목 GDP는 한 국가 내에서 그해에 생산된 최종생산물의 시장가격의 총합으로 계산합니다. 그런데 생산량이 별로 늘지 않아도 시장가격이 오르면 GDP는 크게 오른 것처럼 보입니다. 따라서 명목 GDP만으로는 경제성장을 정확하게 파악하기 어렵죠. 그래서 실질 GDP라는 것을 계산하게 됩니다. 특정한 해의 시장가격을 기준으로 삼은 후 해당 연도의 최종생산물을 기준연도의 가격으로 계산하는 깃입니다. 한국은행에 따르면 2021년 실질GDP는 전년 대비 4.1% 증가했으며, 명목GDP는 6.7% 증가했습니다. 실질GDP 계산 시 기준 연도는 2015년이었습니다.

명목 GDP를 실질 GDP로 나눈 값에 100을 곱한 것을 GDP 디플레이터(deflator)라고 합니다. 물가수준이 얼마나 올랐는지 알려주는 수치이죠. 물가를 알려주는 수치 중 하나인 소비자물가지수는 개별 물건의 가격을 조사해서 계산하게 됩니다. 반면 GDP 디플레이터는 개별 물가를 조사하는 것은 아니지만 명목과 실질 GDP의 차이를 통해 전반적인 물가수준의 변화를 나타내주죠. 최근 3년간 GDP 디플레이터를 살펴보면 2019년 103.9, 2020년 105.5, 2021년 108.1이었습니다. 이렇게 수치로 비교하니 인플레이션이 진행되고 있음을 확실히 알 수 있죠?

경제학, 특히 거시경제학에서는 물가 변동을 고려하는 것이 매우 중요합니다. 따라서 어떤 수치가 명목변수인지 실질변수인지 잘 따져봐야 합니다.

16

ECONOMICS

국제경제학

세계가 더 잘살게 되는 길

· 국제무역
· 비교우위론
· 상품차별화
· 보호무역
· 환율
· 환율제도

국제무역

이제 세계 전체로 시야를 넓혀 볼까요?

국가 간 경제활동 국제무역을 알아보겠습니다.

무역은 왜 하는 걸까요?

우리나라에는 없는 상품을 얻으려고요.

석유라든가···

오늘날 어떤 국가도 자급자족하고 있지 않습니다. 모든 나라가 국제무역을 하고 있죠.

석유 팔아요~ 대신 자동차, 전자제품 삽니다.

자동차, 전자제품 팔아요~ 대신 석유 삽니다.

무역을 하면 각자의 부족한 부분을 메울 수 있습니다.

우리는 양털이랑 양고기는 많은데 공산품은 부족해요.

우리는 양털, 양고기는 별로 없지만 공산품을 많이 만듭니다.

낙농업 국가

제조업 국가

그런데 부족함이 없어 보이는 나라도 무역을 합니다.

농업부터 첨단산업까지

난 전 세계를 상대로 무역을 해.

부족한 게 없는데 무역을 왜 하죠?

그런 나라에도 무역은 이익을 가져다주니까요.

일찍이 내가 **비교우위론**으로 무역의 이익을 설명했지.

데이비드 리카도

비교우위론

리카도의 비교우위론을 가상의 예로 설명해 보겠습니다.

A국과 B국이 쌀과 스마트폰을 생산하고 있다고 가정해볼게.

음, 사람이 쌀과 스마트폰만 가지고 살 순 없지만 가정이니까.

난 가능한데?

그, 그렇겠지.

절대우위란 어떤 상품을 생산하는 데 있어서 한 국가가 상대 국가에 비해 절대적으로 유리한 경우를 말합니다.

농토가 넓고 기후도 좋아서 훨씬 싸게 많은 쌀을 생산할 수 있지.

절대우위랄까?

농사에선 우리가 절대열위구나.

좌악

한 나라가 여러 상품에서 모두 절대우위일 수도 있습니다.

우리에겐 최첨단 기계와 거대한 공장이 있지. 스마트폰도 우리가 더 싸게 많이 만들 수 있어.

스마트폰도 우리가 절대열위구나.

어라, 이것도 절대우위네?
ㅎ ㅎ ㅎ

상대국가는 절대열위에 있는 것입니다.

두 상품에서 모두 절대우위에 있는 국가는 무역을 할 이유가 없어 보입니다. 하지만 그런 나라도 무역을 하는 게 이득입니다.

둘 다 내가 더 잘 만드는데 무역이 나한테도 이익이라고?

비교우위는 절대우위에서 뒤처지더라도 생산의 기회비용을 고려할 때 상대적으로 우위를 가질 수 있다는 개념입니다.

기회비용! 오랜만에 다시 나왔지? 2강에서 배웠어.

잠깐! 복습 좀 하고 올게.

이 표는 A국과 B국의 쌀과 스마트폰 생산비용을 나타낸 것입니다.

국과 국의 쌀과 스마트폰 생산비용

생산비용	쌀(1가마당)	스마트폰(1대당)
A국	5만 원	10만 원
B국	30만 원	20만 원

둘 다
우리가 비용이
더 많이 드네.

그런데 상대적으로 비교해보면 B국이 조금이라도 나은 생산 분야가 있습니다.

응…?

상대적으로
낮다는 걸 어떻게
알 수 있죠?

기회비용을
계산해보면
됩니다.

기회비용은 그 제품을 생산하기 위해 다른 제품 생산을 얼마나 포기했는지로 나타냅니다.

기회비용	쌀(1가마당)	스마트폰(1대당)
A국	스마트폰 0.5대	쌀 2가마
B국	스마트폰 1.5대	쌀 0.66…가마

쌀 생산의
기회비용은 A국이 낮고,
스마트폰 생산의 기회비용은
B국이 낮아.

둘 다 절대우위이지만
기회비용까지 따지면
쌀만 상대우위네. 쌀만
생산하고 스마트폰은
수입할까?

둘 다 절대열위이지만,
스마트폰은 내가 상대우위야.
저쪽이 쌀 생산에 집중하고
내가 스마트폰을
생산하면…

그리하여 양국이 비교우위 상품만을 생산하고 무역을 하게 되었다고 합니다. A국과 B국이 각각 쌀 100가마, 스마트폰 100대씩이 필요하다고 가정하겠습니다.

우린 쌀 100가마,
스마트폰 100대가
필요해.

우리도 마찬가지.

먼저 무역하지 않고 자국의 필요량만큼 각자 생산한 경우를 봅시다.

총
1,500만 원이
드네.

 A국

쌀 100가마 = 5만 원 x 100 = 500만 원
스마트폰 100대 = 10만 원 x 100 = 1,000만 원

총
5,000만 원이
드네.

 B국

쌀 100가마 = 30만 원 x 100 = 3,000만 원
스마트폰 100대 = 20만 원 x 100 = 2,000만 원

저 비용을 들여서 각자 비교우위 상품만 생산한다면 어떻게 될까요?
A국은 쌀만 생산하고, B국은 스마트폰만 생산하는 것입니다.

봐봐.
비용은
그대로인데
두 상품의
총 생산량은
늘었지?

	쌀	스마트폰
A국(1,500만 원 투입)	300가마	0대
B국(5,000만 원 투입)	0가마	250대
합계 증가분	100가마	50대

이제 양국은 부족한 물품을 무역을 통해 주고 받습니다.

스마트폰
100대가 필요해.
대신 쌀을 주지.

좋아. 마침 난
쌀 100가마가
필요했어.

거
래
성
사

교환을 하고 나면 필요한 양을 충족하고도 물품이 남습니다.
필요량을 전보다 적은 비용으로 생산하는 선택도 할 수
있게 되죠.

무역을 하니까
예전보다 쌀 100가마가
더 생겼어.

우리는
스마트폰 50대가
더 생겼어.

비교우위 상품 생산에 특화하여 무역을 하면 필요량을
충족하는 동시에 더 많이, 또는 더 적은 비용으로 생산할
수 있게 됩니다.

이것이 바로
비교우위의 마법!

촤라락

국가마다 서로
다른 제품에 대해
비교우위가 있기 때문에
무역은 서로에게 이익을
안겨줍니다.

나라마다 부존자원,
기후, 노동력, 기술 수준이
다르기 때문에 기회비용에
차이가 있기 마련이야.

상품차별화

그런데 쌀과 스마트폰처럼 매우 다른 상품들만 주고받는 건 아닙니다.

세계 무역량을 보면 선진국 간 무역 비중이 더 큰데요.

유사한 제품을 주고받는 경우가 상당합니다.

OECD 보고서
2019년, 선진국 상호 간 무역이 전체 무역의 50%를 상회

경제학자 폴 크루그먼은 이런 무역을 **상품차별화**라는 개념으로 설명합니다.

같은 종류의 상품이지만 차별점이 있거든.

한국 자동차는 가격과 사후서비스(AS, 보증기간)에 강점이 있고, 독일 자동차는 승차감과 디자인에 강점이 있는 것처럼요.

독일차가 명품이지. BMW라든가.

Bus! Metro! Walk!

내가 치려던 개그를!

양국 소비자 중에는 가격과 서비스를 중시하는 사람도, 승차감과 디자인을 우선하는 사람도 있을 것입니다.

저는 가격을 따져보고 한국차를 사기로 했습니다.

저는 고급스러운 디자인에 끌려서 독일차를 사려고요.

독일인

한국인

소비자의 다양한 요구를 충족시키려면 제품도 다양해져야 하니 무역이 발생합니다.

이와 같은 유형을 '산업 내 무역'이라고 합니다.

한 회사가 다양한 자동차를 다 만들면 안 되나요?

그게 쉽지가 않아.

현대 공업은 대개 규모의 경제에 의해 운영됩니다. 소품종을 대량생산해야 생산비용이 훨씬 적게 들죠.

새로운 차 설계하고 제조시설 갖추는 데 어마어마한 돈이 든다고.

사평모터스

몇 가지 모델에 한정해 수십만 대씩 팔아야만 이익이야.

음, 다양한 제품이 나오려면 여러 회사가 있어야겠군요.

보호무역

지금까지 배운 내용을 보면 모든 국가가 자유무역을 반길 것 같죠?

하지만 현실은…

실제 국제경제에서는 보호무역을 시행하는 국가도 있습니다.

특히 자국의 **유치산업** 육성을 위해 보호무역을 강조하는 것이죠.

유치산업
(幼稚産業)
(infant industry)

유치산업? 유치하다는 뜻인가요?

아직 어린아이 단계에 있는 산업이란 뜻이야.

국내의 유치산업이 외국과의 경쟁에 그대로 노출되면 생존할 수 없습니다. 그러므로 어느 정도 성장할 때까지 보호해주어야 한다는 것입니다.

이 산업은 아직 발전해 나가는 단계니까 좀 클 때까진 봐주시죠.

개도국 정부

음애~

선진국 정부

쩝… 알겠소.

하지만 이런 논리가 확대되어 모든 산업에 적용한다면 결국 무역의 취지를 훼손하고 더 큰 분쟁이 생길 수 있습니다.

애들도 어린이요금, 아니 유치산업으로 인정해주쇼.

개도국 정부

음애예요~

아니, 쟤는 아무리 봐도 애가 아닌데?!

선진국 정부

또한 특정 산업을 그저 보호하기만 한다면 국제경쟁력을 기르는 데 오히려 방해가 될 수도 있습니다.

우쭈쭈! 우리 기업 잘한다.

개도국 정부

우걱우걱.

어떤 나라가 자국 기업에만 보조금을 지급하는 등 공정한 경쟁을 저해한다면 상대 국가 역시 보호무역 정책으로 대항할 것입니다.

우리도 우리 기업한테 보조금을 지급하겠어.

선진국 정부

모두 보호무역을 하려 들면 결국 자유무역 질서는 깨지겠네요.

그렇죠. 자국의 이익만 추구하다 모두 나락으로 빠져들 수 있습니다.

1930년대 대공황 때 세계 경제가 오랫동안 침체를 벗어나지 못했던 이유 중 하나도 보호무역 때문입니다.

공황이닷!

국제적으로 협력해서 극복했다면 좋았을 텐데 그렇게 되지 않았죠.

우리 기업이라도 살아야. 수입품에 평균 59%의 관세를 매기겠다.

우리도 보호무역이다! 식민지 짜내면서 버티면 돼.

이런 분위기는 결국 침략과 전쟁이라는 끔찍한 결과로 이어지는 데도 영향을 주었습니다.

우린 뜯어 먹을 식민지도 없는데…

이렇게 된 이상 우리도 침략해서 식민지 만든다.

우리도 더 침략한다!

헉, 보호무역이 2차대전에도 영향을 주었을 줄이야.

꽤 극단적 사례이지만 전 세계가 적대적인 무역 정책을 펼친다면 이렇게 위험해 진다는 겁니다.

서로 협의할 수 있는 국제기구가 필요하겠네요.

세계무역기구(WTO)가 그런 기구입니다. 국가 간 무역분쟁을 조정하면서 지역별 자유무역협정을 권장하는 등 자유무역 정신이 지켜지도록 노력하고 있습니다.

WORLD TRADE ORGANIZATION

자유무역이라는 원칙 위에서 무역 분쟁을 조정하고 있어요.

환율

이렇게 좋은 무역! 꼭 해야겠죠?

그런데 국제무역을 할 때 꼭 필요한 것이 있습니다.

뭘지 맞춰봐!

정답!

외화요!

외국과 물건을 거래할 때는 해당 국가가 사용하는 화폐나 국제적으로 널리 통용되는 화폐가 필요합니다.

그쪽 물건 사고 싶은데 원화로 안 될까요?

우린 원화 안 쓰는데 말이 됩니까? 엔화를 주든가, 달러로 결제해주세요.

오네가이시마스~

외국 돈, 즉 외환을 사고파는 시장을 외환시장이라고 합니다. 거기서 결정되는 외환의 가격이 바로 **환율**입니다.

달러가 필요해. 원화와 교환비율이 어떻게 되지?

이렇게 달러를 필요로 하는 사람들이 많아지면 외환시장에서 달러의 가격이 오릅니다.

환율은 화폐 간 '교환비율'을 말하며, 이를 표기하는 방법에는 2가지가 있습니다.

1달러당 1,000원 (1,000원/$)

첫 번째는 한 단위의 외환을 얻기 위해 필요한 자국의 화폐가 얼마인가로 표시하는 방식이야.

자주 보던 방식이네.

1원당 0.001달러 (0.001$/원)

두 번째는 우리 화폐 한 단위에 대한 외국 화폐의 교환비율을 표시하는 방식이야.

이건 좀 낯선 방식이네.

이제 환율이 1달러당 1,000원에서 1,200원으로 올랐다고 가정해보겠습니다. 두 방식으로 표기해보면 다음과 같습니다.

원화 대비 1달러의
가치가 상승

1,000원/$
↓
1,200원/$

달러 대비 1원의
가치가 하락

0.001$/원
↓
0.00083...$/원

첫 번째 방식으로 표시한 환율이 올랐다는 것은 원화의 가치가 하락했다는 뜻입니다. 이를 **평가절하**라고 합니다. 반대의 경우는 **평가절상**이 되겠죠.

환율의 변동은 수출과 수입에 큰 영향을 미칩니다. 환율이 오르면 수입품의 가격도 오르겠죠.

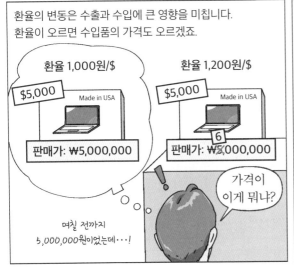

이렇게 되면 자연히 수입 제품에 대한 수요량은 줄어들고 대체재인 국산 제품에 대한 수요가 증가할 것입니다.

한편 외국 소비자들의 입장에서 생각하면, 한국산 제품의 가격이 하락하는 것이므로 그 수요가 늘게 됩니다.

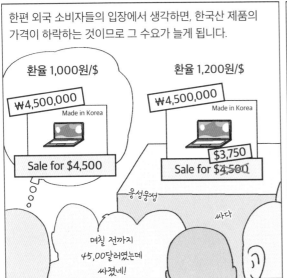

반대로 원화가 평가절상된 경우 수출엔 불리하지만 수입에는 유리합니다. 이렇게 평가절하와 평가절상은 각각 장단점이 있는 것이죠.

그럼 환율은 외환시장에서 어떻게 결정될까요?

역시 그것도 수요와 공급으로 결정되지 않을까요?

환율은 외화의 가격 같은 거니까요.

역시 열심히 따라온 여러분들, 감격입니다.

서당개 3년이면 풍월을 읊는다잖아요.

수출 기업은 달러로 대금을 받는 경우가 많습니다. 국내에서 자금을 써야 하는 기업은 벌어들인 외화를 외환시장에 내놓고 원화로 바꾸려 할 것입니다.

여기 달러를 내놓을 테니 원화로 바꿔주세요.

수출기업이 외환시장에 달러를 공급하는 셈이지.

만약 환율이 오른다면 수출품의 가격경쟁력이 높아져서 더 많은 외화를 벌어들이게 되고, 그 외화가 외환시장에 공급될 것입니다.

환율이 오를수록 더 많은 외화를 벌어들이는 셈이 되니 외환공급곡선은 우상향하게 돼.

환율

외환공급곡선

외환 거래량

한편 외환수요의 경우 환율이 오르면 외국 제품이 비싸지고 수요가 줄어들어 수입을 덜 하게 됩니다. 즉, 수입품을 사는 데 필요한 외화의 수요가 줄어든다는 것입니다.

환율이 오를수록 수요가 줄어드는 거니까 외환수요곡선은 우하향하게 돼.

환율

외환수요곡선

외환 거래량

이 두 곡선이 만나는 균형점에서 환율과 거래 외환량이 결정됩니다.

환율

외환공급곡선

외환수요곡선

외환 거래량

환율은 여러 요인에 의해 변합니다. 예를 들어 우리나라의 물가수준이 상승하면 수출품 가격도 오르게 됩니다.

인건비랑 재료비가 올랐어. 제품 가격도 올려야겠네.

4출하사

이렇게 수출품 가격이 오르면 외국 시장에서 우리 상품의 수요가 줄어들고, 수출이 줄면서 외환시장에서 외환공급도 감소하게 됩니다.

제품가격 상승 → 해외수요 감소 → 외환공급 감소

비싸진다!

비싸네. 안 살래.

달러가 안 들어와!

한편 대체재인 수입품의 가격이 상대적으로 낮아지게 되므로 수입이 증가하고 외환수요도 따라서 증가하게 됩니다.

제품가격 상승 → 대체 수입품 수요 증가 → 외환수요 증가

비싸진다!

made in USA

made in Korea

우린 싸졌네.

달러가 더 필요해!

국내물가가 올랐을 뿐인데 이런 나비효과가…

이 경우 외환공급곡선은 좌측으로 이동하고, 다시 외환수요곡선이 우측으로 이동하면서 환율은 상승할 것입니다.

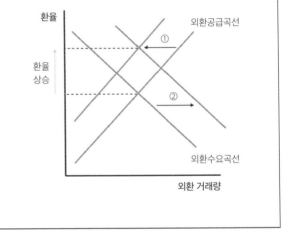

환율

외환공급곡선

①

환율 상승

②

외환수요곡선

외환 거래량

어? 환율이 상승했으니 다시 수출 경쟁력이 생겼겠네요?

그렇네. 처음에 수출품 가격 상승으로 이렇게 된 건데 수출품 가격이 다시 떨어지게 됐네.

그렇죠? 이처럼 환율 변동은 수출량과 수입량을 조절하는 기능도 합니다.

수출만 계속 늘어나거나 수입만 계속 늘어나지 않고 균형을 회복하는 거지.

수입   수출

환율제도

많은 나라들이 외환시장에서의 수요와 공급에 따라 환율이 자율적으로 결정되도록 두는데, 이를 **자유변동환율제도**라고 합니다.

시장가격을 받아들일게.

하지만 환율의 변동이 심한 경우 정부가 직접 외환시장에 개입하여 환율을 통제하기도 합니다. 대부분의 국가는 완전한 자유변동이 아닌 '부분적 변동환율제도'를 채택하고 있죠.

으… 이건 안 되겠다. 좀 개입할게.

들쭉

날쭉

이를 **관리변동환율제도**라고도 합니다. 환율이 급격이 오를 경우 국가가 직접 외환시장에 외환을 공급해서 환율의 급상승을 막게 됩니다.

외환보유고가 충분해야 가능하다는 조건이 붙지.

반면 환율을 특정한 값에 고정시켜 놓는 경우도 있는데 이를 **고정환율제도**라고 합니다. 우리나라도 해방 후 1964년까지는 고정환율제를 시행했습니다.

환율은 1달러당 130원으로 고정이다!

1달러 = 130원*

콰콰

*1962년 기준

왜 고정환율제도를 썼죠?

경제 규모가 작고 물가 변동이 심한 국가에선 환율을 고정시킴으로써 물가를 안정시킬 수 있기 때문입니다.

하지만 외환의 초과공급이나 초과수요에 현재 고정환율제를 시행하는 국가는 거의 없습니다.

이번 강의에선 국가들 사이에서 이루어지는 국제무역과 환율에 대해 알아보았습니다.

상품이든 외화든 결국 수요와 공급이네요.

시장의 근본 원리는 다 비슷하다는 걸 새삼 또 깨달았어요.

16 | 3분 정리
국제경제학

요약 노트

국제무역
→ 오늘날 어떤 국가도 자급자족으로 살아갈 수 없다. 무역을 통해 각자의 부족한 부분을 메우며 살아가고 있다.

비교우위론
→ 경제학자 데이비드 리카도는 모든 물품에 대해 생산성이 높은 나라와 낮은 나라 간에도 무역을 통해 이익을 취할 수 있음을 밝혔으며 이를 비교우위론이라고 한다.

→ 절대우위란 어떤 상품을 생산하는 데 있어서 한 국가가 상대 국가에 비해 절대적으로 유리한 경우를 말한다. 이때 상대 국가는 절대열위에 있다고 한다.

→ 절대열위에 있다 하더라도 생산의 기회비용을 고려할 때 상대적으로 우위를 지닐 수 있다. 각 국가가 상대우위에 있는 제품 위주로 생산한 후 무역을 통해 교환한다면 전체적으로 생산량을 늘리거나 비용을 줄일 수 있다.

상품차별화
→ 선진국 간에도 무역이 많이 발생하고 그중엔 유사한 제품을 주고받는 경우가 많다. 이는 상품차별화가 이뤄지기 때문이다.

→ 소비자의 다양한 욕구를 충족시키기 위해서 동일한 상품군 안에서도 조금씩 다른 다양한 상품이 개발되고 팔릴 수 있다.

보호무역
→ 성장 가능성이 있지만 아직 미성숙한 산업을 유치산업이라고 한다. 유치산업이 외국 기업들과의 경쟁에 직접 노출되면 더 발전하지 못하고 사장될 수 있다.

→ 때로 국가는 유치산업의 육성을 위해 자유무역이 아닌 보호무역 정책을 펼친다. 즉, 특정 산업에 보조금을 지급하거나 수입품의 물량을 제한하고 추가적인 세금을 부과한다.

→ 보호무역이 과도해지면 국제경쟁력을 기르기 어렵고 무역의 취지를 훼손하면서 분쟁으로 이어질 수 있다. 그래서 세계무역기구(WTO)는 국가 간 무역분쟁을 조정하며 자유무역의 원칙이 지켜질 수 있도록 힘쓰고 있다.

환율
→ 무역을 하기 위해선 외국 돈(외화, 외환)이 필요하다. 외환을 사고파는 시장을 외환시장이라 하며 외환의 가격을 환율이라고 한다.

→ 환율은 화폐 간의 교환비율을 뜻한다. 환율을 표기하는 방식에는 ① 1단위의 외화에 해당하는 자국 화폐 금액으로 표기하는 방식(1,000원/$), ② 1단위의 자국 화폐에 해당하는 외화 금액으로 표기하는 방식(0.001$/원)이 있다. 대체로 ①의 방식으로 표기한다.

→ 환율이 상승하면 해당 외화에 비해 원화의 가치가 떨어진 것이므로 '평가절하'라 하며, 반대는 '평가절상'이라고 한다.

→ 환율이 올라 평가절하가 일어나면 수입에는 불리하지만 수출에는 유리하다. 수출 증대로 더 많은 외화가 공급되므로 환율-외환 거래량 평면에서 외환공급곡선은 우상향한다. 반면 환율이 오를수록 수입품의 가격이 올라 수요가 줄어들기 때문에 외환수요곡선은 우하향하게 된다. 이 외환공급곡선과 외환수요곡선이 만나는 균형점에서 환율과 외환 거래량이 결정된다.

환율제도

→ 외환시장에서의 수요와 공급에 따라 환율이 자율적으로 결정되도록 하는 것을 '자유변동환율제도'라고 한다.

→ 환율의 변동이 심한 경우 정부가 직접 외환시장에 개입하여 환율을 통제한다. 이를 '관리변동환율제도'라고 한다. 대부분의 나라는 기본적으로 환율이 자유롭게 변동하도록 놔두면서 필요한 경우 개입하는 방식을 취하고 있다.

→ 환율을 특정 값에 고정시켜 놓는 경우는 '고정환율제도'라고 한다. 경제 규모가 작고 물가 변동이 심한 국가에서는 고정환율로 물가를 안정시킬 수 있다. 하지만 외환의 수급 변화에 대처하기 어렵기 때문에 현재는 거의 채택되지 않고 있다.

퀴즈

01 A국과 B국의 생산비용이 다음과 같을 때 기회비용과 상대우위에 있는 물품을 구하시오.

생산비용	위스키	TV
A국	10만 원	40만 원
B국	20만 원	60만 원

기회비용	위스키	TV
A국	TV _____대	위스키 4병
B국	TV 0.33…대	위스키 _____병

A국은 B국에 비해 _____ 생산의 기회비용이 낮으므로 _____에 상대우위가 있고, B국은 A국에 비해 _____ 생산의 기회비용이 낮으므로 _____에 상대우위가 있다.

FTA의 효과

세계무역기구(WTO)는 단일한 무역권으로서의 세계가 자유무역 질서를 지켜나가도록 하는 제도입니다. 한편 자유무역협정(FTA)은 특정 국가 간 또는 특정 지역 내에서 자유 무역을 촉진하는 제도입니다. WTO는 164개 회원국 모두에 해당하는 자유무역 질서를 규정하지만, 자유무역협정에서는 협정국끼리만 서로 무역장벽을 제거하죠. 국가 간 FTA는 비체결국에 상대적 불이익을 줄 수 있다는 점에서 비판점이 있지만, 자유무역이 확대될 수 있기 때문에 WTO도 FTA를 허용하고 있습니다.

우리나라의 첫 FTA는 한-칠레 FTA입니다. 외환위기 때 국제통화기금(IMF)의 제안으로 1998년부터 FTA 협상을 개시했고, 2003년에 타결되어, 2004년 4월 1일에 발효되었습니다. 한-칠레 FTA 발효는 한국 정부의 무역 기조가 보호무역에서 자유무역으로 전환되었음을 분명히 보여주는 상징적인 사건이기도 합니다.

FTA가 발효되면 무역창출효과와 무역전환효과가 나타납니다. 무역창출효과란 기존에는 높은 관세 때문에 무역이 잘 되지 않았던 분야에서 새롭게 무역이 발생하고 늘어나는 효과를 말합니다. 칠레산 와인에 대한 관세가 철폐되면서 우리나라의 칠레산 와인 수입이 크게 늘었던 일이 대표적입니다. 국내 소비자들이 와인을 좀 더 저렴한 가격으로 즐길 수 있게 되면서 소비자 후생이 증가했죠. 한편 칠레에서는 한국산 냉장고와 세탁기 등 가전제품의 수입이 늘었습니다.

무역전환효과는 무역창출효과와는 달리 효율성과 후생이 감소하는 경우를 지칭합니다. 모든 나라에 똑같은 관세가 매겨지는 제품이 있다면 가장 적은 비용으로 생산해서 팔 수 있는 나라로부터 수입을 하게 됩니다. 그런데 FTA를 체결하면 해당 제품을 가장 효율적으로 생산하던 국가가 아닌 FTA 체결국으로 수입국이 전환될 수 있습니다. 실제로는 더 싸게 제품을 생산하는 나라가 따로 있지만 관세 때문에 FTA 체결국의 제품을 수입하게 되는 것이죠.

FTA 체결 이후 무역 변화와 그 효과는 단순하게 판단하기 어렵습니다. 무역창출효과와 무역전환효과를 비롯해 산업별 이해관계에 대한 고려도 필요합니다. 여러 영향을 종합적으로 고려해 추진하고 체결해야 할 것입니다.

종강

ECONOMICS

한국의 경제발전과 과제

우리가 걸어온 길과 나아갈 길*

- 한국의 경제발전
- 도전과 배움
- 위기와 과제

* 본 장의 내용은 이지순 서울대학교 명예교수님의 도움을 받아 구성하였습니다.

한국의 경제발전

여기까지 오시느라 수고했습니다.

어땠나요?

기초적인 경제 지식은 확실히 이해했어요.

우리 삶에 경제학이 정말 중요하다는 걸 알게 됐어요.

훌륭해요! 지금 우리가 풍요롭게 사는 것도

경제학을 활용해 경제를 발전시켜왔기 때문이라고 볼 수 있죠.

1960년대 초반까지만 해도 식량확보가 시급했기에 농업이 가장 중요한 산업이었습니다.

그런데 오늘날은 고도의 기술과 대규모 기반 시설이 필요한 첨단 제조업이 산업의 핵심부를 구성하고 있죠.

또한 문화콘텐츠 산업도 눈부시게 발전했습니다.

Do you know···?

주요 산업이 농업에서 경공업으로, 중화학공업, 첨단 제조업으로 바뀌어 가는 동안 국민소득은 크게 증가했습니다.

철강

국민소득

일취월장하며 성장 중!

한국은 경제발전의 성공 모델이네요.

국제무역에서 큰 성과를 거둔 나라이기도 하고요.

경제발전은 15강, 국제무역은 16강에서 배웠지?

우리나라는 계속해서 새로운 산업을 발전시켜 세계시장에 진출했습니다.

이것만으론 부족해. 더 성장하려면 더 무겁고 새로운 게 필요해.

내 수

내 수

내수시장에는 한계가 있었기에 어쩔 수 없이 세계시장 공략에 집중한 것이죠.

더 넓은 별로 가야겠어.

여긴 좁아터졌어.

세계시장

물은 주고 가~

내수시장

힘들지만 지속적인 경제성장에 유리한 길을 선택했다고 볼 수 있습니다.

1960년대의 상황을 볼까요?

1960

1961년에 한국의 1인당 GDP는 100달러도 안 됐어.

반면 필리핀, 인도네시아는 200~300달러 수준이었지.

당시 많은 나라들이 기존 자원과 산업 구조를 활용해 경제를 발전시켰습니다.

이미 풍부하게 갖춘 자원이 있기도 하고…

산업 구조를 바꾸는 건 위험성도 크니까.

DAN GER

하지만 한국은 위험을 무릅쓰고 세계시장에 도전하는 방식을 택했습니다.

내수시장은 너무 작고, 우린 자원도 부족해.

이래 죽으나 저래 죽으나… 한번 해보자!

도전과 배움

새로운 것에 도전했기 때문에 배우는 것도 많았습니다.
그 과정에서 생산성도 높아졌고요.

이건 어떻게 만드는 거지?

하니까 되는구나.

하지만 같은 일을 계속 반복하면 생산성 향상도 한계에
다다르고 새로 배우는 것도 없어집니다.

그동안 하던 대로 해도 충분하겠지?

이러한 생산성 정체를 막으려면 새로운 산업을 발전시켜야
합니다.

될까요?

조립해서 파는 것만으론 한계가 뚜렷해! 직접 반도체를 개발하자고!

도전해봐야지.

수요가 다양하고 빠르게 변하는 글로벌 환경은 계속
새로운 도전거리를 제공합니다.

VR기기 필요해!

전기차 탈래!

K-Pop 콘서트 보고 싶어!

이렇게 새로운 도전을 하면 배움도 성장도 멈추지
않고 지속될 수 있습니다.

정체? 아니 새로 배우며 다시 도약하는 거야.

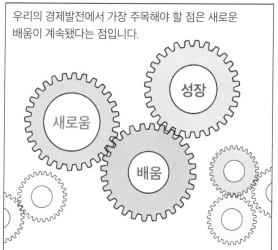

위기와 과제

경제 발전은 일자리 증가, 소득 증가, 삶의 질 향상이란 결과를 낳았습니다.

60년 전과 비교해 이만큼 좋아졌어.

· 1인당 소득:
  $2,000 → $40,000*
· 일자리 수:
  800만 개 → 2,700만 개
· 평균 기대 수명:
  약 60세 → 80세 이상

*구매력을 감안해 환산한 값

하지만 오늘날 우리는 과거와는 또 다른 새로운 도전을 직면하고 있습니다.

기후위기

비가 너무 안 와.

비가 너무 와.

무역분쟁

무역으로 그쪽만 이득 보는 거 아냐?

그쪽이야말로 부당한 요구를 하고 있는데?

국제 물류난

A사 자재요? 아직 배가 안 들어왔어요. 요새 다 밀리고 늦어지는 거 아시잖아요.

인플레이션

경유 2,150원

기름값이 이렇게나 올랐다고?

고령화와 저출산

노동 인구는 줄어드는데 부양해야 할 인구는 늘고 있어.

오늘의 위기를 헤쳐나가고 앞으로 닥칠 새로운 도전을 해결하는 데 있어서도 경제 지식을 갖추고 경제 원리를 활용하는 것은 필수입니다.

경제학자나 경제 관료들만 경제 문제를 해결하는 게 아닙니다. 경제활동을 하는 모두가 경제에 영향을 주고 있으므로 문제 해결의 주인공이라 할 수 있습니다.

여러분이 주역입니다.

세상 속에서 계속 배워가며 도전해갈 준비가 되었나요?

네!

우리가 배운 걸 잊지 말고 앞으로 나아가세요!

잘 가요~!

나도 잊지 마~!

안녕~!

더 넓은 세상으로!

나가자!

참고문헌

- 이준구(2019). **미시경제학**. 문우사.

- 이준구·이창용(2020). **경제학원론**. 문우사.

- 이지순(2021). **너와 나의 경제학**. 김영사.

- 이지순(2021). **인간해방의 경제학**. 문우사.

- 조순·정운찬·전성인·김영식(2020). **경제학원론: 거시경제학**. 문우사.

- 조순·정운찬·전성인·김영식(2020). **경제학원론: 미시경제학**. 문우사.

- 조영달·홍기현(2005). **경제학 산책**. 김영사.

- 한국은행(2017). **한국의 통화정책**. 한국은행.

- Smith, A.(2007). **국부론**(김수행 역). 비봉출판사. (원서출판 1776)

- Krugman, P., & Wells, R.(2017). **크루그먼의 경제학**(김재영·박대근·전병헌 역). 시그마프레스. (원서출판 2015)

- 국가통계포털 KOSIS. https://kosis.kr

- 한국은행 경제통계시스템 ECOS. https://ecos.bok.or.kr/#/

- OECD Statistics. https://stats.oecd.org

퀴즈 정답

01강
Q1 ④

Q2 재화, 서비스

Q3 ①

Q4 ③

02강
Q1 효용

Q2 ③

Q3 한계

Q4 한계효용 체감

Q5 파레토

03강
Q1 ①

Q2 ②

Q3 11000

Q4 ③

04강
Q1 이윤, 총수입, 총비용

Q2 ④

05강
Q1 공급, 수요

Q2 ①

Q3 ②

06강
Q1 ②

Q2 규모

Q3 가격, 생산량

Q4 ④

Q5 공정거래위원회

07강
Q1 ②

Q2 ④

Q3 경합성

08강
Q1 소수, 전략적 상호작용

Q2 A-ㄴ, B-ㄷ, C-ㄱ

Q3 자백, 자백

Q4 ③

09강
Q1 ③

Q2 선별하기, 신호 보내기

10강
Q1 ①

Q2 ④

11강
Q1 1)에선 AD곡선이 우측으로
    이동. P 상승, Y 증가.
    2)에선 AS곡선이 좌측으로
    이동. P 상승, Y 감소

Q2 ②

Q3 ①

Q4 ④

Q5 스태그네이션

12강
Q1 ③

13강
Q1 ③

14강
Q1 ①

Q2 구조적

Q3 초인플레이션

15강
Q1 ②

16강
Q1 0.25, 3, 위스키, 위스키,
    TV, TV

애덤 스미스 Adam Smith · 1723~1790

영국 스코틀랜드 출신의 철학자이자 정치경제학자이다. 자본주의와 자유무역에 대한 이론적 기반을 제공해 '경제학의 아버지'라 불린다. 주요 저서로는 『도덕감정론(The Theory of Moral Sentiments)』과 『국부론(An Inquiry into the Nature and Causes of the Wealth of Nations)』이 있다.

빌프레도 파레토 Vilfredo Pareto · 1848~1923

이탈리아의 경제학자이자 사회학자이며, 스위스 로잔느 대학에서 정치경제학 교수로 재직했다. 파레토 효율성, 파레토 균형 등의 개념을 고안해 후생경제학의 발전에 이바지했다.

아서 피구 Arthur Cecil Pigou · 1877~1959

영국의 경제학자이며 케임브리지 대학에서 경제학 교수로 재직했다. 경제적 후생을 증대하기 위한 방책을 연구하며 후생경제학의 기초를 닦았으며, 후생 손실을 줄이기 위한 피구세 개념을 고안했다.

존 포브스 내시 John Forbes Nash, Jr. · 1928~2015

미국의 수학자이다. 게임이론을 연구해 '내시균형'을 정립하였으며, 이를 바탕으로 1994년 수학자로는 이례적으로 노벨 경제학상을 수상하였다.

장 바티스트 세 Jean-Baptiste Say · 1767~1832

프랑스의 경제학자이며 사업가이기도 했다. 자유주의적 관점에서 시장경쟁과 자유무역의 활성화, 경제 규제 철폐를 주장했다. 경제 전체적으로 봤을 때 공급이 이뤄지면 그만큼의 수요가 생겨날 수밖에 없다는 '세의 법칙'을 주장했다.

존 메이너드 케인즈 John Maynard Keynes · 1883~1946

영국의 경제학자이며 케임브리지 대학에서 수학했고 동 대학에서 강의했다. 케인즈의 이론은 경제학의 판도를 바꾸었으며, 정부의 경제정책의 이론적 기반을 만들었다. 그는 경기침체기와 불황기에 정부가 재정정책을 사용해야 한다고 주장했으며, 뉴딜 정책이 시행되는 데 큰 영향을 주었다. 대표 저작은 『고용, 이자, 화폐의 일반이론(The General Theory of Employment, Interest and Money)』(1936)이다. 케인즈는 거시경제학의 기초를 다진 것뿐 아니라 20세기에서 가장 큰 영향을 미친 경제학자라고 할 수 있다.

폴 새뮤얼슨 Paul Anthony Samuelson · 1915~2009

미국의 경제학자이며, 1970년에 노벨 경제학상을 수상하였다. 미시적 시장균형 이론과 케인즈의 거시경제 이론을 접목해 '신고전파 종합'이라는 이름으로 정리하였다. 이 이론은 2차대전 후 30여 년 동안 경제학의 중심이 되는 이론으로 자리잡았다.

밀턴 프리드먼 Milton Friedman · 1912~2006

미국의 경제학자이며, 1976년에 노벨 경제학상을 수상하였다. 통화주의 학파의 거두이며, 폴 새뮤얼슨과 학문적 라이벌 관계에 있었다. 시장의 자유를 강조하고 정부의 개입에 비판적이었다. 대표 저서는 안나 슈워츠와 공동 집필한 『1867-1960년 미국 화폐사(A Money History of the United States, 1867-1960)』이다.

로버트 루카스 Robert Lucas Jr. · 1937~

미국의 경제학자이다. 합리적 기대라는 개념을 도입하여 거시경제학에 패러다임 변화를 일으켰다. 그 의미는 경제정책을 평가할 때 경제주체의 기대를 고려하지 않은 전통적 거시경제 모형을 신뢰할 수 없다는 '루카스 비판(Lucas critique)'으로 요약할 수 있다. 이와 같은 업적으로 1995년 노벨 경제학상을 수상하였다.

토마스 사전트 Thomas J. Sargent · 1943~

미국의 경제학자이다. 거시경제 및 화폐, 시계열 계량경제학의 전문가이며, 합리적 기대 혁명을 일으킨 주역이기도 하다. 2011년에 크리스토퍼 심즈와 함께 거시경제에서의 인과관계에 대한 연구로 노벨 경제학상을 수상하였다.

폴 크루그먼 Paul Krugman · 1953~

미국의 경제학자이다. 새케인즈학파를 대표하는 경제학자 중 한 명이며, 국제경제학, 무역, 경제지리학의 전문가이다. 2008년에는 무역이론 및 경제지리학과 관련한 학문적 공로를 인정받아 노벨 경제학상을 수상하였다.

그레고리 맨큐 Nicholas Gregory Mankiw · 1958~

미국의 경제학자이며, 새케인즈학파로 분류된다. 가격의 경직성을 미시적으로 설명한 메뉴비용을 제안하였다. 세계적인 베스트셀러 교과서 저자로도 잘 알려져 있다.

아서 오쿤 Arthur Melvin Okun · 1928~1980

미국의 경제학자이다. 실업률이 1% 증가하면 산출량은 약 2.5% 하락한다는 '오쿤의 법칙(Okun's Law)'으로 유명하다. 국민의 경제적 어려움을 실업률과 인플레이션율의 합산으로 수치화한 고통지수를 고안하기도 했다.

사이먼 쿠즈네츠 Simon Kuznets · 1901~1985

러시아에서 태어나 미국으로 귀화한 경제학자이다. 경제성장과 인구 이동 등을 연구했으며, 여러 국가들의 경제성장유형을 비교하는 연구를 수행했다. 1971년에 노벨 경제학상을 수상하였다.

데이비드 리카도 David Ricardo · 1772~1823

영국의 정치경제학자이며, 영국 의회의 의원이기도 했다. 애덤 스미스와 함께 영국 고전학파의 이론 체계를 완성한 대표적인 학자이다. 노동가치론, 비교우위론, 차액지대론 등 다양한 이론을 내놓으며 많은 학자들에게 영향을 주었다.

ㄱ

가격탄력성(price elasticity) 가격이 변할 때 판매량이 변화하는 정도를 말한다. 가격탄력성이 높은 재화는 가격이 조금만 올라도 판매량이 크게 떨어진다.

가격차별(price discrimination) 공급자가 같은 상품에 대해서 소비자에 따라 다른 가격을 받는 것을 말한다.

가변비용(variable costs) 생산요소 중 단기에 투입량을 변화시킬 수 있는 가변요소를 구입하는 데 드는 비용을 말한다.

가처분소득(disposable income) 개인이 일정 기간 동안 벌어들인 소득에서 세금 등을 제한 후 실제로 자유롭게 소비 또는 저축할 수 있는 금액을 가리킨다.

거래적 동기(transaction motive) 일상생활에서 다양한 소비 욕구를 위해 화폐를 보유하려는 동기를 말한다.

거시경제학(macroeconomics) 개별 경제주체나 개별 시장을 연구하는 미시경제학과 달리 국민경제 전체와 거시변수를 연구하는 경제학을 말한다. 여기서 거시변수란 GDP, 인플레이션율, 이자율, 실업률 등을 의미한다.

게임이론(theory of games) 합리적 주체들 사이에 벌어지는 전략적 상호작용에 대해 수리적 모델을 세우는 학문 분야이다. 논리학, 컴퓨터 과학, 경제학 등에 활용된다.

경제(economy) 생활에 필요한 재화와 서비스를 생산하고 소비하는 인간의 활동을 말한다.

경제발전(economic development) 경제성장과 더불어 삶의 질이 개선되는 것을 포함하는 개념이다.

경제학(economics) 자원이 희소한 상황에서 원하는 목표를 달성하기 위해 어떤 선택을 해야 하는지 연구하는 학문이다. 재화와 서비스의 생산, 분배, 소비를 대상으로 한다.

고정비용(fixed cost) 단기에 투입량을 변화시킬 수 없는 고정요소를 구입하는 데 드는 비용을 말한다.

고통지수(misery index) 경제학자 아서 오쿤이 개발한 지수로서 일반 국민이 느끼게 될 고통을 수치로 표현한 것이다. 실업률과 연간 인플레이션율을 합산해서 구한다.

공공재(public goods) 경합성과 배제성이 없는, 즉 생산이 되면 구성원 모두가 소비 혜택을 누릴 수 있는 재화 또는 서비스를 말한다.

공유지의 비극(tragedy of the commons) 경합성은 있으나 배제성이 없는 자원이 구성원들의 이기적 사용에 의해 고갈되는 현상을 가리킨다. 예를 들어, 초원의 목초지나 해양의 수산 자원은 여러 주체들에 의해 공유되는데, 각자 자기 이익만을 추구할 경우 과도한 소비로 자원이 고갈돼버린다.

과점(oligopoly) 2개 이상의 소수 기업만이 상품을 공급하는 시장형태를 가리킨다.

구축효과(crowding-out effect) 정부지출의 증가가 이자율 상승을 유발해 민간의 투자를 위축시키는 현상을 말한다.

국내총생산(gross domestic product, GDP) 한 국가에서 일정 기간 동안 생산된 재화 및 서비스의 시장 가치를 모두 합한 것이다. 대개 1년을 기간으로 한다.

규모의 경제(economics of scale) 공급의 규모

를 늘려나갈수록 평균비용이 줄어드는 현상을 가리킨다. 고정비용이 매우 큰 철도, 철강, 반도체 등의 산업 분야에서 이런 현상이 두드러진다.

기준금리(base rate) 금리체계의 기준이 되는 금리로서 중앙은행이 정한다. 한국의 경우 한국은행과 금융기관 간 또는 금융기관들 사이에 돈을 빌릴 때 적용되는 이자율이다. 기준금리의 변동은 초단기금리에 즉시 영향을 미치며, 예금 및 대출 금리 변동으로 이어져 궁극적으로 경제 전반에 영향을 끼친다.

기회비용(opportunity cost) 포기한 기회로 측정한 비용, 즉 무언가를 선택함으로써 포기하게 된 것의 가치를 말한다.

ㄴ

내시균형(Nash equilibrium) 게임 이론에서 참가자들이 경쟁자의 대응에 따라 최선의 선택을 하고 난 후 자신의 선택을 바꾸지 않게 되는 균형 상태를 가리킨다. 게임이론을 연구한 존 내시의 이름을 따서 명명되었다.

뉴딜(New Deal) 미국의 32대 대통령 프랭클린 D. 루스벨트(Franklin D. Roosevelt)가 경제대공황을 극복하기 위해 1933년부터 실시간 경제·사회 정책을 말한다. 정부가 직접 시장에 개입해 일자리를 만들고, 경제 구조를 바꾸며, 사회보장을 강화하는 것을 특징으로 한다.

ㄷ

대공황(Great Depression) 1929년부터 1939년까지 세계적으로 지속된 경제의 하강국면을 가리킨다. 1929년 말 미국 주식시장의 폭락과 함께 시작되었다.

도덕적 해이(moral hazard) 계약이 이뤄진 후 정보의 비대칭성을 이용해 상대방에 대한 의무를 성실히 이행하지 않는 방향으로 행동이 바뀌는 것을 가리킨다.

독점(monopoly) 하나의 공급자만이 상품에 공급하는 시장형태를 말한다.

디플레이션(deflation) 물가가 지속적으로 하락하는 현상이다. 인플레이션과는 정반대의 상태이다. 디플레이션 때는 전반적인 기업활동이 정체되고, 산출량이 줄어든다.

ㄹ

레몬 시장(The Market for Lemons) 소비자가 제품의 품질에 대해 알 수 없기 때문에 불량품만 유통되게 되는 시장 상황을 말한다. 영어에서 '레몬(lemon)'은 '불량품'이란 뜻이 있다.

ㅁ

마찰적 실업(frictional unemployment) 노동자가 자발적으로 기존 직장을 그만두고 새로운 직장으로 옮기는 과정에서 일시적으로 발생하는 실업을 말한다.

매몰비용(sunk cost) 이미 지출해서 회수할 수 없는 비용이다. 매몰비용이 아까워서 이미 실패할 것으로 예상되는 일에 추가적인 노력과 금전을 투입하는 행위를 '매몰비용의 오류'라고 한다.

미시경제학(microeconomics) 기별 경제주체의 행동과 자원 배분을 연구하는 경제학의 분야이다. 소비자의 의사결정, 생산자의 생산요소

조합, 수요와 공급에 의해 가격이 결정되는 원리 등을 연구한다.

ㅂ

배제성(exclusiveness) 재화의 특성으로서 대가를 지불하지 않은 소비자를 배제할 수 있는 성질을 가리킨다.

보이지 않는 손(invisible hand) 애덤 스미스의 『국부론』에서 시장 가격의 자연스러운 흐름을 비유적으로 표현한 것이다. 각자가 자기 이익을 추구하는 가운데 가격을 통해 생산량과 분배가 결정됨으로써 시장의 효율성이 달성될 수 있음을 상징하는 표현이기도 하다.

본원통화(monetary base, reserve base) 중앙은행으로부터 풀려나가는 화폐, 즉 일차적인 화폐 공급을 가리킨다.

비교우위론(comparative advantage) 영국의 경제학자 데이비드 리카도(David Ricardo)가 주장한 이론이다. 재화 생산에 있어 어떤 나라가 상대국에 비해 절대적으로 뒤처지거나 앞선다고 하더라도, 각국이 상대적으로 기회비용이 적게 드는 상품을 생산한 후 교역함으로써 상호이익을 증진시킬 수 있다는 이론이다.

ㅅ

사적 정보(private information) 게임에 참가하는 모든 사람에게 영향을 주지만 참가자 가운데 일부만 알고 있는 정보를 말한다.

사중손실(deadweight loss) 시장의 균형이 최적점에서 벗어남으로 인해 발생하는 사회적 후생의 손실을 의미한다.

사회적 후생(social welfare) 모든 경제주체가 얻는 이익의 합을 가리킨다. 거래에 세금이 부과되는 시장의 경우 소비자잉여, 생산자잉여, 정부 세입의 합이 사회적 후생이 된다.

상품차별화(product differentiation) 국가 간 무역에서 유사한 제품을 주고받는 이유를 설명하는 근거이다. 동종 제품이라 해도 소비자의 다양한 욕구를 충족시키기 위해 특징이 다른 다양한 상품이 생산될 수 있다. 이러한 다양한 상품을 한 국가에서 모두 생산하기 어렵기 때문에 무역이 발생한다.

새케인즈학파(New Keynesian economics) 통화주의 학파 및 새고전학파의 주장에 대응하며 발전한 케인즈학파를 가리킨다. 기존 케인즈학파와 다른 점은 합리적 기대 등 미시적 분석을 도입하여 케인즈의 관점을 정립하려 했다는 것이다.

생산자잉여(producer's surplus) 생산자가 어떤 상품을 판매하면서 얻는 수입 중 최소한 받아야 하는 금액을 초과하는 부분을 말한다.

선별하기(screening) 역선택을 피하기 위한 전략 중 하나로서 관찰되는 다른 정보를 이용해 사적 정보를 추론한 후 나쁜 상품을 걸러내는 것이다.

세의 법칙(Say's law) '공급은 스스로 수요를 창출한다'는 것으로 프랑스 경제학자 장 바티스트 세가 주장하였다.

소비자잉여(consumer surplus) 소비자가 어떤 상품을 구매하면서 얻는 이익으로서, 지불의향가격에서 실제 지불 금액을 뺀 부분을 가리킨다.

소비지출(consumption expenditure) 가계가 상품 및 서비스를 구매하며 지출한 금액을 말하며, 국민경제의 총수요의 한 부분을 구성한다.

수요곡선(demand curve) 가격과 수요량의 관계를 P(가격, 세로축)-Q(수량, 가로축) 평면에 곡선으로 나타낸 것이다. 일반적으로 가격과 수요량은 반비례 관계에 있으므로 수요곡선은 우하향의 곡선으로 그려진다.

수요함수(demand function) 수요량을 결정하는 요인(대표적으로 가격)과 수요량의 관계를 나타낸 함수이다.

수신(受信) 신용을 받는 것, 다시 말해 금융 기관이 자금 공급자의 돈을 맡게 되는 것을 말한다.

순수출(net export) 어떤 나라의 총수출액에서 총수입액을 뺀 금액이다. 국민경제에서 총수요의 한 부분을 구성한다.

스태그네이션(stagnation) 장기간의 경기침체, 즉 오랜 기간 경제성장율이 낮게 지속되거나 국민소득이 줄어드는 것을 말한다.

스태그플레이션(stagflation) 스태그네이션과 인플레이션의 합성어로서 스태그네이션과 인플레이션이 동시에 발생하는 상황을 말한다.

신고전파 종합(neoclassical synthesis) 경제학자 폴 새뮤얼슨이 고전학파의 미시적 시장균형 이론과 케인스학파의 거시경제 이론을 종합해 정리한 것을 가리킨다. 단기에는 정부가 시장에 개입하는 케인즈학파의 관점을 긍정하고, 장기에는 시장의 자율적 메커니즘을 따르는 고전학파의 관점을 수용한다.

신호 보내기(signalling) 판매자가 자신의 사적 정보를 간접적으로 알려줄 수 있는 신호를 보내는 것을 말한다. 비대칭 정보로 인한 문제를 일부 해소할 수 있다.

🔗

여신(與信) 금융기관이 신용을 주는 것, 즉 자금 수요자에게 돈을 빌려주는 것을 말한다.

역선택(adverse selection) 구매자와 판매자의 정보의 격차 때문에 시장에서 품질이 좋은 상품이 아닌 나쁜 상품이 선택되는 현상을 말한다.

연방준비제도(Federal Reserve System) 미국의 중앙은행이다. 줄여서 '연준' 또는 'Federal Reserve', 'the Fed'라고 한다. 연방준비제도의 의장이 미국의 중앙은행장이라 할 수 있다.

예대마진(loan-deposit margin) 대출이자와 예금이자의 차이로 인해 은행이 얻게 되는 수익을 가리킨다.

예비적 동기(precautionary motive) 화폐를 보유하려는 동기 중에서 불시의 지출에 대비한 경우를 말한다.

완전경쟁시장(Perfect competitive market) 완전한 정보를 지닌 많은 수의 수요자와 공급자 사이에 동질적인 상품이 거래되는 시장이다. 완전경쟁시장의 조건으로는 재화의 동일성, 완전한 정보, 다수의 생산자와 소비자, 기업의 자유로운 진입과 퇴출이 있다.

완전고용(full employment) 거시경제학에서 고용이 완전히 달성된 상태, 즉 일자리의 수요와 공급이 거의 일치하는 상태를 가리킨다. 실업률이 0%여야 하는 것은 아니고 마찰적 실업 등이 존재할 수 있다.

완전고용 실업률(natural rate of unemployment) 자연고용 실업률이라고도 하며, 마찰적 실업률과 구조적 실업률의 합이다. 시장의 균형이 달성된 정상적인 경제 상태에서 발생하는 실업이다.

유량(flow) 일정 기간을 명시하여야 측정할 수 있는 변수를 말한다. 소비량, 생산량, GDP 등이 대표적이다.

유치산업(infant industry) 성장 가능성이 있지만 아직 성장해가는 단계여서 과도한 경쟁에 노출될 경우 도태되어 발전의 기회를 잃어버리 수 있는 산업을 말한다. 보호무역의 대상이 될 수 있다.

인플레이션(inflation) 물가가 지속적으로 상승하는 현상이다. 화폐의 가치가 하락하는 현상이기도 하다.

ㅈ

저량(stock) 특정 시점에서 측정할 수 있는 변수를 말한다. 가격, 임금, 재고량 등이 대표적이다.

전방연관효과(forward linkage effect) 어떤 산업의 성장이 그 산업의 제품을 구매하여 사용하는 다른 산업의 성장과 투자를 유발하는 효과를 말한다.

정부지출(government expenditure) 정부가 공공사업이나 공무원 급여 지급 등을 위해 지출한 금액을 말하며, 국민경제에서 총수요의 한 부분을 구성한다.

주인-대리인 문제(principal-agent problem) 계약 관계에서 주인과 대리인 간 정보의 비대칭성으로 인해 발생하는 도덕적 해이를 말한다. 여기서 주인이란 권한을 위임하는 사람이며, 대리인은 권한을 위임받아 주인을 대신해 일을 하고 보상을 받는 사람이다.

중앙은행(central bank) 화폐 발행 및 통화량 조절을 담당하는 은행이다. 일반적으로 한 국가 또는 한 통화권에는 하나의 중앙은행만이 존재한다. 대한민국의 중앙은행은 한국은행이다.

지급준비율(reserve requirement ratio) 시중은행이 고객으로 받은 예금 중에서 고객의 출금에 대비해 의무적으로 적립해야 하는 비율이다. 중앙은행이 정한다.

지불의향가격(willingness to pay, WTP) 소비자가 어떤 재화나 서비스를 공급받기 위해 지불할 의사가 있는 최대금액을 뜻한다.

ㅊ

초인플레이션(hyperinflation) 물가가 극단적으로 빠르게 상승하는 현상이다. 1개월에 50% 이상의 인플레이션율을 기록할 때 초인플레이션이라고 한다.

총공급(aggregate supply) 국내에서 생산하려고 하는 재화와 서비스의 총량이다.

총수요(aggregate demand) 국내에서 생산된 재화와 서비스를 사용하려는 욕구의 총량이다.

ㅋ

케인즈학파(Keynesian economics) 영국의 경제학자 케인즈로부터 시작된 경제학파로서, 사실상 거시경제학은 이 학파로 인해 형성됐다고 볼 수 있다. 시장의 자율적 균형 회복에 제약이 있기 때문에 정부의 개입이 필요하다고 보는 학파이다.

코스 정리(Coase theorem) 경제학자 로널드 코스가 주장한 것으로, 낮은 거래비용과 완벽한 정보라는 조건을 만족하였을 때 외부효과 문제를 시장 내부의 거래를 통해 해결할 수 있다는 이론이다.

ㅌ

통화주의(monetarism) 거시 경제의 변동에 있어 통화량 및 화폐 공급의 역할을 강조하는 경제학 사조를 가리킨다.

투기적 동기(speculative motive) 장래 이익 획

득의 기회에 대비해 화폐를 보유하려는 동기를 말한다. 채권이나 주식 등을 구매할 것에 대비해 현금을 보유하는 것이 그 예이다.

투자지출(investment expenditure) 기업이 생산에 필요한 자본재를 구매하는 데 든 지출을 말하며, 국민경제에서 총수요의 한 부분을 구성한다.

ㅍ

파레토 효율성(Pareto efficiency) 이탈리아의 경제학자 빌프레도 파레토가 제안한 사회의 효율성을 판단하는 기준이다. 다른 경제주체가 손해를 보지 않고서는 어떤 경제주체의 효용도 더 늘어날 수 없는 상태를 가리킨다. 즉, 누군가의 손해를 유발하지 않는 조건하에서 최대한의 효용이 달성된 상태이다.

파레토 개선(Pareto improvement) 자원 배분에 있어 어느 누구에게도 손해가 가지 않으면서 최소 한 사람에게 이득을 가져다주는 변화를 의미한다.

편익(benefit) 비용을 지불해 얻게 되는 만족감을 금전화한 개념이다. 주관적인 효용을 객관적인 화폐 가치로 표현한 것이라고 할 수 있다.

피구세(Pigouvian tax) 영국의 경제학자 피구가 환경오염 문제를 해결하기 위해 제안한 조세 정책이다. 외부효과로 인해 발생하는 손해만큼을 그 외부효과를 일으키는 주체에게 세금으로 부과함으로써 사회적 후생 손실을 줄이는 방식이다.

ㅎ

한계소비성향(marginal propensity to consume)

가처분소득이 한 단위 늘어날 때 그중 소비지출에 쓰이는 정도를 말한다.

한계비용(marginal cost) 생산물 한 단위를 추가로 생산할 때 필요한 총비용의 증가분을 의미한다.

한계수입(marginal revenue) 생산량을 한 단위 증가시켰을 때 추가로 얻을 수 있는 수입이다.

한계효용(marginal utility) 소비량을 한 단위 증가시켰을 때 추가로 얻을 수 있는 효용이다.

한계효용 체감의 법칙(law of diminishing marginal utility) 소비하는 재화의 양이 증가할수록 그 추가분에서 느끼는 만족의 정도가 점점 줄어든다는 법칙, 즉 소비량이 늘어날수록 한계효용의 크기가 줄어드는 것을 말한다.

합리적 기대(rational expectations) 경제주체가 이용 가능한 모든 정보를 이용하여 미래에 대한 기대를 형성하는 것을 말한다.

효용(utility) 재화를 소비하면서 얻는 개인의 만족의 정도를 말한다. 효용은 특정 상황에서 개인의 평가이기 때문에 주관적이다.

후생(welfare) 효용처럼 만족의 정도를 가리키나 특정 개인이 아닌 사회의 복리를 논할 때 주로 사용하는 용어이다.

후방연관효과(background linkage effect) 어떤 산업의 성장이 다른 산업의 제품을 생산요소로 사용함으로 인해 다른 산업의 투자와 성장을 유발하는 효과를 말한다.

희소성(scarcity) 인간의 욕망에 비해 이를 충족시킬 자원은 한정되어 있음을 뜻한다.

인명

내시, 존 포브스 132

루카스, 로버트 212

리카도, 데이비드 161, 207, 250

마셜, 앨프리드 62

맨큐, 그레고리 213

사전트, 토마스 212

새뮤얼슨, 폴 207

세, 장 바티스트 161

스미스, 애덤 13, 26, 29, 161, 207

오쿤, 아서 220

케인즈, 존 메이너드 158, 162, 163, 176, 207, 209

쿠즈네츠, 사이먼 238

크루그먼, 폴 213, 254

파레토, 빌프레도 38

프리드먼, 밀턴 208, 209, 211

피구, 아서 118

필립스, 윌리엄 232

용어

ㄱ

가격탄력성 54-57

가격차별 145, 146

가변비용 72, 73, 75, 76

가처분소득 173, 178

거래적 동기 192, 194

경쟁균형 88, 91, 92, 101, 103, 105

고용률 223

고정비용 72, 73, 75, 76, 100, 101

고통지수 220

공공재 115, 116

공급곡선 64, 71, 72, 74-77, 88, 90, 91

공유지의 비극 115

과점 98, 104-107, 126, 133, 137

구축효과 208, 210, 214

규모의 경제 100, 117, 254

기준금리 200, 201

기회비용 30, 31, 193, 251-253

ㄴ

내시균형 132, 133, 135

뉴딜 163, 207

ㄷ

대공황 159-162, 206, 207, 256

도덕적 해이 147-150

독점 98-104, 106, 113

디플레이션 229

ㄹ

레몬 시장 152

ㅁ

마찰적 실업 225

매몰비용 75

ㅂ

배제성 115, 116

본원통화 198, 204

비교우위론 250-253

ㅅ

사적 정보 147, 152, 153

사중손실 92, 93

사회적 후생 89-93, 98, 114, 118

상품차별화 254

생산자잉여 77, 88-90, 92, 93, 103

선별하기 152

세의 법칙 161

소비자잉여 58, 59, 77, 88-90, 92, 93, 103, 105

소비지출 172-175, 221

수요곡선 46-48, 50, 52, 53, 55, 58, 59, 88, 90, 101

순수출 172, 177

스태그네이션 183

스태그플레이션 183

신고전파 종합 163, 207

신호 보내기 153, 156

실업률 220, 222, 223, 225, 232

ㅇ

역선택 151, 152

연방준비제도 201

예대마진 195

예비적 동기 192

완전고용 225

유치산업 255

인플레이션 183, 201, 208, 220, 226-229, 232

ㅈ

전방연관효과 244

정부지출 163, 172, 177

주인-대리인 문제 119, 149

지급준비율 196, 199, 204

지불의향가격(WTP) 48, 49, 59, 88, 144, 145

ㅊ

초인플레이션 228

ㅋ

코스 정리 120, 121, 124

ㅌ

투기적 동기 192, 193

투자지출 172, 175, 209, 210

ㅍ

파레토 효율성 38, 39

편익 28, 96

피구세 118

한계소비성향 173

한계비용 71, 74, 76, 91, 96, 100-103

한계수입 102, 103

한계효용 33-37, 96

합리적 기대 212, 213

효용 31-39, 42, 96

후생 31, 89-92, 264

후방연관효과 244

희소성 15, 16, 19